地方高质量发展50种融资模式

吴维海　著

中国金融出版社

责任编辑：陈　翎
责任校对：刘　明
责任印制：程　颖

图书在版编目（CIP）数据

地方高质量发展 50 种融资模式/吴维海著. —北京：中国金融
出版社，2023.6
ISBN 978 – 7 – 5220 – 2007 – 5

Ⅰ. ①地…　Ⅱ. ①吴…　Ⅲ. ①地方财政—融资模式—研究—
中国　Ⅳ. ①F812.7

中国国家版本馆 CIP 数据核字（2023）第 080447 号

地方高质量发展 50 种融资模式

DIFANG GAOZHILIANG FAZHAN 50 ZHONG RONGZI MOSHI

出版
发行　**中国金融出版社**

社址　北京市丰台区益泽路 2 号
市场开发部　（010）66024766，63805472，63439533（传真）
网 上 书 店　www.cfph.cn
　　　　　　（010）66024766，63372837（传真）
读者服务部　（010）66070833，62568380
邮编　100071
经销　新华书店
印刷　保利达印务有限公司
尺寸　169 毫米 × 239 毫米
印张　17
字数　290 千
版次　2023 年 6 月第 1 版
印次　2023 年 6 月第 1 次印刷
定价　80.00 元
ISBN 978 – 7 – 5220 – 2007 – 5
如出现印装错误本社负责调换　联系电话（010）63263947

序　言

　　金融是现代经济的血液。血脉通，增长才有力。党的二十大为金融发展提出了新要求、新思路、新标准。必须加强党对金融工作的领导，坚持稳中求进工作总基调，遵循金融发展规律，紧紧围绕服务实体经济、防控金融风险、深化金融改革三项任务，创新和完善金融调控，健全现代金融企业制度，完善金融市场体系，推进构建现代金融监管框架，加快转变金融发展方式，健全金融法治，保障国家金融安全，促进经济和金融良性循环、健康发展。

　　金融活，经济活。金融稳，经济稳。金融是现代经济的核心。保持经济平稳健康发展，一定要把金融搞好。金融创新是党中央、国务院、地方政府落实二十大目标，建设中国式现代化强国，实现中华民族伟大复兴的动力来源，是推动地方高质量发展的基础性、关键性、引领性工作。在当前全球政治格局动荡、世界经济逆全球化、金融成为国际竞争重要手段的严峻环境下，创新金融模式、强化金融服务能力，对于国家和地方经济发展、民生改善都有较强的实践价值。

　　金融是国家软实力的重要体现，是地方政府经济工作的重中之重。为建设社会主义现代化强国，创新政府融资模式，招引聚集可用资金，严守地方政府债务红线，提高资金使用效率，促进地方经济社会可持续发展，是国合华夏城市规划研究院全体同志们的光荣使命。

　　本书是在《政府融资50种模式及操作案例》2014年第一版、

2018 年第二版的基础上修订完善而成，整合汇集了近年前瞻、权威、系统的融资政策、融资模式与经典案例，希望本专著为推动部委部门、院所高校、监管机构、社会组织、实体经济部门等探索金融创新模式，提供有益的思路和借鉴。

2023 年 3 月

目　　录

金融是现代经济的核心。习近平总书记指出："金融是实体经济的血脉，为实体经济服务是金融的天职，是金融的宗旨，也是防范金融风险的根本举措。"各级政府是国家和地区经济发展和社会民生的主导者和推动者。城市建设、科技创新、乡村振兴、零碳试点、园区转型等地方经济发展都需要金融政策、金融机构、金融资金的积极参与和持续驱动。政府融资是解决国家和地方财力缺口，实现产业转型与重大工程的核心手段，也是各地区、各单位实现资金合理匹配、获得项目回报的关键性工作，是各级政府、城投公司等持续研究和实践运用的工具之一。

第一章　概　述

金融活，经济活；金融稳，经济稳。经济兴，金融兴；经济强，金融强。从中国实践看，政府融资是我国经济发展的重要驱动力，是建设社会主义现代化国家的基本保障，是体现各级政府掌控资源能力、获得可持续发展动力、实现区域经济社会发展的强有力手段。

推动地方经济高质量发展，研究政府融资模式与案例，必须准确把握全球金融创新趋势、政府融资演变路线及其理论依据，必须历史把握我国政府投融资制度的变革和发展。

一、政府融资理论

政府融资指地方政府为了达到特定开发或运营目的，采取特定的融资模式，获得一定的资金使用权，用于特定的重点项目或经营活动，实现预期的政府管理、项目建设与企业经营目标。其主要理论有：

（一）马克思主义经济学融资理论

马克思主义经济学将融资的过程描述为："这个运动——以偿还为条件的付出——一般来说就是贷和借的运动，即货币或商品只是有条件地让渡的这种特殊形式的运动。"这揭示了市场经济社会化过程的积累与扩张机制。闲置资本暂时盈余和职能资本在扩大生产过程中暂时不足,所有者以偿还和支付利息为条件,导致双方融资行为的发生,产生了借贷资本。

(二)凯恩斯融资理论

凯恩斯主义认为,通过利率把储蓄转化为投资和借助工资的变化调节劳动供求的自发市场机制,不能自动创造充分就业需要的有效需求。需要通过财政与货币政策,确保足够水平的有效需求。

(三)资本形成理论

在发展经济学中,资本形成理论强调资本稀缺对经济发展的阻碍。摆脱"低水平均衡陷阱"需要初始的大规模投资,使"提高收入的力量"大于"降低收入的力量",推动经济跳出陷阱。

(四)金融发展理论

金融发展理论研究的是金融发展与经济增长的关系,研究金融体系在经济发展中的作用,创新金融工具和金融手段,促进地方经济的可持续发展。

(五)金融约束理论

金融约束理论强调政府应该发挥作用,通过金融政策促进民间投资,达到既防止金融压抑,又使银行主动规避风险的目标,调动银行、企业、政府、个人等的积极性,实现储蓄与投资的转化。

(六)MM定理

1958年6月,米勒(Miller)和莫迪利安尼(Modigliani)在《美国经济评论》上提出了MM定理,即企业的市场价值与资本结构无关。如果在完全市场中的两家公司拥有相同的现金流入,但却拥有不同的资本结构,这两家公司的价值应该相同;否则,投资者可卖出价值较高公司的证券同时买入价值较低公司的证券,通过套利(Arbitrage)轻松获取收益,直至两个公司的价值相等为止。MM定理首次将无套利作为金融学的分析范式,即在一个无摩擦的金融市场上不存在零投资、零风险但却能获取正收益的机会,金融市场不存在"免费的午餐"。

二、发达国家政府融资

融资模式指社会资金由盈余部门(资金供给者)向赤字部门(资金需求者)转移的形式、手段、途径和渠道。也可以说是储蓄向投资转化的形式、手段、途径和渠道。

区域融资模式指地方政府或企业作为资金需求方从资金供给方获得资金的形式、手段、途径和渠道。

发达国家投融资体制机制建设较早、相对完善，以美国、英国、澳大利亚、日本最具代表性。这些国家的地方政府融资模式主要有：

（一）市政债券制

以地方政府发行市政债券为主要融资渠道，以美国为主要代表。美国实施联邦、州和县三级财政管理。美国地方政府、政府授权机构和债券使用机构直接发行市政债券进行集资，筹措资金用于地方经济发展。一般来说，州、县、市政府占50%，政府授权机构约占47%，债券使用机构约占3%；投资主体主要是银行、保险公司、基金和个人投资者。

美国债券融资分为一般债务债券和收益债务债券两类。其中：一般债务债券是以政府信用和收益作为还本付息的保障，筹集的资金用于普通公路、公园及一般基础设施；收益债务债券是地方政府授权的代理机构为了建设某项基础设施而发行的债券，资金用途包括收费路桥、水厂、电厂、污水处理厂和地铁等，以这些设施的有偿收入作为还款来源，这种债券由于没有政府信用和税收担保，利率较高、风险也相对较大。

美国市政债券融资模式的优点：市政债券以地方财政或项目现金流为支撑；通过保险公司和金融担保参与实现债务信用等级增级；利息收入免税，确保同信用等级债券实现低利率成本融资。这种模式满足了地方政府公共产品配置职能，解决了大规模公共投资在几代人之间公平负担的问题。

美国市政债券融资模式的缺点：发行规模缺少约束，往往引起地方政府投资冲动，乱上项目容易导致地方财政负担过重；资金成本较低，时间较快，容易造成公共投资浪费；公共服务项目全部由财政负担，缺少竞争和外部压力，不利于提高公共服务质量和效率，容易造成资源浪费和效益不高。

（二）公私合伙制

以英国为代表，鼓励私人资本参与或主导公共投资计划，提倡私人融资优先权（Private Finance Initiative，PFI），逐步形成公私合伙（Privateand Public Partnership，PPP）的投融资模式。

公私合伙投融资模式的优点：融资渠道宽、管理水平高。核心是私人融资优先权，通过政府参与延伸了私人投资领域，为公共投资项目提供保障，实现风险共担，保证了公共产品及服务质量。

公私合伙投融资模式的缺点：部分项目低效或不可行，有些项目责权利不明确，部分项目集成度过高，部分项目投资年限过长，部分项目技术或服务标准更新过快，个别项目交易费用与项目本身的投资价值不成比例。

（三）国库公司债券制

以澳大利亚为代表，其实行以州政府发债为主的融资模式。地方政府债券融资途径有州政府直接发行债券筹资和国库公司债券融资两种，后者占绝对主导地位。依据澳大利亚《州国库公司法》设立国库公司，实行公司制运营方式，由各州国库厅控股，董事会成员经国库厅厅长批准聘任。国库公司的主要职能是通过发行公司债券在资本市场筹集资金，通过贷款借给州政府机构（主要是预算部门和财政部门）、市政公司、州所属国有企业、地方政府机构等，满足上述机构的资金需求。国库公司的债券担保是州政府，信用等级由专业评级公司进行评定。

国库公司债券模式的优点：市场化程度高、透明度高、制度完善。

（四）财政投融资制

以日本为代表。日本自20世纪40年代后期，实施财政投融资制模式。财政投融资是政府为实现特定产业政策和其他政策目标，通过国家信用方式筹集资金，由财政统一掌管，并根据国民经济和社会发展规划，以出资或融资的方式，将资金投到急需发展的部门、企业或事业机构的资金融通活动。日本财政投融资资金运用兼顾政策性、有偿性，由财政投融资机构进行特定项目投资。财政投融资机构可分为两大类：一是公共事业机构，包括公共团体、事业团体和特殊会社，利用从大藏省借入的财政投融资资金兴办各种事业，以事业收益偿还贷款本息；二是政府有关金融机构，包括日本进出口银行、日本开发银行、国民金融公库等政府金融机构和海外经济合作基金。这类机构不吸收存款，将借来的财政资金，考察是否满足经济发展需要，按照产业政策转贷出去，获取利差收入。

三、我国财政制度演变

（一）政府概念与起源

广义政府包括立法机关、行政机关、司法机关。狭义政府指国家行政机关。一个国家的政府又可分为中央政府和地方政府。

"政府"其名，起源于唐宋时期的"政事堂"和宋朝的"二府"两名的合称。唐宋时中央机关机构为三省六部，即尚书省，下设吏、礼、户、兵、刑、工六部，主管行政事务；中书省起草政令，实为秘书班子；门下省掌管出纳和常命，有审查诏令权力。唐朝为提高工作效率将中书省和门下省合署办公，称为"政事堂"。宋朝将"政事堂"设于中书省内，称为中书。宋初设立了枢密使，主管军事，其官署称为枢密院。并将中书省和枢密院并称为"二府"。"政事堂"和"二府"合称即为后来的"政府"。明代有"政府"的称谓，如明代著名学者黄道周在《节寰袁公（袁可立）传》中两次提到"政府"。

政府是国家权力机关的执行机关，是国家行政机关。政府是国家公共行政权力的象征、承载体和实际行为体。

（二）政府特征与职能

1. 政府的主要特征

从行为目标看，政府行为一般以公共利益为服务目标。

从行为领域看，政府行为主要发生在公共领域。

从行为方式看，政府行为一般以强制手段为后盾，具有凌驾于其他一切社会组织之上的权威性和强制力。

从组织体系看，政府机构有整体性，它由执行不同职能的机关，按照一定的原则和程序结成严密的系统，彼此之间各有分工，各司其职，各负其责。

2. 政府职能

政治职能，指政府对外保护国家安全，对内维持社会秩序的职能。

经济职能，指政府为国家经济的发展，对社会经济生活进行管理的职能。我国政府主要有经济调节职能、公共服务职能、市场监管职能、社会管理职能四大经济职能。

文化职能，指政府为满足人民日益增长的文化生活的需要，依法对文化事业实施管理。我国政府的文化职能主要是：发展科学技术、发展教育、发展文化事业、发展卫生体育，是加强社会主义精神文明、促进经济与社会协调发展的重要保证。

社会公共服务职能，指国家提供公共服务，完善社会管理的职能。这类事务一般具有社会公共性，无法完全由市场解决，由政府从全社会的角度加以引导、调节和管理。目前，我国政府的社会职能主要有：调节社会分配和组织社会保障的职能、保护生态环境和自然资源的职能、促进社会化服务体系建立的职能、提高人口质量的职能。

（三）财政起源

财政指国家为实现其职能，在参与社会产品分配和再分配过程中所形成的分配关系。它的产生经历了一个长期的历史过程，是人类发展到一定阶段的特定产物。

从历史变革看，夏商周三代，由于文字记载少，缺乏具体的财政相关表述。古人有"夏后氏五十而贡，殷人七十而助，周人百亩而彻"（《孟子·滕文公上》），可能是夏商周财税制度的相关规定。先秦《周礼·大宰》中有"以九赋敛财贿"的记载。西汉属于国家的财政收入包括：田租、算赋、盐铁专卖等，主要用于军费、农田水利、赈灾、教育等。皇室的财政收入主要来自口赋、山泽园池税收、酒税、贡税等。隋唐时由六部的尚书省户部管理财政，一直沿至明清。当时的主要财政原则是：量入为出、预决算和会计制度、中央集权。

中国古代实行以土地税（包括依附于土地的户税与丁税）为主，以商税（包括关税与市税）为辅的税收制度。这一税制形成于西周及春秋战国时期；秦汉时期渐趋完备；魏、晋、南北朝和隋唐时期，在均田的基础上改革完善。宋、元、明、清逐步实现地、户、丁税的合并征收，加强商税和盐、茶、酒等货物税的征收制度，使商税与货物税成为中国封建社会末期国家财政收入的重要来源。明清对工商各税课征，沿江河口岸设立关卡征收关税。清代设户部税关、工部税关数十座，征税对象包括衣、食、用物及杂货等项，还征收船税、落地税、牙税、当税、契税等杂税。

"财政"一词来自清朝光绪二十四年（1898年）戊戌变法。光绪二十九年（1903年）清政府设立财政处，这是官方财政名称的开始。

（四）我国预算制度

1951年，政务院发布《预算决算暂行条例》，对预算基本原则、预算的编制及核定、预算的执行、决算的编造及审定等予以规定。1954年《中华人民共和国宪法》规定全国人民代表大会行使的职权就包括审查和批准国家的预算和决算。《关于1978年国家决算和1979年国家预算草案的报告》标志着我国预算制度的逐步恢复。1979—1993年，我国恢复预算报告与批准制度，建立了以《国家预算管理条例》为标志的新预算管理制度，着重加强预算平衡管理和预算外资金管理。1994—1999年，以《关于加强预算外资金管理的决定》和《预算外资金管理实施办法》为标志，我国重新界定了预算外资金的范围，加强了预算平衡与赤字控制和债务管理。2000—2021 年，我国预算管理制度以部门预算改革为中心，以支出预算管理为重点，统筹预算内外资金。

2022 年，《关于进一步推进省以下财政体制改革工作的指导意见》明确，"加快推进省以下各级财政事权划分改革，根据基本公共服务受益范围、信息管理复杂程度等事权属性，清晰界定省以下各级财政事权。适度强化教育、科技研发、企业职工基本养老保险、城乡居民基本医疗保险、粮食安全、跨市县重大基础设施规划建设、重点区域（流域）生态环境保护与治理、国土空间规划及用途管制、防范和督促化解地方政府债务风险等方面的省级财政事权"，"按照政府间财政事权划分，合理确定省以下各级财政承担的支出责任。省级财政事权由省级政府承担支出责任，市县级财政支出责任根据其履行的财政事权确定。共同财政事权要逐步明确划分省、市、县各级支出责任，按照减轻基层负担、体现区域差别的原则，根据经济发展水平、财力状况、支出成本等，差别化确定不同区域的市县级财政支出责任。推动建立共同财政事权保障标准，按比例分担支出责任，研究逐步推进同一市县不同领域的财政支出责任分担比例统一。上级财政事权确需委托下级履行的，要足额安排资金，不得以考核评比、下达任务、要求配套资金等任何形式，变相增加下级支出责任或向下级转嫁支出责任"。

党的十八届三中全会以来，我国加强财税体制改革顶层设计，中央与地方财政事权和支出责任划分改革向纵深推进，中央与地方收入划分进一步理顺，财政转移支付制度改革持续深化，权责清晰、财力协调、区域均衡的中央与地方财政关系逐步形成。要坚持党中央集中统一领导，在中央和地方分税制的原则框架内，遵循健全政府间财政关系的基本原则，清晰界定省以下财政事权和支出责任，理顺省以下政府间收入关系，完善省以下转移支付制度，建立健全省以下财政体制调整机制，规范省以下财政管理。要通过完善财政制度，破除地方保护主义、消除市场壁垒，健全持续推进基本公共服务均等化的保障制度和标准体系，加大对革命老区、民族地区、边疆地区、欠发达地区的财政支持力度，完善区域支持政策，推动建立县级财力长效保障机制。要压实地方各级政府风险防控责任，完善防范化解隐性债务风险长效机制，坚决遏制隐性债务增量，从严查处违法违规举债融资行为。要严肃财经纪律，维护财经秩序，健全财会监督机制。要理顺省以下政府间财政关系，使权责配置更为合理，收入划分更加规范，财力分布相对均衡，基层保障更加有力，促进加快建设全国统一大市场、推进基本公共服务均等化、推动高质量发展。

四、地方政府融资概况

（一）政府融资的概念及特征

政府融资指由地方政府及其部门、机构等通过对内、对外借债，为地方经济和社会发展筹集资金的融资行为。我国政府融资主要特征表现为：

政策性。贯彻落实国家和地方重大政策与规划目标，促进高质量发展，增强宏观调控，优化经济结构，改善生态环境等。

社会性。兼顾社会效益和宏观经济效益，以新型前瞻产业、社会公用事业、基础设施建设等为重点，多数产业具有"准公共产品"的特征。

非竞争性。政府融资项目多是非竞争性的，投资周期长、直接效益低、预期效益不明确，私人企业不愿意投入的行业或项目。

（二）政府融资主体及条件

政府融资主体。一般是政府控股或政府职能部门投资设立的城投公司或建设公司等，一般还包括社会公共服务重点领域的国有企业等。

基本条件。政府融资平台公司一般有独立法人资格，有独立办公场所和专业人员，有必要的资本金和业务收入，符合《公司法》的基本要求，主要承担政府服务与重大项目建设等职能。

项目公司融资指投资者通过建立单一目的项目公司来安排融资的一种模式。

（三）地方政府融资平台

地方政府融资平台，是指各级地方政府成立的以融资为主要经营目的的公司，包括不同类型的城市建设投资公司、城建开发公司、城建资产公司等企（事）业法人机构。

我国地方政府融资平台的分类，包括广义与狭义两类。其中，广义的融资平台概念包括地方政府组建的各种不同类型的投融资公司，如城市建设投资公司、城建开发公司、城建资产经营公司等。狭义的融资平台是指由地方政府及其部门和机构等通过财政拨款或注入土地、股权等资产设立，承担政府投资项目融资功能，并拥有独立法人资格的经济实体。

地方政府融资平台分为两大类：一类是承担公益性项目投资、融资、建设、运营业务的融资平台公司；另一类是承担非公益性项目融资任务的融资平台公司。

政府融资平台分为：一是单一融资平台，负责公益性和基础性项目融资、资金拨付及还本付息，不参与项目建设和运营；二是公益性投融资平台，负责公益性项目融资、建设、运营及还本付息；三是经营性投融资平台，负责基础性项目融资、建设、运营及还本付息，并可能进行其他经营性项目投资和金融投资；四是综合性投融资平台，兼具公益性平台和经营性平台的特点。

五、地方政府融资政策

（一）国家"十四五"规划的金融改革内容

国家"十四五"规划确定：深化金融供给侧结构性改革。健全具有高度适应性、竞争力、普惠性的现代金融体系，构建金融有效支持实体经济的体制机制。建设现代中央银行制度，完善货币供应调控机制。稳妥推进数字货币研发。健全市场化利率形成和传导机制，完善央行政策利率体系，更好地发挥贷款市场报价利率基准作用。优化金融体系结构，深化国有商业银行改革，加快完善中小银行和农村信用社治理结构，规范发展非银行金融机构，增强金融普惠性。改革优化政策性金融，强化服务国家战略和规划能力。深化保险公司改革，提高商业保险保障能力。健全金融机构公司治理，强化股东股权和关联交易监管。完善资本市场基础制度，健全多层次资本市场体系，大力发展机构投资者，提高直接融资特别是股权融资比重。全面实行股票发行注册制，建立常态化退市机制，提高上市公司质量。深化新三板改革。完善市场化债券发行机制，稳步扩大债券市场规模，丰富债券品种，发行长期国债和基础设施长期债券。完善投资者保护制度和存款保险制度。完善现代金融监管体系，补齐监管制度短板，在审慎监管前提下有序推进金融创新，健全风险全覆盖监管框架，提高金融监管透明度和法治化水平。稳妥发展金融科技，加快金融机构数字化转型。强化监管科技运用和金融创新风险评估，探索建立创新产品纠偏和暂停机制。

（二）我国政府融资政策

我国政府融资政策近年来经历了很大的调整与变化。

2021年财政部发布的《地方政府债券发行管理办法》规定：地方政府债券包括一般债券和专项债券。一般债券是为没有收益的公益性项目发行，主要以一般公共预算收入作为还本付息资金来源的政府债券；专项债券是为有一定收益的公益性项目发行，以公益性项目对应的政府性基金收入或专项收入作为还本付息资金来源的政府债券。

地方政府依法自行组织本地区地方政府债券发行和还本付息工作。地方政府债券发行兑付工作由地方政府财政部门（以下简称地方财政部门）负责办理。地方财政部门应当切实履行偿债责任，及时支付债券本息，维护政府信誉。加强专项债券项目跟踪管理，严格落实项目收益与融资规模相平衡的有关要求，保障债券还本付息，防范专项债券偿付风险。

地方财政部门、地方政府债券承销团成员、信用评级机构及其他相关主体，应当按照市场化、规范化原则做好地方政府债券发行相关工作。

债券发行额度和期限。地方财政部门应当在国务院批准的分地区限额内发行地方政府债券。新增债券、再融资债券、置换债券发行规模不得超过财政部下达的当年本地区对应类别的债券限额或发行规模上限。地方财政部门应当根据项目期限、融资成本、到期债务分布、投资者需求、债券市场状况等因素，合理确定债券期限结构。

地方财政部门可结合实际情况，在按照市场化原则保障债权人合法权益的前提下，采取到期偿还、提前偿还、分期偿还等本金偿还方式。

地方财政部门应当均衡一般债券期限结构，充分结合项目周期、债券市场需求等合理确定专项债券期限，专项债券期限应当与项目期限相匹配。专项债券期限与项目期限不匹配的，可在同一项目周期内以接续发行的方式进行融资。专项债券既可以对应单一项目发行，也可以对应多个项目集合发行。财政部对地方政府债券发行期限进行必要的统筹协调。

2021 年，《地方政府专项债券项目资金绩效管理办法》规定，地方政府专项债券（以下简称专项债券）指省级政府为有一定收益的公益性项目发行的、以公益性项目对应的政府性基金收入或专项收入作为还本付息资金来源的政府债券，包括新增专项债券和再融资专项债券等。绩效管理，是指财政部门、项目主管部门和项目单位以专项债券支持项目为对象，通过事前绩效评估、绩效目标管理、绩效运行监控、绩效评价管理、评价结果应用等环节，推动提升债券资金配置效率和使用效益的过程。地方政府债券，是指省、自治区、直辖市和经省级人民政府批准自办债券发行的计划单列市人民政府（以下简称地方政府）发行的、约定一定期限内还本付息的政府债券。

2023 年中国人民银行金融市场工作会议强调，做好政策性开发性金融工具、设备更新改造专项再贷款等稳经济大盘政策工具存续期管理，支持项目落地建成。完善支持普惠小微、绿色发展、科技创新等政策工具机制，精准加强重点领域和薄弱环节金融支持。深入实施中小微企业金融服务能力提升工程，进一步健全融资配套机制，推动普惠小微贷款稳定增长。切实落实"两个毫不动摇"，拓展民营企业债券融资支持工具"第二支箭"支持范围，推动金融机构增加民营企业信贷投放。加强农业强国金融服务，巩固拓展脱贫攻坚成果，持续提升金融服务乡村振兴能力。动态监测分析房地产市场边际变化，因城施策实施好差别化住房信贷政策，落实好金融支持房地产市场平稳健康发展的16条政策措施，积极做好保交楼金融服务，加大住房租赁金融支持，推动房地产业向新发展模式平稳过渡。强化债券承销、做市、投资者合格性等市场机制建设，加快多层次市场体系发展，完善金融债券宏观管理，提升债券市场韧性和市场化定价能力。促进货币市场平稳运行，持续规范票据市场发展，加强黄金市场监督管理，推动人民币衍生品市场和资产支持证券市场稳健发展。健全金融基础设施统筹监管框架，深入推进债券市场、衍生品市场等对外开放。推进大型平台企业金融业务全面完成整改，加强常态化监管，支持平台企业健康规范发展。推动出台公司债券管理条例、修订票据法。

政府债务风险新规。2016年10月，《国务院办公厅关于印发地方政府性债务风险应急处置预案的通知》提出，政府债务实行分级负责：省级政府对本地区政府性债务风险应急处置负总责，省以下地方各级政府按照属地原则各负其责。国务院有关部门在国务院统一领导下加强对地方政府性债务风险应急处置的指导。跨省（区、市）政府性债务风险应急处置由相关地区协商办理。2019年4月28日，财政部办公厅出台《财政部办公厅关于梳理PPP项目增加地方政府隐性债务情况的通知》，要求对于增加地方政府隐性债务的PPP项目，应当中止实施或转为其他合法合规方式继续实施，若继续实施应当按照地方政府隐性债务管理有关规定妥善整改并做好地方政府隐性债务化解工作。对增加地方政府隐性债务的项目，省级财政部门应主动从项目库中清退。对已纳入政府性债务监测平台但认定存在争议的项目，项目所属本级财政部门应当组织开展项目合规性论证。2021年7月9日，银保监会出台《银行保险机构进一步做好地方政府隐性债务风险防范化解工作的指导意见》，再次提及不得以任何形式新增地方政府隐性债务，要求提供融资前应查询财政部融资平台公司债务及中长期支出事项监测平台，对承担地方政府隐性债务的客户，还应遵守：不得新提供流动资金贷款或流动资金贷款性质的融资；不得为其参与地方政府专项债券项目提供配套融资。但同时规定，对确因经营需要且符合项目融资要求的，报本级人民政府书面审核确认。

第二章　财政资金（模式1）

一、概述

（一）基本概念

财政资金由国家预算资金和预算外资金组成。国家预算资金指列入国家预算进行收、支和管理的资金，它是财政资金的主体。预算外资金指不列入国家预算，由各地区、各单位按照国家规定单独管理、自收自支的资金，它是国家预算资金的重要补充。

财政资金主要来源是企业、个体经济等上缴国家的税金和其他收入。财政资金是地方经济发展的重要支柱。

财政专项资金指上级政府拨付本行政区域和本级政府安排的用于社会管理、公共事业发展、社会保障、经济建设以及政策补贴等方面具有指定用途的资金。这种资金要求进行单独核算，专款专用，不能挪作他用。

（二）预算管理

国家实行一级政府一级预算，设立中央，省、自治区、直辖市，设区的市、自治州，县、自治县、不设区的市、市辖区，乡、民族乡、镇五级预算。

全国预算由中央预算和地方预算组成。地方预算由各省、自治区、直辖市总预算组成。

地方各级总预算由本级预算和汇总的下一级总预算组成；下一级只有本级预算的，下一级总预算即指下一级的本级预算。没有下一级预算的，总预算即指本级预算。

预算由预算收入和预算支出组成。政府的全部收入和支出都应纳入预算。

预算包括一般公共预算、政府性基金预算、国有资本经营预算、社会保险基金预算。

一般公共预算、政府性基金预算、国有资本经营预算、社会保险基金预算应当保持完整、独立。政府性基金预算、国有资本经营预算、社会保险基金预算应当与一般公共预算相衔接。

一般公共预算是对以税收为主体的财政收入，安排用于保障和改善民生、推动经济社会发展、维护国家安全、维持国家机构正常运转等方面的收支预算。

中央一般公共预算包括中央各部门（含直属单位，下同）的预算和中央对地方的税收返还、转移支付预算。

中央一般公共预算收入包括中央本级收入和地方向中央的上解收入。中央一般公共预算支出包括中央本级支出、中央对地方的税收返还和转移支付。地方各级一般公共预算包括本级各部门（含直属单位，下同）的预算和税收返还、转移支付预算。

地方各级一般公共预算收入包括地方本级收入、上级政府对本级政府的税收返还和转移支付、下级政府的上解收入。地方各级一般公共预算支出包括地方本级支出、对上级政府的上解支出、对下级政府的税收返还和转移支付。

（三）资金来源

财政专项拨款的资金来源渠道，包括：

1. 由财政资本金投入获得的股权收益。

2. 由财政投入城市基础设施项目，带动外资和民营资本投入。

3. 获得中央转贷的由中央政府发行的国内外政府债券。

4. 世界银行、亚洲开发银行等国际和地区金融机构贷款。

5. 获得中央转贷的由中央政府向外国政府的贷款。

6. 外国政府援助赠款。

（四）融资规模

财政专项拨款资金规模取决于该地区经济发展水平及中央政府对特定地区和产业支持力度。

（五）基本分类

从支出性质分类，专项资金包括个人部分（如专项补贴、专项奖励等）和公用部分（如专项购置、专项修缮等）。

从支出用途分类，专项资金可分为基本建设支出、专项业务费、专项支出购置、专项修缮和其他专项等。具体可以分为：

（1）国家投资。国家对国有企业和建设项目等注入资本金。

（2）投资补助性资金。如公益性和公共基础设施投资项目补助、推进科技进步和高新技术产业化的投资项目补助等。

（3）项目补偿性专项资金。如安置职工就业的奖励款、贷款贴息、税收返还等。

（4）政府转贷、偿还性资助的财政资金。如世界银行贷款项目资金等。

（5）其他财政性融资。如无偿补助等。

二、条件与流程

（一）申请条件

1. 项目单位申请财政资金符合规定，并履行相关的法律程序。申请单位必须以真实的财政财务收支状况和其他相关情况为申请依据。

2. 申请资金投向适宜方向。财政资金的投资领域主要包括公共基础设施投资领域、基础产业以及其他国家政策重点支持的行业。

不同的财政资金的申请条件和提交资料不同，需要根据国家有关政策与各类文件具体予以确定。

（二）基本流程

1. 申请单位编制用款计划（包括基本支出和项目支出）。

2. 上级单位审批。

3. 财政资金拨付流程（基本支出、项目支出）。

4. 需说明事项（工资支付流程、专项资金和追加预算拨付流程、预算主管单位审核时限、经常性项目支出用款和项目计划编制、政府采购对象选择、采购形式错误变更）并确认。

5. 财政资金使用与管理。

6. 财政资金监督与考核。

（三）主要特征

1. 资金来源稳定。

2. 管理严格。

3. 资金量变化小。

4. 成本较低。

（四）资金支付规定

《中央财政预算管理一体化资金支付管理办法（试行）》（财库〔2022〕5

号）第十二条规定，按照支出活动的具体特点和管理要求，资金支付分为以下类型：

"（一）购买性支出。购买性支出包括所有编制政府采购预算的支出，以及部门预算支出经济分类科目特定范围内的支出。

编制政府采购预算的购买性支出，资金支付申请应当匹配政府采购合同。中央一体化系统校验政府采购合同中的收款人信息、合同金额等信息，校验不通过的原则上不允许支付资金。

部门预算支出经济分类科目特定范围内的购买性支出，资金支付申请应当按规定匹配相关合同或协议。中央一体化系统校验相关合同或协议，校验不通过的原则上不允许支付资金；无法提供相关合同或协议的，按规定转为人工审核。

（二）公务卡还款。公务卡发卡银行应当通过中央一体化系统向财政部（国库司）按时提供公务卡消费明细信息。试点单位比对持卡人报销还款信息和公务卡消费信息后，按照本办法第十一条有关规定办理公务卡还款。

公务卡原则上只能用于公务支出活动。

（三）纳入财政统发范围的工资和离退休经费（以下简称统发工资）通过财政零余额账户办理资金支付。统发工资预算指标余额不足时，中央一体化系统对试点单位进行预警提示，试点单位应当按照预算管理规定及时补足预算指标。未及时补足预算指标的，由试点单位按照本办法第十一条有关规定自行发放工资。

（四）委托收款。试点单位办理水费、电费、燃气费、电话费、网络费用、社会保险缴费、个人所得税缴纳等委托收款业务时，应当提前指定用于委托收款的预算指标。委托收款扣款时，代理银行通过中央一体化系统发送委托扣款申请，系统验证通过后自动进行资金支付。

委托收款预算指标额度不足时，试点单位可以另行选择预算指标，或按照本办法第十一条有关规定办理资金支付。"

三、案例：中央财政专项补助资金支持 2022 年农业发展等项目

财政资金是国家重要的资金分配模式，也是各地政府积极策划申请的重要资金渠道。从 2022 年中央财政预算来看，当年财政资金积极安排农业生产发展资金、农业资源及生态保护补助资金、动物防疫等补助经费、渔业发展补助资

金，支持深化农业供给侧结构性改革，加快农业农村现代化建设，全面推进乡村振兴。

为指导各地做好项目实施工作，确保政策有效落实，农业农村部、财政部印发了《关于做好2022年农业生产发展等项目实施工作的通知》。项目资金安排突出三个导向：

一是突出重点领域，着力支持提升粮食和大豆油料等重要农产品供给保障能力，强化现代农业基础支撑，促进乡村产业融合，推进农业绿色发展。

二是突出统筹衔接，根据项目各自政策目标和功能属性，科学推进政策统筹、任务统筹、资金统筹，优化支出结构，促进衔接配套，提高资金效益，形成政策合力，集中资金办大事。

三是突出创新引导，完善"大专项＋任务清单"管理方式，强化以绩效评价结果为导向的项目和资金安排机制，压实地方投入责任，撬动金融和社会资本投入，引导农民和新型农业经营主体主动参与，扩大农业农村有效投资。

点评：

财政资金是国家进行各项活动的财力保障，以无偿或国家信用的方式筹集、分配和使用，体现了政府的战略意图和政策方向。通过实施财政预算制度，优先扶持政府确定的重点产业和示范项目，任何机构和个人不得挪用。各级政府应重视财政资金的政策导向，积极谋划财政补助资金，用于投资开发本地重大产业项目、重点基础设施等工程建设。

第三章 外国政府贷款（模式2）

一、概述

（一）基本概念

国外贷款属于国家主权外债，按照政府投资资金进行管理。国外贷款主要用于公益性和公共基础设施建设，保护和改善生态环境，促进欠发达地区经济和社会发展。

外国政府贷款指一国政府向另一国政府提供的，具有一定赠与性质的优惠贷款。它具有政府间开发援助或部分赠与的性质，在国际统计上又叫双边贷款，与多边贷款共同组成官方信贷。其资金来源一般分两部分：软贷款和出口信贷。软贷款部分多为政府财政预算内资金；出口信贷部分为信贷金融资金。双边政府贷款是政府之间的信贷关系，由两国政府机构或政府代理机构出面谈判，签署贷款协议，确定具有契约性偿还义务的外币债务。

根据《中华人民共和国外汇管理条例》（国务院令第 532 号）、《国务院关于取消非行政许可审批事项的决定》（国发〔2015〕27 号）、《外债管理暂行办法》（国家发展计划委员会、财政部、国家外汇管理局令第 28 号）、《国际金融组织和外国政府贷款投资项目管理暂行办法》（国家发展改革委〔2005〕28 号令）、《国务院批转财政部、国家计委关于进一步加强外国政府贷款管理若干意见的通知》（国发〔2000〕15 号）等，由符合条件的办理机构进行国际金融组织和外国政府贷款的规划编制或项目申报。

（二）主要分类

1. 软贷款（政府财政预算内资金）：主要由德国财政合作基金、意大利环保贷款，科威特、韩国、波兰、西班牙等政府提供。

2. 混合贷款：援助借款国的资金与资助借款国专项出口的政府贸易信贷资

金相结合。一是赠款加出口信贷，主要是荷兰、瑞士；二是软贷款加出口信贷，大部分贷款属于这种类型；三是优惠贷款，主要是奥地利、以色列。

3. 特种贷款：特定用途的贷款，如北欧投资银行贷款。

（三）用途期限

国外贷款备选项目规划是项目对外开展工作的依据。借用国外贷款的项目必须纳入国外贷款备选项目规划。未纳入国外贷款备选项目规划的项目，国务院各有关部门、地方各级政府和项目用款单位不得向国际金融组织或外国政府等国外贷款机构正式提出贷款申请。

根据经济合作与发展组织（OECD）的有关规定，政府贷款主要用于城市基础设施、环境保护等非营利项目，若用于工业等营利性项目，则贷款总额不得超过200万特别提款权。贷款额在200万特别提款权以上或赠与成分在80%以下的项目，须由贷款国提交OECD审核。

（四）机构职责

国务院发展改革部门按照国民经济和社会发展规划、产业政策、外债管理及国外贷款使用原则和要求，编制国外贷款备选项目规划，并据此制定、下达年度项目签约计划。

世界银行、亚洲开发银行贷款和日本政府日元贷款备选项目规划由国务院发展改革部门提出，商国务院财政部门后报国务院批准。

国务院行业主管部门、省级发展改革部门、计划单列企业集团和中央管理企业向国务院发展改革部门申报纳入国外贷款规划的备选项目。

国务院行业主管部门申报的项目，由地方政府安排配套资金、承担贷款偿还责任或提供贷款担保的，应当同时出具省级发展改革部门及有关部门意见。

二、条件与流程

（一）申请条件

外国政府贷款的条件有一定的优惠性，一般分四种情况。

第一种为软贷款，也就是政府财政性贷款。一般无息或利率较低，还款期较长，并有较长的宽限期，如科威特政府贷款年利率为1%~5.5%，偿还期为18~20年，含宽限期3~5年；比利时政府贷款为无息贷款，偿还期为30年，含宽限期10年。这种贷款一般在项目选择上侧重于非营利的开发性项目，如城市基础设施等。

第二种为混合性贷款,由政府财政性贷款和一般商业性贷款混合在一起,比一般商业性贷款优惠。如奥地利政府贷款年利率为 4.5%,偿还期为 20 年,含宽限期 2 年。

第三种为一定比例的赠款和出口信贷混合组成。如澳大利亚、挪威、英国、西班牙等国政府贷款中,赠款占 25% ~ 45%。

第四种为政府软贷款和出口信贷混合性贷款,被称为"政府混合贷款",是最普遍实行的一种贷款。一般软贷款占 30% ~ 50%。如法国、意大利、德国、瑞士等国贷款都采用这种形式。

出口信贷的条件。凡是经济合作与发展组织(OECD)的成员,必须采用该组织的所谓 OECD 条件,偿还期多为 10 年,宽限期视项目建设期而定。有的还要收取一定的承诺费、手续费和担保费,贷款的支付一般以外币形式,涉及使用贷款国的货币购买贷款国的设备时,直接以设备体现,借款者实际见不到货币。外国政府贷款机构,一般由几个单位组成:确定贷款的机构,负责选择确定项目。有的国家由专职的对外援助机构承担,有的国家需要几个部门共同研究确定提供贷款的项目;负责贷款协议(金融协议)的执行机构,一般由银行代表。

纳入国外贷款备选项目规划的项目,应当区别不同情况履行审批、核准或备案手续:

由中央统借统还的项目,按照中央政府直接投资项目进行管理,其项目建议书、可行性研究报告由国务院发展改革部门审批或审核后报国务院审批。

由省级政府负责偿还或提供还款担保的项目,按照省级政府直接投资项目进行管理,其项目审批权限,按国务院及国务院发展改革部门的有关规定执行。除应当报国务院及国务院发展改革部门审批的项目外,其他项目的可行性研究报告均由省级发展改革部门审批,审批权限不得下放。

由项目用款单位自行偿还且不需要政府担保的项目,参照《政府核准的投资项目目录》规定办理:凡《政府核准的投资项目目录》所列的项目,其项目申请报告分别由省级发展改革部门、国务院发展改革部门核准,或由国务院发展改革部门审核后报国务院核准;《政府核准的投资项目目录》之外的项目,报项目所在地省级发展改革部门备案。

(二)基本流程

国家发展改革委办理外国政府贷款基本流程:

1. 申请人按办事指南要求，将申请材料准备齐全后，登录国家发展改革委网上政务服务大厅进行网上登记。

2. 网上登记完成后，申请人可选择将申请材料邮寄或现场报送至政务服务大厅。

3. 政务服务大厅收到申请材料后，窗口工作人员对申请材料进行形式审查，审查合格的予以接收。

4. 承办司局收到申请材料后，对申请材料进行复审，审查合格的予以受理。

5. 承办司局办理并作出审批决定。

6. 审批文件通过文件交换系统送至来文单位，政务服务大厅将审批结果信息通过短信形式告知申请人。

国家发展改革委确定的办结时限，自受理之日起，20 个工作日。

（三）基本特征

1. 贷款期限长、利率低、赠与成分高。政府贷款有双边经济援助性质，按照国际惯例，政府贷款一般都含有 25% 的赠与部分。

2. 贷款与专门的项目相联系，如用于交通、农业、卫生等大型项目。

3. 规定购买限制性条款。借款国必须以贷款的一部分或全部购买提供贷款国家的设备。

4. 外国政府贷款的规模有限。外国政府贷款受贷款国国民生产总值、财政收支与国际收支状况的制约，规模不会太大。一般只在两国政治外交关系良好的情况下进行。

5. 外国政府贷款通常受贷款国财政预算、国际收支、政治倾向、价值观念和外交政策的影响，具有较浓的政治色彩。

6. 一般情况下，借款国不能自由选择币种，必须采用贷款国货币，因而将承担相应的汇率风险。

（四）地方申请程序

1. 筛选项目

根据国家发展改革委和国家财政部外国政府贷款计划、年度额度和申请条件，拟申请贷款的项目单位编制项目介绍，提报省级发展改革委和财政部门；由省级财政部门汇总后征求财政初步意见，提交国家发展改革委审核审批。

拟申请的项目报告应包括：项目简要情况；项目建设必要性；拟申请借用

国外贷款的类别或国别；贷款金额及用途；贷款偿还责任。

外国政府贷款的备选项目根据各国政府贷款提供情况分批选择下达，国家发展改革委在选择备选项目时一般遵循以下原则：

（1）项目要符合国家中长期发展计划、行业发展规划、产业政策和技术装备政策，一般要求项目已批准立项。

（2）优先安排国家重点项目以及国家优先发展产业（农业、水利、交通、通信、能源、主要原材料等）的项目和增加出口创汇的项目。

（3）项目配套资金能够落实，并具有一定的经济效益和还贷能力。

（4）贷款偿还责任能够落到实处。

（5）各地已有的贷款项目实施情况和债务状况以及贷款偿还信誉。

（6）对中西部地区实行同等优惠政策。

（7）尽可能符合贷款国的有关规定和要求，对限制采购的贷款要考虑贷款国的技术水平和供货能力。

政府贷款项目的执行程序要明确以下内容：

（1）贷款备选项目是国内有关部门对外开展工作的依据，也是贷款国审查、选择项目的基础。各对外窗口部门、银行及外贸公司必须按国家发展改革委下达的备选项目对外开展工作，未经国家发展改革委统一列入备选项目的不得对外提出。

（2）国家发展改革委下达的备选项目不得随意变更。如因国内原因出现变更（如更换贷款渠道）或撤销（如推迟建设）的情况，须由各地方或部门按程序报经国家发展改革委同意。

（3）申报项目由各地或部门按程序报经国家发展改革委批准后对外签约。

（4）由若干子项目组成的"项目包"，对外作为一个项目申请的，贷款额超过规定限额的，须按限额以上项目办理。

2. 做好正式申请前的准备工作

（1）编制"项目建议书"。由项目单位编制或委托专业机构编制。

（2）立项审批。项目单位按照项目性质和审批权限分别报上级主管部门审批或转报国家发展改革委、商务部审批。项目应在以下方面获得立项批准：归口审批部门批准建设该项目；归口审批部门批准该项目申请利用外国政府贷款引进部分设备。立项批准后，项目单位进行一般性的技术考察和技术交流，初步的商务询价，准备可行性研究报告。

3. 取得"还款承诺函"（地方财政投资项目）。立项批准后，项目单位向国家发展改革委或财政部门等申请出具"还款承诺函"。

4. 委托采购。限额以上项目，采购公司由财政部统一指定；限额以下项目，项目单位报主管部门同意后，委托有资格的采购公司对外采购。

上述工作完成之后，可正式申请。项目单位向财政部门提交如下文件：申请报告（含配套资金来源及落实情况的有关说明）；项目建议书或可行性研究报告（含设备清单、中英文本）；立项批复文件；还款承诺函；采购委托书（限额以下项目）；财务报表（非地方财政投资项目，备案）。协议生效后项目单位向外事部门办理外债登记手续。

（五）国内银行办理流程

1. 经办银行的总行国际业务部接到财政部的外国政府贷款项目清单（附有关贷款条件）后转给总行公司业务部，由公司业务部通知有关分行进行信贷审查。

2. 对于外国政府贷款第三类项目和中央管理企业利用外国政府贷款的第一、第二、第三类项目，分行将审查报告报总行信贷管理部和国际业务部。国际业务部对外汇转贷款的合规性和技术性进行审查后出具审查意见交信贷管理部。信贷管理部在参考国际业务部审查意见的基础上，向总行审批中心或总行信贷政策委员会提交信贷审查报告，并在完成相关审批手续后批复有关分行，同时抄送国际业务部和公司业务部。总行国际业务部将总行信贷审查结果书面通知财政部，并据以对外谈判签约。

3. 外国政府贷款第一、第二类项目（中央管理企业利用外国政府贷款的第一、第二、第三类项目除外），由分行直接进行信贷审查并自行审批。审查结果要报总行信贷管理部、国际业务部和公司业务部备案。总行国际业务部将分行信贷审查结果书面通知财政部，并据以对外谈判签约。

4. 在审查外国政府转贷款项目时，除了审查有关规定文件材料外，还要依据国家发展改革委批复的备选项目清单开展项目评估并签署金融协议。

（六）贷款管理

国家发展改革委与财政部负责外国政府贷款项目的国内审批和对外工作。国家发展改革委负责对外国政府贷款的总量控制、结构优化和监测工作，会商有关部门提出利用外国政府贷款的中长期规划和年度借用外国政府贷款的总规模，编制利用外国政府贷款备选项目规划；制定外国政府贷款的区域投资政策及产业投资方向；按照国家基本建设程序和有关规定做好项目建议书及可行性研究报告的评估和审批工作。

财政部负责外国政府贷款（包括双边财政合作项下的赠款）的对外谈判与磋商工作；为各地区和有关部门申报项目及时提供贷款资金信息；指导项目所属地区财政部门和中央部门组织好对贷款项目的财务评估；加强对谈判、签约、转贷、使用及偿还等环节的管理；根据国内的贷款需求并结合贷款国的具体情况，统筹做好对外工作。

贷款项目严格按照国家基本建设程序和有关规定立项审批，重大项目由国家发展改革委会商财政部后报国务院审批。计划部门负责审核项目的资金使用规模及投向；财政部门负责审核项目的财务偿还能力，以及是否符合贷款国的有关规定。项目经批准立项后，由财政部统一对外提交。贷款项目在项目建议书得到批准并列入备选项目规划后，方可对外正式开展工作，原则上应在可行性研究报告得到批准后才能对外正式签署项目贷款协议和商务合同，并同时抄送国家发展改革委。

有以下情形之一的限上项目，需国家发展改革委审批项目利用外资方案：一是先作为内资项目已批准可行性研究报告后又提出利用外国政府贷款的；二是项目可行性研究报告已批准，但其中利用外国政府贷款的内容和深度满足不了对贷款的需要和机电设备审查部门要求的；三是项目可行性研究报告报批后，贷款采购内容有较大调整的；四是虽属限下项目，但其中利用外国政府贷款超过 500 万美元的。

贷款的申请及备选项目的确定。限上项目申请利用外国政府贷款，在项目建议书或可行性研究报告中提出；限下项目申请利用外国政府贷款，由地方发展改革委批复项目建议书后，由财政部初选汇总、送国家发展改革委综合平衡后，统一列入国家利用外资计划，并函告财政部对外提出。对备选项目进行调整，如更换、补充备选项目或增调贷款额度等，由国家发展改革委和财政部统一办理。竞争性项目申请利用外国政府贷款，需附有关转贷银行的初评意见。

（七）外国政府贷款的转贷管理

按照《关于外国政府贷款转贷管理的暂行规定》，外国政府贷款转贷业务，除贷款国另有规定外，由中国进出口银行等国家政策性银行、国有商业银行和交通银行承办。其他金融机构受委托需办理外国政府贷款的转贷业务，由金融机构向财政部提出申请，财政部将根据项目的具体条件个案审批。

按照不同的还款责任，外国政府贷款项目分为：

第一类项目，是指各省、自治区、直辖市和计划单列市财政厅（以下简称省级财政部门）经审查评估同意作为借款人，并承担归还责任的项目。第二类项目，是指项目单位作为借款人，并承担归还责任，省级财政部门经审查评估同意提供还款保证的项目。第三类项目，是指项目单位作为借款人，并承担偿还责任，转贷银行为对外最终还款人的项目。对此类项目，省级财政部门既不作为借款人也不提供还款保证。贷款项目的类型由省级财政部门在向财政部申报项目时加以明确。

第一类项目的转贷，由省级财政部门向财政部推荐代理银行，财政部根据省级财政部门的推荐，审核后委托代理银行办理财务代理业务。代理银行不对项目进行评估。在贷款国政府批准项目由财政部与代理银行签署财务代理委托协议，代理银行代表与有关省级财政部门签订项目的转贷协议，并报财政部备案。财政部门可根据当地情况制定与项目单位或省级以下财政部门的贷款办法，并报财政部备案。如需改变转贷条件，应事先报财政部批准；代理银行一律不得擅自改变此类项目的转贷条件。

第二类项目的转贷，由项目单位选择转贷银行，通过省级部门对其确认同意后上报财政部。财政部审核后委托转贷银行办理转贷业务。省级财政部门应向转贷银行提供还款保证，并且备案。转贷银行原则上不对项目进行评估。贷款国政府评估后，转贷银行与项目单位签署转贷协议，并报送财政部和项目部门备案。转贷银行在事先征得省级财政部门的同意后，可依据贷款项目的财务状况和还款能力以及项目的投资回收期适当确定偿还期限。省级财政部门根据缩短后的偿还期限要求在偿还期限内，项目单位负责向转贷银行偿还贷款，省级财政履行担保责任，直至偿清全部贷款。在项目单位和担保人转贷协议项下的贷款本息，如贷款国政府无特殊要求，转贷银行可自行安排提前收回的贷款并对外承担还款责任。

第三类项目的转贷，由项目单位推荐转贷银行，经省级财政部门上报财政部，财政部审核后通知，对项目进行独立评估，根据评估情况自主决定是否转贷。转贷银行对确定转贷的项目承担最终对外还款责任。贷款国政府批准项目后，转贷银行与项目单位签订转贷协议，并报财政部备案。如贷款国政府无特殊要求，转贷银行可以采取脱钩转贷的模式进行转贷。转贷银行根据项目自身的生命周期和实际投资回收期重新确定转贷条件。重新确定的转贷条件中，政府软贷款部分贷款期限不得少于建设期结束后 5 年，贷款利率和费用不得超过原贷款利率及费用 2 个百分点。如贷款国政府无特殊要求，转贷银行可自行安排提前收回的贷款并对外承担还款责任。

（八）如何撰写外国政府贷款审批报告

按照外国政府贷款有关规定，撰写外国政府贷款项目资金申请报告应包含的主要内容：

（1）项目概况，包括项目建设规模及内容、总投资、资本金、国外贷款及其他资金、项目业主、项目执行机构、项目建设期；

（2）国外贷款来源及条件，包括国外贷款机构或贷款国别、还款期、宽限期、利率、承诺费等；

（3）项目对外工作进展情况；

（4）贷款使用范围，包括贷款用于土建、设备、材料、咨询和培训等的资金安排；

（5）设备和材料采购清单及采购方式，包括主要设备和材料规格、数量、单价；

（6）经济分析和财务评价结论；

（7）贷款偿还及担保责任、还款资金来源及还款计划。

项目资金申请报告应当附以下文件：

（1）项目批准文件（项目可行性研究报告批准文件、项目申请报告核准文件或项目备案文件）；

（2）国际金融组织和日本国际协力银行贷款项目，提供国外贷款机构对项目的评估报告；

（3）国务院行业主管部门提出项目资金申请报告时，如项目需地方政府安排配套资金、承担贷款偿还责任或提供贷款担保的，出具省级发展改革部门及有关部门意见；

（4）申请使用限制性采购的国外贷款项目，出具对国外贷款条件、国内外采购比例、设备价格等比选结果报告。

三、案例：陕西省利用外国政府贷款

2020 年，面对新冠疫情带来的严峻考验，陕西省发展改革委紧紧围绕国家和全省经济建设和社会发展中心任务，积极谋划利用国外贷款项目，扩大利用

外资渠道，降低融资成本，支持陕西省重点项目建设，不断提高陕西省利用外资水平。

陕西省发展改革委按照国家要求，深入调研，积极谋划国外贷款项目。一是组织策划西安咸阳国际机场三期扩建、陕西建筑节能与环境治理等四个项目上报国家，申请新开发银行、亚洲开发银行、欧洲投资银行贷款，项目总投资526.29亿元人民币，申请金融组织优惠贷款12.8亿美元；二是申请世界银行贷款扶持陕西省重点领域项目建设，包括黄河、长江流域在陕西省境内生态修复、医疗卫生、疾病防控体系建设等四个领域共七个项目，项目总投资39.86亿元人民币，申请金融组织优惠贷款3.22亿美元；三是谋划了陕西省职业教育项目、大西安（咸阳）文体功能区城市生活固体垃圾处理场、汉阴县凤凰山隧道、汉中市第一职业中等专业学校新校区四个申请外国政府贷款项目，总投资30.7亿元人民币，申请利用奥地利、北欧投资银行、欧佩克基金等外国政府贷款总计3.22亿美元。

同时，陕西省发展改革委会同相关部门，加强指导，加快推动在建项目建设。一是亚行贷款陕西绿色智慧物流项目可研报告已通过专家评审；二是亚行贷款西安学前教育发展项目框架方案近期将提请亚行执董会审定；三是世行贷款陕西小城镇基础设施建设项目建设加速工程收尾；四是世行贷款陕西省可持续城镇发展项目顺利启动，并通过世行专家组第一次例行检查；五是法国开发署贷款凤翔县东湖雍城湖湿地治理项目、以色列政府贷款汉中市公安交警支队交通指挥中心项目进展顺利。

点评：

利用外国政府贷款，是经济欠发达地区的重要融资渠道之一，陕西省发展改革委发挥自身综合优势，加强与国家发展改革委对接，积极争取国家支持本省国外贷款项目，同时指导项目单位加快推进前期项目准备和在建项目进展，有效利用外资，积极推动了陕西省经济高质量发展。

第四章　国际金融机构贷款（模式3）

自 1981 年世界银行恢复我国成员国席位并提供第一笔贷款以来，我国利用国际金融组织和外国政府贷赠款（以下简称"国外优惠贷款"）已有 40 多年的历史。借用国外优惠贷款，不仅为我国重点领域投资和地方经济建设发展提供了重要资金来源，还在工程技术、管理经验和发展理念等方面引入了可参照借鉴的国际经验，为促进我国经济社会发展、重点领域改革和体制机制创新发挥了积极重要的作用。

研究国际金融机构贷款的条件、范围和操作流程，对于我国地方政府有效实现低成本融资，落实重大基础项目开发，促进中小企业健康发展，具有重要的可操作借鉴意义。

一、概述

(一) 基本概念

国际金融机构贷款是由一些国家的政府共同投资组建并共同管理的国际金融机构提供的贷款，目的是帮助成员国开发资源、发展经济和平衡国际收支。贷款发放类型包括：发展中国家以发展基础产业为主的中长期贷款，低收入的贫困国家开发项目及文教建设等领域的长期贷款，以及发展中国家的私人企业小额中长期贷款等。

国际金融机构贷款指国际金融机构作为贷款人向借款人政府机构以协议方式提供的有非商业性质的优惠贷款。

国际金融机构包括全球国际金融机构和区域国际金融机构，如国际货币基金组织、世界银行、国际复兴开发银行（IBRD）、国际开发协会（IDA）、国际金融公司（IFC）、亚洲开发银行（ADB）、联合国农业发展基金会和其他国际性、地区性金融组织等。

国家发展改革委等部门《关于推进共建"一带一路"绿色发展的意见》（发改开放〔2022〕408号）指出，加强绿色金融合作。在联合国、二十国集团等多边合作框架下，推广与绿色投融资相关的自愿准则和最佳经验，促进绿色金融领域的能力建设。用好国际金融机构贷款，撬动民间绿色投资。鼓励金融机构落实《"一带一路"绿色投资原则》。

（二）主要分类

世界银行贷款指国际复兴开发银行（IBRD）贷款和国际开发协会（IDA）信贷，通过长期贷款支持和政策性建议，帮助会员国家提高劳动生产率，促进发展中国家的经济发展和社会进步，改善并提高生活水平。

国际复兴开发银行是世界银行的主要贷款机构。它向中等收入国家和借贷信用好的低收入国家提供贷款和发展援助，也称为世界银行硬贷款。主要支持教育、卫生、基础设施等项目，也用于帮助政府改变管理经济的模式。国际复兴开发银行贷款占世界银行年贷款额的3/4左右，资金主要来自金融市场。国际复兴开发银行对借款国的贷款利率比其筹资成本高0.75个百分点，贷款的还款期为15～20年，在开始偿还本金之前还有3～5年的宽限期。

国际开发协会主要向收入最低的国家提供无息贷款，即为没有能力以商业利率借贷的贫穷国家提供优惠贷款，也称为世界银行软贷款。借款国需支付不到贷款额1%的手续费用于行政支出，规定还款期为35～40年，宽限期为10年。只有人均国民生产总值低于1445美元的国家才能得到国际开发协会的贷款，但实际上仅向人均国民生产总值低于885美元的国家贷款。

世界银行贷款包括投资贷款和调整贷款两大类。投资贷款包括具体投资贷款、部门投资和维修贷款、适应性规划贷款、学习和创新贷款、技术援助贷款、金融中介贷款和经济复兴贷款；调整贷款包括结构调整贷款、部门调整贷款、系列结构调整贷款、重建贷款和债务削减贷款。

国际金融公司是世界银行集团成员之一，宗旨是对发展中国家（会员国）私人企业的新建、改建和扩建提供贷款资金，促进发展中国家私营经济的增长和国内资本市场的发展，促进发展中国家私营部门的可持续投资，减少贫困，改善人民生活。它是世界银行的附属机构，从财务制度和法律地位看，又是独立的经营实体。国际金融公司的资本金来自成员国，由这些国家的政府共同制定政策、审批投资。国际金融公司主要向会员国的生产性私营企业提供贷款，国际金融公司不需要政府担保。国际金融公司的贷款期限一般为 7 ~ 15 年，还款时需用原借款人所在国的货币，贷款的利息率不统一，视投资对象的风险和预期收益而定，一般要高于世界银行贷款。对于未提取的贷款金额，国际金融公司每年收取 1% 的承诺费。

亚洲开发银行（亚行）贷款是亚行对亚洲和太平洋地区的发展中国家提供的长期性开发资金。目的是鼓励各国政府和私人资本向亚洲和太平洋地区投资，对本地区国家提供长期贷款和技术援助，促进本地区国家的经济合作和发展。亚行贷款分为普通贷款和特种贷款。普通贷款（Ordinary Operation）主要用于帮助成员国提高其经济发展水平，贷款利率为浮动利率，贷款期限为 15 ~ 25 年，普通贷款也称为硬贷款。特种贷款（Special Operation）是为贫困成员国提供的优惠贷款。这种贷款不收取利息，也称为软贷款。亚洲开发银行发放的贷款按条件划分，有硬贷款、软贷款和赠款三类。硬贷款的贷款利率为浮动利率，每半年调整一次，贷款期限为 10 ~ 30 年（2 ~ 7 年宽限期）。软贷款就是优惠贷款，只提供给人均国民收入低于 670 美元（1983 年价格）且还款能力有限的会员国或地区成员，贷款期限为 40 年（10 年宽限期），没有利息，仅有 1% 的手续费。赠款用于技术援助，资金由技术援助特别基金提供，赠款额没有限制。按照贷款模式划分有项目贷款、规划贷款、部门贷款、开发金融机构贷款、综合项目贷款、特别项目执行援助贷款和私营部门贷款等。

二、条件与流程

（一）申请条件

国际金融机构的借款有严格的条件限制，如世界银行的借款人主要是基金成员国政府、政府机构、由政府担保的公私企业。利息低于商业贷款，甚至无息，通常为中长期贷款。亚行重点贷款方向和业务领域包括农业、能源、工业、开发金融机构、交通运输及通信、供水、城市发展、环境保护、教育卫生、扶持妇女事业、促进私营资本对本地区开发的投资等。

国际金融组织贷款立项严格，与特定的工程项目相联系。要求贷款国提供详尽的贷款项目资料。贷款如期归还，不可中途改变还款日期，批准项目的手续严密，历时较长，从项目提出到签约需 1.5 ~ 2 年。具体来说，国际金融机构贷款的基本条件如下。

（1）限于成员国。

（2）用于工程项目。发放贷款的重点是基础设施工程项目，如交通运输（铁道、公路、水运、民航）和公用事业（如电力、通信、供水、排水等）；发展农村和农业建设项目以及教育、卫生事业项目等。只有在特殊情况下，才发放非项目贷款。凡非项目贷款，借款国只能用于满足进口某项物资设备所需的外汇、支持生产或用于克服自然灾害后维持经济发展计划的资金需求等。

（3）专款专用。使用款项、工程进度、物资保管、工程管理接受国际金融机构监督。

（4）贷款期限和利率。一般数年，最长可达30年。贷款利率分固定利率、浮动利率和可变利率三种。

（5）贷款费用。一般包括：先征费用，贷款生效时支付贷款额的1%；未支付余额承诺费，经借款人申请与贷款人协商批准后可有部分免除。

（6）贷款货币。美元、日元、欧元、英镑、瑞士法郎或国际金融机构出资的其他货币。

（二）主要特征

（1）贷款期限长，利率低，适用于公共基础设施的建设

国际开发协会的贷款最为优惠；世界银行贷款虽然收利息，期限较短，但与一般国际商业信贷条件相比仍属优惠，适合需要长期发展的电力、水利、交通设施等建设项目。

（2）有利于整体计划拟订与执行

国际金融机构对贷款计划的申请视其在借款国发展的优先性而决定核准与否，通常先派遣专家对借款国经济及贷款计划进行调查了解，并先协助进行可行性研究及拟订整体计划，待可行性研究与经济价值评估满意后，方可核准贷放。计划制定期间视情况派员实地考察。

（3）提高私人企业的国际商业地位，有助于国际私人资金流入

国际金融机构核贷或投资私人企业的标准颇为严格，接受贷款企业在国际商业中的地位提高。受贷企业投资成功后，国际金融机构转让股权于其他外来投资者，可引导国外私人资金流入。

（4）贷款采购获得高品质的器材与设备

国际金融机构利用国际招标采购器材与大型设备。由于国际竞争，采购的

物资品质高，价格较低。

（三）基本流程

1. 国际金融机构的一般贷款流程如下

（1）提出计划，确定项目。

（2）组织专家，确定贷款标准。

（3）审议通过，签订贷款合同。

（4）工程项目招标。参加投标的国家仅限于成员国。国际金融机构按照工程进度发放贷款，对贷款使用进行监督。在建项目所需物资确已成交之后，国际金融机构将贷款直接付给供应商或借款者。国际金融机构对设备的招投标合同执行过程进行监督。派出检查团定期检查工程进度，了解是否严格执行了批准的贷款合同，确保资金按计划使用。

（5）项目投产后，作出项目后评价。贷款全部发放后 1 年左右，评价企业效益、社会效益、银行效益及总结经验教训等。

亚行贷款程序包括：项目确定、可行性研究、实地考察和预评估、评估、准备贷款文件、贷款谈判、董事会审核、签署贷款协定、贷款生效、项目执行、提款、终止贷款账户、项目完成和项目后评价。

2. 世界银行贷款申请流程

（1）项目的选定

作为项目周期的第一阶段，项目的选定至关重要，直接关系到世界银行贷款业务的成败，世界银行对项目的选定非常重视。世界银行对项目的选定主要采取几种方式：

①与借款国开展各个方面的经济调研工作；

②制定贷款原则，明确贷款方向；

③与借款国商讨贷款计划；

④派出项目鉴定团。

（2）项目的准备

在世界银行与借款国进行项目鉴定，并共同选定贷款项目之后，项目进入准备阶段。

在项目准备阶段，世界银行会派出由各方面专家组成的代表团，与借款国一起正式开展对项目利用贷款的准备工作，为下一阶段的可行性分析和评估打下基础。项目准备工作一般由借款国承担直接和主要责任。

（3）项目的评估

项目准备完成之后，即进入评估阶段。项目评估基本上是由世界银行自己来完成的。世界银行评估的内容主要有五个方面，即技术、经济、财务、机构、社会和环境。

（4）项目的谈判

项目谈判一般先由世界银行和借款国双方商定谈判时间，然后由世界银行邀请借款国派出代表团到华盛顿进行谈判。双方一般就贷款协议和项目协定两个法律文件的条款进行确认，并就有关技术问题展开讨论。

（5）项目的执行

谈判结束后，借款国和项目受益人要对谈判达成的贷款协定和项目协定进行正式确认。在此基础上，世界银行管理部门根据贷款计划，将所谈项目提交世界银行执行董事会批准。项目获得批准后，世界银行和借款国在协议上正式签字。协议经正式签字后，借款国方面就可根据贷款生效所需条件，办理有关的法律证明手续并将生效所需的法律文件送世界银行进行审查。如手续齐备，世界银行宣布贷款协议正式生效，项目进入执行阶段。

（6）项目的后评价

在项目贷款的账户关闭后的一定时间内，世界银行要对该项目进行总结，即项目的后评价。通过对完工项目执行清款，进行回顾，总结项目周期过程中得出的经验和教训，评价项目预期收益的实现程度。

（四）审批机构

世界银行贷款是我国利用国际金融机构贷款的最重要组成部分，由国家财政部、国家发展改革委、行业主管部门、外交部、国家外汇管理局、国务院机电设备进口审查办、海关总署、国家审计署等负责审查审批与监督管理。

使用国外贷款实行"统一政策、分工负责、加强协调"的原则，财政部是管理世界银行贷款的"对外窗口"单位，与国家发展改革委、行业主管部门、外交部、国家外汇管理局、国务院机电设备进口审查办、海关总署、国家审计署等，共同对我国利用世界银行贷款的计划、准备、执行等进行管理与监督。其中：国家发展改革委负责世界银行贷款业务的司局主要有国外资金利用司、外事司、经济贸易司等。财政部负责世界银行贷款业务的司局是国际司。行业主管部门负责世界银行贷款业务的司局是外事、财务、计划等部门。国家外汇管理局根据国务院批准的项目用汇和还贷方案，办理有关外汇手续，开展外债统计和检测。海关总署会同财政部、国家税务总局制定世界银行贷款项目进口货物的关税征管办法，办理关税征管和减免手续。

三、案例：山西省争取国际金融机构贷款

山西省发展改革委、省财政厅积极推动金砖国家新开发银行、国际农业发展基金对本省贷款项目作出安排，2023—2024 年，重点支持"十四五"时期山西省重点领域的项目开发与建设。

新开发银行贷款规划周期为 2023 年至 2024 年，给予山西省单笔贷款金额 3 亿~5 亿美元。重点支持领域涉及：环境保护和污染控制，支持有助于改变或减少经济活动带来的负面环境影响的项目；社会基础设施，支持促进社会包容性发展的公共卫生、医疗、教育等设施；数字基础设施，包括宽带网络建设、5G 融合应用、人工智能基础设施、智慧城市等；气候适应类基础设施，支持光伏、风电以及氢能等可再生能源基础设施；交通类基础设施，重点支持将创新技术引入传统交通基础设施的项目，如超高速铁路等。

农发基金贷款规划周期为 2023 年至 2024 年，给予山西省单笔贷款金额不超过 1 亿美元，主要支持农业农村可持续发展，实现乡村振兴。重点支持领域涉及：绿色发展，支持与农业生产、农业生态和农村环境相关的绿色可持续发展，促进农村地区可再生能源的利用、气候智慧型农业等；乡村振兴，发展包容性的乡村产业，改善乡村面貌和生态环境，实施数字化乡村建设等。

点评：

国际金融机构贷款具有特定的申请条件和操作流程，各地在融资时要注意分类研究和有针对性组织申报。山西省积极争取多家国际金融机构贷款，为本地区的项目开发提供了低成本、长期限的海外资金渠道。

第五章　政策性贷款（模式4）

政策性贷款是由政策性银行发放的、用于支持特定产业或重点项目的专项资金。政策性银行资金主要来源于向各专业银行和其他金融机构发行的金融债券，其特殊性主要体现在利率和期限的优惠方面。

一、概述

政策性银行贷款由各政策性银行根据申请贷款的项目或企业情况，按照相关规定自主审核，确定贷与不贷，并发放的一种信贷资金。

政策性贷款是我国政策性银行的主要资产业务。它有指导性、非营利性和优惠性等特殊性，在贷款规模、期限、利率等方面提供优惠；它与无偿占用的财政拨款的区别在于，以偿还为条件。

政策性银行指由政府创立、参股或保证的，不以营利为目的，主要为贯彻政府社会经济政策或目标，在特定的业务领域内，直接或间接地开展政策性融资活动，充当政府发展经济、促进社会进步、进行宏观经济管理工具的金融机构。

1994年，我国组建了三家政策性银行：国家开发银行、中国进出口银行、中国农业发展银行，均直属国务院领导。银保监会在统计口径中将中国进出口银行、中国农业发展银行列入政策性银行，将国家开发银行与政策性银行并列统计。

二、条件与流程

（一）申请条件

（1）符合国家政策性贷款的申请主体和资质要求；

（2）提报资料和数据等真实、完整、有效，申请企业或拟报项目达到政策性资金申报标准；

（3）申请程序、资金用途等符合法律法规与政策性资金使用要求；

（4）满足政策性贷款申请的其他要求。

（二）主要特征

政策性银行贷款利率较低、期限较长，有特定的服务对象，重点支持商业性银行在初始阶段不愿进入或不愿涉及的业务领域。

（三）基本流程

1. 总体论证

贷款银行调研和论证贷款项目与银行资金可贷能力是否相适应，对项目技术条件、经济条件、政策条件及组织条件等进行可行性和必要性论证。

2. 效益评估

进行项目投资成本、预期效益分析和评估，确定贷款项目的经济和社会效益；比较分析申请贷款项目，进行分类排队。对那些投资少、见效快、效益明显的项目优先支持，保证供给；对效益相对差的项目推后支持。

3. 项目审查

在贷款项目的审查阶段，银行以债权人身份开展工作：对贷款对象的经营能力如项目承建能力，及必备条件审查和核实，保证贷款有效利用。通过贷款项目审查，落实贷款使用条件，确保贷款本息按期收回。

4. 建设监督

贷款发放后，贷款银行组织相关人员，对贷款跟踪检查，监督贷款按规定用途和合同计划进度合理使用。贷款项目监督的直接对象是贷款资金使用的全过程，监督内容包括技术监督、财务监督和效益监督等。贷款银行主要进行财务监督，审查企业是否按贷款合同的要求使用贷款及是否遵守限制性条款。

5. 项目验收

项目验收指银行结合工程进度进行工程各环节、各部分的质量检验和验收，确保工程进度合理、质量合格，确保按期收回贷款。

6. 项目归档

贷款银行对每一笔贷款项目在结束后撰写总结报告，详细报告项目运行的全过程，以及在贷款项目中出现的问题和解决方法。项目的归档管理可以为无法按期收回贷款的项目管理提供翔实的备查资料，分析贷款风险并采取措施。

（四）风险识别

（1）政策性的产业风险。政策性银行的贷款主要投向能源、交通、原材料等项目，这些项目或有较好的社会效益而经济效益差，或风险较高。同时国家将根据宏观经济调整产业政策、区域发展政策、重点行业，直接影响贷款企业的经济效益和贷款的偿还能力。

（2）宏观经济周期风险。当经济处于低潮时，政府运用扩张性的货币政策、财政政策刺激经济。政策性银行受到政府影响，增加贷款项目，提高贷款数额。为完成政府投资计划，达到刺激经济的需要，银行会放宽对项目的评审条件，对风险相对较大的项目也适当发放贷款。

（3）商业银行的代理风险。目前，我国政策性银行的分支机构和网点不多，很多贷款先拨给其他商业银行，由其代理具体的贷款业务和款项回收。但由于对我国政策性银行的贷款没有立法规定，造成代理行职责义务规定不具体，约束力不强，甚至有些代理行对项目监督管理流于形式，加大了贷款银行的信贷资产风险。

（4）政策性银行和申请贷款项目企业之间信息不对称风险。由于信息不对称，政策性银行和银行决策人员得不到充足有效的信息支持决策。这种信息不对称的决策导致了贷款银行的"逆向选择"——选择错误的客户或资金运作方式。政策性贷款的对象主要是国有经济，许多国有企业信用观念淡薄，自我约束意识差，自有资本不足，长期亏损，往往将政策性贷款当作非财政性资金或救济优惠加以挤占挪用；我国各类投资主体存在投资扩张冲动，政策性资金的需求大，将导致贷款企业夸大项目效益，贷款银行缺乏项目内部信息，难免出现风险。

（5）项目建设中的完工或超概算风险。由于各种原因，项目超工期、超概算甚至无法完工，对银行贷款形成"倒逼"，给信贷项目带来风险。

（6）项目完工后的市场风险。项目完工并不意味着贷款收回，项目完工后产品和服务销售存在市场风险，这直接决定投资方的投资效益，影响贷款本息的收回。

（五）申请材料

申请贷款需要准备的材料包括但不限于：贷款申请书；项目投资计划；贷款使用计划以及偿还计划；项目可行性研究报告；申请人和担保人的营业执照复印件、担保意向书；申请人和担保人近四年的财务报表和审计报告；银行要求的其他文件。

（六）国开行有关贷款

（1）水利

支持范围：国家172项重大水利工程、城市防洪排涝与内河治理工程、其他薄弱环节水利工程、贫困地区涉水项目。

项目资本金：项目资本金占总投资比例不低于 20%。

贷款期限：中长期贷款期限可长达 10 ~ 40 年，宽限期不超过项目建设期，且一般在 3 年以内。

贷款利率：执行优惠贷款利率。

（2）地下综合管廊

地下综合管廊支持范围：城市地下综合管廊是指在城市地下用于集中敷设电力、通信、广播电视、给水、排水、热力、燃气等市政管线的公共隧道。在城市新区、各类园区、成片开发区域的新建道路，根据功能需求，管廊采取同步建设；在老城区，结合旧城更新、道路改造、河道治理、地下空间开发等，因地制宜、统筹安排建设。

建设内容：综合管廊本体、进入管廊的专业管线，以及与管廊工程同步施工的道路等配套基础设施。

项目资本金：项目资本金占总投资比例不低于 20%。

贷款期限：中长期贷款期限原则上最长不超过 20 年，宽限期不超过项目建设期，一般不超过 3 年。

贷款利率：实行优惠利率政策，项目需纳入住建部项目库。

专项基金：为综合管廊项目提供资本金。

（3）医疗卫生

支持范围：现有医院改扩建；新建公立医院；儿童、精神、妇产、肿瘤、传染病、康复护理等医疗机构建设；医学检验检查机构、病理诊断机构、消毒供应机构和血液净化机构等建设；环境污染风险治理；药品生产、供应保障、流通领域改革项目；医学院校、重大科研项目；医养结合、健康服务项目；设备装备购置、医疗卫生服务购买等重点领域。

项目资本金：项目资本金占总投资比例不低于 20%。

贷款期限：中长期贷款一般不超过 20 年，最长可达 30 年。医院项目的宽限期为建设期加试营业期，一般为 3 ~ 5 年。医药项目中长期贷款可达 15 年，宽限期为建设期，一般不超过 3 年。

贷款利率：执行优惠贷款利率。

（4）教育

支持范围：学校新建、改造和搬迁。

项目资本金：项目资本金占总投资比例不低于20%。

贷款期限：中长期贷款一般不超过10年，宽限期不超过项目建设期，且一般在3年以内。

贷款利率：执行优惠贷款利率。

（5）城市轨道交通

支持范围：城市地铁建设项目、轻轨铁路建设项目、城市现代有轨电车项目。

项目资本金：项目资本金占总投资比例不低于20%。

贷款期限：中长期贷款一般不超过25年，最长可达30年。宽限期不超过项目建设期，且一般不超过3年。

贷款利率：执行优惠贷款利率。

（6）节能环保

支持范围：水环境保护项目；工业污染治理、循环经济项目；固体废物处理项目；土壤修复项目。

项目资本金：项目资本金占总投资比例不低于25%。

贷款期限：根据项目情况确定。

贷款利率：执行优惠贷款利率。

专项基金：为节能环保项目提供资本金。

三、案例：开发性金融积极支持京津冀协同发展

2022年，国家开发银行加大金融服务京津冀协同发展区域重大战略和雄安新区规划建设力度，聚焦基础设施等重点领域，有力、有序、有效地服务京津冀协同发展，助力雄安新区建设展现新面貌。

天津中心城区至静海市域（郊）铁路是天津首条市域（郊）铁路，线路全长约13.4千米，预计2024年通车试运行。国家开发银行天津市分行积极发挥融资、融智、融制作用，助力政府出台相关配套政策，组建36亿元银团贷款，创新以市场化方式合规解决项目融资难题。建成后，津静市域（郊）铁路不仅能极大地缩短静海、西青与中心城区的通勤时间，促进外围区域均衡发展，缓解城市核心压力，还将与津雄、津沧等铁路连接，推动人流、物流、信息流加速流通，助力"轨道上的京津冀"、现代化首都都市圈建设。

北京大兴国际机场是京津冀地区的重要交通枢纽，也是雄安新区的"空中

门户"。位于北京市大兴区和河北省廊坊市毗邻区域的北京大兴国际机场临空经济区，是全国唯一具有京冀两省市自由贸易试验区政策和地跨京冀两省市综合保税区的优势区域。规划面积 150 平方千米的临空区，河北部分有 100 平方千米。2022 年，国家开发银行河北分行发放 18.5 亿元贷款支持北京大兴国际机场临空经济区（廊坊区域）产城融合项目建设，为区域航空运输业、高端制造业和现代服务业发展加速加力，服务疏解北京非首都功能、优化京津冀世界级城市群发展格局。

国家开发银行制定支持雄安新区高质量发展专项政策，聚焦重大基础设施建设，重点支持了荣乌高速、京德高速、雄安新区至北京大兴国际机场快线（R1 线）等重大交通基础设施和新区植树造林、东西轴线等重大城市基础设施项目，助力雄安新区打造高质量发展的生动样板。

2022 年 8 月，国家开发银行北京分行与北京市经济和信息化局联合发布"首都产业强链筑基"见贷即贴专项合作金融产品。北京分行围绕首都产业链强链补链和筑基工程目标任务、重点领域、重点企业和重点项目，提供中长期贷款、研发贷款、流动资金贷款、投贷联动等定制化金融产品服务支持，与北京市经信局合力支持首都提高产业链供应链稳定性和国际竞争力，服务北京国际科技创新中心建设和京津冀产业协同发展。

点评：

政策性贷款是一种低成本、长期限、额度较大的银行贷款，由政策性银行承办，具有一定的财政扶持作用。

第六章　委托贷款（模式5）

委托贷款指委托人提供资金，由金融企业根据委托人确定的贷款对象、金额、用途、期限、利率等代理发放、监督使用并协助收回的贷款，其风险由委托人承担。

一、概述

委托贷款指委托人委托金融机构，按照委托人指定的对象、用途和额度发放贷款。

委托贷款业务属于银行中间业务，受托人不承担任何贷款风险，只收取手续费，不垫支资金，不为委托人介绍借款人，不接受借款用途不明确和没有指定借款人的委托贷款。

委托贷款分为现金管理项下的委托贷款和一般委托贷款。社会融资规模中的委托贷款只包括由企事业单位及个人等委托人提供资金，由金融机构（贷款人或受托人）根据委托人确定的贷款对象、用途、金额、期限、利率等向境内实体经济代为发放、监督使用并协助收回的一般委托贷款。社融口径下的委托贷款包含公积金委托贷款，但不包含现金管理项下的委托贷款。

二、条件与流程

（一）申请条件

（1）委托人及借款人是经工商行政管理机关（或主管机关）核准登记的企（事）业单位，其他经济组织，个体工商户，或具有完全民事行为能力的自然人；

（2）已在业务银行开立结算账户；

（3）委托资金来源合法及有自主支配的权利；

（4）申办委托贷款必须独自承担贷款风险；

（5）按照国家地方税务局的有关要求缴纳税款，并配合受托人办理有关代征代缴税款的缴纳工作；

（6）符合业务银行的其他要求。

（二）主要特征

（1）委托贷款纯属委托性质，贷款的效益和风险由委托人承担。

（2）转让困难委托贷款没有公开流通市场，不易转让或出售。

（三）资金来源

委托贷款的资金来源主要是财政部门、企业主管部门、劳动保险部门的资金及科研单位、学校、各种学会和基金会的基金等。

（四）参与主体

委托贷款业务主体包括委托人、受托人、借款人和担保人。委托人指提供委托贷款资金的单位或个人，包括政府部门、企事业单位、个体工商户、保险公司、基金公司、投资管理公司和自然人。受托人指获准授权经营委托贷款业务的银行境内分支机构。借款人指委托人确定的从受托人处取得委托贷款的企事业法人、其他经济组织、个体工商户或自然人。担保人是经委托人认可的为借款人提供担保的单位或个人。

（五）主要流程

（1）委托人与借款人达成融资意向，协商确定贷款利率、期限等要素。

（2）委托人与借款人在银行开设结算账户，委托人出具《贷款委托书》，委托人和借款人共同向银行提出申请。

（3）银行受理客户委托申请，进行调查并经审批后，对符合条件的客户接受委托。

（4）发放委托贷款。

（5）贷后管理和贷款本息收回。

三、案例：某高科技公司申请委托贷款

2022 年 10 月 11 日，为满足正常生产经营和正常流动资金周转的需要，某能源技术股份有限公司申请由甘肃金控融资担保集团股份有限公司委托华夏银行股份有限公司兰州分行向本公司发放委托贷款，本金 2.8 亿元人民币，期限 12 个月，贷款利率及生效日期以合同签署为准。同时申请甘肃金控融资担保集

团股份有限公司提供5亿元人民币授信额度，该授信额度含上述2.8亿元人民币的委托贷款。针对上述贷款和授信，该公司以拥有的不低于5亿元人民币应收账款等质押向甘肃金控融资担保集团股份有限公司作为保证措施。本次委托贷款用途为满足公司正常流动资金及日常生产经营所需。

点评：

委托贷款是银行开办的接受委托单位委托将资金发放给特定目标企业的一种融资模式。本次申请委托贷款是该高科技公司利用多种渠道筹集资金实现未来发展战略的重要举措，有利于该公司中长期发展对营运资金的需求，促进该公司的业务发展。

第七章　商业银行贷款（模式6）

一、概述

（一）基本概念

商业银行贷款指商业银行作为贷款人，按照一定的贷款原则和政策，以还本付息为条件，将一定数量的货币资金提供给借款人使用的一种借贷行为。对外贷款是商业银行最大的资产业务。其中：流动资金贷款指商业银行向企业法人或国家规定可以作为借款人的其他组织发放的，用于借款人日常经营周转的本外币贷款，包括单笔流动资金贷款。

（二）主要分类

银行信贷是我国主要融资模式，主要分类有：

（1）根据《贷款通则》，贷款种类分为：自营贷款、委托贷款和特定贷款。自营贷款指贷款人将以合法方式筹集的资金自主发放的贷款，其风险由贷款人承担，并由贷款人收回本金和利息。

委托贷款指由政府部门、企事业单位及个人等委托人提供资金，由贷款人（即受托人）根据委托人确定的贷款对象、用途、金额期限、利率等代为发放、监督使用并协助收回的贷款。贷款人（受托人）只收取手续费，不承担贷款风险。

特定贷款指经国务院批准并对贷款可能造成的损失采取相应补救措施后责成国有商业银行发放的贷款。

（2）按照贷款时间长短可分为：短期贷款、中期贷款和长期贷款。

短期贷款指贷款期限在1年以内（含1年）的贷款。中期贷款指贷款期限在1年以上（不含1年）5年以下（含5年）的贷款。长期贷款指贷款期限在5年（不含5年）以上的贷款。

（3）按照贷款行所在地点分为：国内银行贷款、银团贷款、国际银行贷款、外国政府贷款、国际金融机构贷款等。

银行贷款，银行以特定利率将资金放贷给资金需求者，并按照特定期限还本付息的经济行为。国际金融市场融资主要集中在基础设施项目、环保与能源等重点领域。

银团贷款是由一家或多家银行牵头，若干银行共同参与，划分责任与权力主体，签署共同贷款协议，为特定项目或单位提供融资的银行业务。分为直接银团贷款和间接银团贷款两类。直接银团贷款由各成员行委托贷款行向借款人发放、收回和统一管理贷款；间接银团贷款是由牵头行直接向贷款人发放贷款，再由牵头行将参加贷款权（贷款份额）分别转售给其他银行，贷款、放款和收款全部由牵头行负责。国内目前以间接银团贷款为主。

（4）按照贷款保障程度分为信用贷款、担保贷款和票据贴现。信用贷款指以借款人的信誉发放的贷款。担保贷款指保证贷款、抵押贷款、质押贷款。保证贷款指按《中华人民共和国担保法》规定的保证方式以第三人承诺在借款人不能偿还贷款时，按约定承担一般保证责任或者连带责任而发放的贷款。抵押贷款指按《中华人民共和国担保法》规定的抵押方式以借款人或第三人的财产作为抵押物发放的贷款。质押贷款指按《中华人民共和国担保法》规定的质押方式以借款人或第三人的动产或权利作为质押物发放的贷款。票据贴现指贷款人以购买借款人未到期商业票据的方式发放的贷款。

（5）按照贷款的偿还方式分为一次性还清贷款和分期偿还贷款。

一次性还清贷款是指借款人在贷款到期时一次性还清贷款的本息，一般适用于借款金额较小、借款期限较短的贷款项目。

分期偿还贷款是指借款人按贷款协议规定在还款期内分次偿还贷款，还款期结束，贷款全部还清。这种贷款适合于借款金额大、借款期限长的贷款项目。

（6）按照贷款数量分为批发贷款和零售贷款。批发贷款指数额较大、对工商企业和金融机构等发放的贷款，借款者的借款目的是经营获利。批发贷款可以采用抵押贷款，也可以是信用贷款，借款期限可以是短期、中期或长期。零售贷款指对个人发放的贷款，包括个人消费信贷、个人证券贷款等。零售贷款一般采用抵押贷款方式。

（7）按照行业划分，有工业贷款、商业贷款、农业贷款、科技贷款和消费贷款；按照具体用途划分，又有流动资金贷款和固定资金贷款。

（8）按照贷款质量划分，有正常贷款、关注贷款、次级贷款、可疑贷款和损失贷款等。

二、条件与流程

（一）申请条件

借款人申请贷款，应当具备产品有市场、生产经营有效益、不挤占挪用信贷资金、恪守信用等基本条件，并且应当符合以下要求：

（1）有按期还本付息的能力，原应付贷款利息和到期贷款已清偿；没有清偿的，已经做了贷款人认可的偿还计划。

（2）除自然人和不需要经工商部门核准登记的事业法人外，应当经过工商部门办理年检手续。

（3）已开立基本账户或一般存款账户。

（4）除国务院规定外，有限责任公司和股份有限公司对外股本权益性投资累计额未超过其净资产总额的 50%。

（5）借款人的资产负债率符合贷款人的要求。

（6）申请中期、长期贷款的，新建项目的企业法人所有者权益与项目所需总投资的比例不低于国家规定的投资项目的资本金比例。

（二）基本流程

（1）贷款申请

借款人向主办银行或者其他银行的经办机构直接申请。借款人填写借款金额、借款用途、偿还能力及还款方式等主要内容的《借款申请书》并提供以下资料：借款人及保证人基本情况；财政部门或会计（审计）师事务所核准的上年度财务报告，以及申请借款前一期的财务报告；原有不合理占用的贷款的纠正情况；抵押物、质押物清单和有处分权人的同意抵押、质押的证明及保证人拟同意保证的有关证明文件；项目建议书和可行性报告；贷款人认为需要提供的其他有关资料。

（2）对借款人的信用等级评估

应当根据借款人的领导者素质、经济实力、资金结构、履约情况、经营效益和发展前景等因素，评定借款人的信用等级。评级可由贷款人独立进行，内部掌握，也可由有权部门批准的评估机构进行。

（3）贷款调查

贷款人受理借款人申请后，应当对借款人的信用等级以及借款的合法性、安全性、营利性等情况进行调查，核实抵押物、质押物、保证人情况，测定贷款的风险度。

（4）贷款审批

贷款人应当建立审贷分离、分级审批的贷款管理制度。审查人员应当对调查人员提供的资料进行核实、评定，复测贷款风险度，提出意见，按规定权限报批。

（5）签订借款合同

所有贷款由贷款人与借款人签订借款合同。借款合同应当约定借款种类、借款用途、金额、利率，借款期限，还款方式，借、贷双方的权利、义务，违约责任和双方认为需要约定的其他事项。

保证贷款由保证人与贷款人签订保证合同，或保证人在借款合同上载明与贷款人协商一致的保证条款，加盖保证人的法人公章，并由保证人的法定代表人或其授权代理人签署姓名。抵押贷款、质押贷款应当由抵押人、出质人与贷款人签订抵押、质押合同，需要办理登记的，应依法办理登记。

（6）贷款发放

贷款人按借款合同规定按期发放贷款。贷款人不按合同约定按期发放贷款的，应偿付违约金。借款人不按合同约定用款的，应偿付违约金。

（7）贷后检查

贷款发放后，贷款人对借款人执行借款合同及借款人经营情况进行追踪调查和检查。

（8）贷款归还

借款人按照借款合同规定按时足额归还贷款本息。贷款人在短期贷款到期1个星期前、中长期贷款到期1个月前，向借款人发送还本付息通知单；借款人及时筹备资金，按时还本付息。

（三）授信风险审查

银行信贷授信风险审查包括：集中度风险的审查、关联风险的审查、交易对手风险的审查、行业风险的审查、环保风险的审查、风险对价的审查、客户过度融资风险的审查、地方政府融资平台的审查、房地产贷款的审查、客户其他业务的审查等。

（四）基本规定

贷款期限根据贷款人的生产经营周期、还款能力和贷款人的资金供给能力由借贷双方共同商议后确定，并在借款合同中载明。短期贷款展期期限累计不得超过原贷款期限；中期贷款展期期限累计不得超过原贷款期限的一半；长期贷款展期期限累计不得超过 3 年。国家另有规定者除外。借款人未申请展期或申请展期未得到批准，其贷款从到期日次日起，转入逾期贷款账户。

（五）权利义务

（1）借款人的权利

可以自主向主办银行或者其他银行的经办机构申请贷款并依条件取得贷款；有权按合同约定提取和使用全部贷款；有权拒绝借款合同以外的附加条件；有权向贷款人的上级组织和中国人民银行反映、举报有关情况；在征得贷款人同意后，有权向第三人转让债务。

（2）借款人的义务

如实提供贷款人要求的资料（法律规定不能提供者除外），向贷款人如实提供所有开户行、账号及存贷款余额情况，配合贷款人的调整、审查和检查；接受贷款人对其使用信贷资金情况和有关生产经营、财务活动的监督；按借款合同约定用途使用贷款；按借款合同约定及时清偿贷款本息；将债务全部或部分转让给第三人的，需取得贷款人的同意；有危及贷款人债权安全情况时，应及时通知贷款人，同时采取保全措施。

（六）对借款人的限制

（1）不得在一个贷款人同一辖区内的两个或两个以上同级分支机构取得贷款。

（2）不得向贷款人提供虚假的或者隐瞒重要事实的资产负债表、损益表等。

（3）不得用贷款从事股本权益性投资，国家另有规定的除外。

（4）不得用贷款在有价证券、期货等方面从事投机经营。

（5）除依法取得经营房地产资格的借款人以外，不得用贷款经营房地产业务；依法取得经营房地产资格的借款人，不得用贷款从事房地产投机。

（6）不得套取贷款用于借贷牟取非法收入。

（7）不得违反国家外汇管理规定使用外币贷款。

（8）不得采取欺诈手段骗取贷款。

（七）贷款人的权利

根据贷款条件和贷款程序自主审查和决定贷款，除国务院批准的特定贷款外，有权拒绝任何单位和个人强令其发放贷款或者提供担保。

（1）要求借款人提供与借款有关的资料；

（2）根据借款人的条件，决定贷与不贷、贷款金额、期限和利率等；

（3）了解借款人的生产经营活动和财务活动；

（4）依合同约定从借款人账户上划收贷款本金和利息；

（5）借款人未能履行借款合同规定义务的，贷款人有权依合同约定要求借款人提前归还贷款或停止支付借款人尚未使用的贷款；

（6）在贷款将受或已受损失时，可依据合同规定，采取使贷款免受损失的措施。

（八）贷款人的义务

（1）应当公布所经营的贷款的种类、期限和利率，并向借款人提供咨询。

（2）应当公开贷款审查的资信内容和发放贷款的条件。

（3）贷款人应当审议借款人的借款申请，并及时答复贷与不贷。短期贷款答复时间不得超过一个月，中期、长期贷款答复时间不得超过六个月；国家另有规定者除外。

（4）应当对借款人的债务、财务、生产、经营情况保密，但对依法查询者除外。

（九）对贷款人的限制

贷款的发放须严格执行《中华人民共和国商业银行法》第三十九条关于资产负债比例管理的有关规定，第四十条关于不得向关系人发放信用贷款、向关系人发放担保贷款的条件不得优于其他借款人同类贷款条件的规定。

借款人有下列情形之一者，不得对其发放贷款：

（1）不具备《贷款通则》第四章第十七条所规定的资格和条件的；

（2）生产、经营或投资国家明文禁止的产品、项目的；

（3）违反国家外汇管理规定的；

（4）建设项目按国家规定应当报有关部门批准而未取得批准文件的；

（5）生产经营或投资项目未取得环境保护部门许可的；

（6）在实行承包、租赁、联营、合并（兼并）、合作、分立、产权有偿转让、股份制改造等体制变更过程中，未清偿原有贷款债务、落实原有贷款债务或提供相应担保的；

（7）有其他严重违法经营行为的。

三、案例：B 市抵押贷款项目

B 市是我国东部地区经济发展较好的新兴城市，"十四五"规划确立了许多高速公路、停车场等重大投资项目和民生工程。

由于 B 市自有财力有限，B 市金控公司利用自有楼宇、商业性供暖设施、营利性通讯网络等进行资产抵押，申请 10 亿元的银行贷款，用于解决重大项目的建设资金需求。

B 市金控公司按照银行贷款申请流程，进行了贷款资料的提交与对接，与贷款银行初步达成了资金申请的意向，按照银行贷款法律程序与要求，双方签署了贷款申请合同与文件，进行了资产评估和抵押，并完成了资金申请手续，获得了协商的申请资金，然后投入 B 市重点推进的开发项目，实现了重大工程的如期完成，同时，积极安排归还贷款本息的主要计划。

点评：

利用银行商业贷款，进行地方政府重大项目及示范工程的开发建设，是 B 市实现"十四五"规划确定的重大项目的主要资金来源之一。

第八章　银团贷款（模式7）

银团贷款是国际银行业一种重要的信贷模式。在西方发达国家，银团贷款的占比超过20%。近年来，我国银团贷款市场得到较快发展。银团贷款能够为地方政府大型基础设施项目、企业集团或重大资金需求等，以多家金融机构参与合作的融资模式，实现外部融资，促进重点产业、重点企业、重点项目建设与发展，同时，分散和防范单个投资人的贷款风险。

一、概述

银团贷款指由一家或几家银行牵头，若干家银行共同参加，组建责任、权利共同体，签署共同贷款协议，为一个项目或公司提供融资服务的银行放款业务。国内银团贷款主要是多家国内银行或金融机构采用同一贷款协议，向一家企业或项目提供一笔融资额度的贷款模式。

国际银团贷款指由一家或几家银行牵头，多家国际商业银行参加，共同向一国政府、某一企业或某一项目提供资金数额较大、期限较长的一种国际贷款。

二、条件与流程

（一）申请条件

申请银团贷款，除了项目有市场、有效益、不挪用资金、恪守信用等条件外，还应符合以下要求：

（1）有按期还本付息的能力，原应付贷款利息和到期贷款已经清偿；没有清偿的，已经做了银行认可的偿还计划。

（2）除不需要经过工商部门核准登记的事业法人外，贷款企业应当经过工商部门办理年检手续。

（3）在国内的中资银行开立基本账户或一般结算账户，且存款结算业务比例符合银行的要求。

（4）除国务院规定外，有限责任公司和股份有限公司对外股本权益投资累计额不超过其净资产总额的50%。

（5）借款人的资产负债比率应当符合国内的中资银行的要求。

（6）申请中长期贷款的，新建项目的企业法人所有者权益与项目所需投资比例不低于国家规定的投资项目资金比例。

（7）借款人应当拥有固定的营业场所和一定的自有流动资金，并能每年按规定比例补充自有流动资金。

（8）除外商投资企业以外的借款人，对外资银行的借款部分，应当办妥国家外汇管理局批准借外债手续。

（二）基本特征

（1）共享收益。贷款银行按照融资协议规定的份额享有贷款利息和其他保证、抵押/质押物、担保等权利。

（2）风险分担。按照贷款份额承担贷款本息无法获得清偿的风险。

（3）统一管理。银团贷款完成后，由贷款代理行审查并管理借款人是否满足提款先决条件、是否存在违约事项、是否提款或还款、是否已取消贷款、是否提前还款或偿还利息等，负责召集银团会议（或由牵头行召集）、代表银团向借款人违约追偿等。

（4）份额表决。贷款银行根据各自承诺贷款额的占比进行表决。贷款银行必须服从银团表决结果，放弃绝对的独立判断及行为能力。银团贷款也有俱乐部贷款等模式。俱乐部贷款成员银行同时参与银团条件、文本谈判，不分牵头行和参加行，结构简单，适用于金额相对小的项目。

（三）参与主体

（1）安排行/牵头行

为满足借款人的融资需求，进行银团贷款资金安排的主要银行，参与银团前期牵头安排且出资份额最大的第一层次的贷款银行，对银团有较大的影响力与引导作用。

（2）参加行

承担（相对于牵头行、安排行）较小份额银团贷款的贷款银行。根据不同参加份额，通常参加行被划分为不同的层级，收取不同费率，有不同的表决份额。通常按照份额大小有副安排行、资深经理行、高级经理行、经理行等划分。

（3）代理行

主要指贷款代理行，主要职责：管理银团贷款协议生效确认、收费、提款、还款、付息等；接收借款人各种通知及申请，根据银团贷款协议授权进行审核及回复，提交银团审议或表决等。结构复杂的银团贷款可以将贷款代理行的职责拆分为担保/抵押代理行、账户监管代理行、保险代理行等。

（4）中介机构

主要包括：银团法律顾问、律师、保险顾问、技术顾问、会计顾问、工程顾问、商业顾问、税务顾问、环境顾问等，费用由借款人支付。

（四）基本流程

国内银团贷款的基本流程：

（1）前期准备；

（2）银团组建；

（3）银团管理。

国际银团贷款的基本流程：

（1）国内审批登记；

（2）选择经理银行；

（3）贷款情况备忘录；

（4）选取国际银团贷款融资模式；

（5）相关纳税事宜。银团贷款协议中对预扣税的处理有两种模式：一是在贷款协议中规定贷款人收取全部利息，由借款人缴纳预扣税，但贷款人保证将所获得的税收减免退给借款人；二是在两国之间订有"避免双重课税条约"的情况下，贷款国的税务当局对利息预扣税的支付视作贷款人对（营业）所得税的预付，由借款人缴纳利息预扣税，并在扣税后的利息净额汇给贷款人的同时，附上"缴税证明"，使贷款人凭该证明向其国内税务局申请抵销其部分（营业）所得税。按照我国的现行税务征管制度，外国贷款人贷款给中国境内的借款人，有取得利息所得的，应缴纳所得税和印花税。

三、案例：A市申请旅游开发银团贷款

银团贷款金额大、期限长，可以避免单家银行信贷规模限制，并且贷款投资相对分散，可以避免贷款过于集中，产生单一贷款风险。银团贷款由一家或几家银行牵头，多家银行参与，共同向一个借款人提供贷款资金。当借款人无

力还款时，呆账风险由银团参与成员按比例分摊，以降低由单家银行提供贷款情况下借款人的违约风险。

A市是我国历史文化名城。为促进地区经济发展，A市政府大力发展旅游事业。根据前期项目规划，该市准备开发的旅游项目拟投资30亿元，由于涉及金额大，贷款期限长，决定采用国内银团贷款的融资模式。

经过前期的筹备，A市牵头企业向甲银行提交委托书，申请贷款开发该旅游项目。甲银行对A市项目进行充分调查后，接受A市牵头企业的融资申请，提出主要贷款条件。A市牵头企业分析了甲银行的贷款条件，同意并授权乙银行为该项目银团贷款的牵头银行。甲银行向有关银行发送参加银团的邀请，最终确定由乙银行牵头，由甲银行、丙银行等组成银团，共同向A市旅游项目提供贷款100亿元，还款期限为30年，宽限期5年。

点评：

A市通过推动旅游产业的银团贷款，实现了100亿元的融资，实现了多家银行对大项目的贷款收益分享和风险分担，当地获得了可用资金，用于重点旅游项目建设，树立了城市发展新形象。

第九章　联合贷款（模式8）

从银行的角度看，联合贷款由两家或数家银行一起，对某一项目或企业提供贷款。从企业申请的角度看，联合贷款指多家企业联合向一家银行进行贷款申请。利用联合贷款进行融资有利于分散风险，获得可用的资金。

一、概述

（一）基本概念

联合贷款指由两家或数家银行对某一项目或企业提供贷款，或者是多家企业联合向特定银行进行贷款申请的一种借贷行为。

联合贷款的主要环节如下：

一是由银行和合作机构通过书面协议，确定双方出资比例、合作规模、合作期限等；二是合作机构在银行开立备付金账户，并存入充足资金作为贷款发放头寸；三是双方共同确定客户筛选标准，并筛选出联合贷款目标客户并进行联合授信；四是通过授信审批的客户通过互联网渠道自助发起借款申请，系统后台进行欺诈判断后，在极短时间内发放贷款；五是银行与合作机构每日对账，确保账实相符。

联合贷款的金额一般小于银团贷款，组织形式简单，没有主牵头行和参与行之分。一般只有一家银行担任代理行，负责同其他银行的联系，并对贷款进行管理。联合贷款不公开发函邀请其他银行参加，主要是数家银行事先商讨，分别承担贷款金额，组成联合贷款。联合贷款自20世纪70年代初出现，在我国逐步得到发展与创新。

国家开发银行联合贷款指国家开发银行与借款人签署贷款合同，但未发放或未全额发放贷款，将该贷款的一部分或全部贷款由其他商业银行在短期内发放并委托国家开发银行管理。如国家开发银行与光大银行等办理联合贷款，进行特定贷款发放与运营管理。

从企业角度定义的联合贷款，指多家企业为了解决各自资金缺口，达成共同贷款协议，并向银行提出申请，按照约定贷款份额和期限等，使用贷款并承担贷款本息归还责任的一种融资模式。

（二）收费标准

联合贷款按照中国人民银行规定的贷款利率和办法计收利息。联合贷款发生的费用支出，如管理费、代理费、安排费等由合作行承担。

（三）联合贷款的分类

（1）平行贷款（Parallel Loans），指几个贷款来源向同一项目的不同部分或相关项目提供各自独立的贷款。贷款使用与项目的特定部分或特定项目相联系。各联合贷款方独立与借款方签订贷款协议。

（2）混合贷款（Pintlores），指几个贷款来源同时向一个项目提供贷款。贷款的使用不与项目特定部分相联系，可混用。各联合贷款方既可与借款方分别独立签订贷款协议，也可以联合与借款方签订一个贷款协议。

（3）参与（Participations），指国际金融机构先与借款方签订贷款协议，然后以转让的方式让其他贷款方参与。

（四）联合贷款与银团贷款的区别

联合贷款和银团贷款都是企业常用的贷款方式，这两种贷款方式的具体区别如下：

与银行间关系有差别。银团贷款是由几家银行结成统一体，通过牵头行和代理行与借款人联系；联合贷款的银行是相互独立的，需要分别与借款人建立联系。

贷款评审方式有差别。银团贷款中各银行是以牵头行提供的信息备忘录为依据进行贷款决策；联合贷款中各银行需要分别收集资料，并多次进行评审。

签订贷款合同方式有差别。在银团贷款中是统一签订合同；而联合贷款需每家银行均与借款人签订合同。

贷款条件有差别。银团贷款中各银行的贷款条件是一样的；而联合贷款中每家银行要与借款人分别谈判，所以贷款条件可能会有不同。

放款方式有差别。银团贷款是通过代理行、按照约定的比例统一划款；而联合贷款是分别放款，派生存款分别留在各行。

贷款管理方式有差别。银团贷款是由代理行负责；而联合贷款是各行分别管理自己的贷款份额。

贷款本息回收方式有差别。银团贷款是由代理行负责按合同收本收息，并按放款比例划到各行指定账户；联合贷款是各行按照自己与借款人约定的还本付息计划，分别收本收息。

二、条件与流程

（一）联合贷款的申请条件（各家银行联合贷款的申请条件可单独约定）

（1）银行担保联合贷款业务期限不受严格限制。

（2）银行不提供担保的项目，包括联合贷款与间接银团贷款，期限一般不超过3年。

（3）直接银团贷款项目，按照银行银团贷款政策办理，期限一般不超过8年。

（4）各项信用互换业务，期限一般不超过1年。

（二）主要特征

联合贷款的主要特征：

（1）多双边金融机构缓和单个金融机构资金不足等问题，完成对重点支持领域的资金投放；

（2）双边金融机构（包括政府援助机构和出口信贷机构）参加联合放款，解决单一机构无力单独承担大规模贷款的矛盾；

（3）多家银行各自进行贷款调研，增强了贷款管理能力，降低了贷款风险；

（4）联合贷款可用于对发展中国家大型开发项目的投资。银行联合贷款主要是某一银行委托其他银行，双方或多方联合，向特定目标企业发放贷款，是一种创新型融资模式。

（三）基本流程

多家银行联合贷款的基本流程：

（1）发起银行选择客户；

（2）数家银行签订联合贷款协议或战略合作意向；

（3）联合贷款的各家银行组成调查组，各自进行贷款企业的尽职调研，并出具贷款企业或政府调研报告；

（4）银行内部审核和风险评估；

（5）银行内部签订联合贷款有关份额和偿还等约定文件，并与申请贷款的政府机构或企业签订放款协议；

（6）向客户放款；

（7）贷后管理；

（8）贷款本息归还和资料归档。

多家企业申请联合贷款的基本流程：

（1）政府推动或企业自发组成联合申请贷款企业名单；

（2）企业之间确立贷款规模和权利义务，确定申请银行；

（3）提出申请并与银行商谈；

（4）银行进行贷前调查；

（5）银行内部审批和风险评估；

（6）银行放款，企业按照约定进行贷款使用和承担归还本息等责任；

（7）贷款本息归还。

三、案例：北京银行开办"联合贷"业务

为拓展优质、大额贷款客户，北京银行实施联合贷业务，与其他金融机构共同推动重大客户的贷款投放，或者对多家企业联合申请贷款进行总体调研及集中放款。

联合贷指多个企业自愿组成联合担保体，向商业银行联合申请授信，每个成员均为联保体所有成员以多户联保形式向商业银行申请授信业务而产生的全部债务提供保证金担保和连带保证责任担保，银行给予一定额度的授信。

北京银行确立的联合贷款适用对象：有自愿成立联保体意向的科技型小企业等。

北京银行联合贷的业务流程：

（1）申请人向银行提出组成联保体的书面申请，提交相关资料；

（2）经银行审批同意后，各申请人与银行签订《联合担保协议》，组成联保体；

（3）各申请人向银行提交融资申请；

（4）银行受理并完成贷款调查及审批工作；

（5）各申请人与银行签订相关合同，缴纳保证金；

（6）办理放款。

联合贷款的主要特征：为缺少抵押品的科技型小企业解决担保问题，实现融资，降低融资成本；对同一大额贷款客户可以各银行分别开展调研，分别按照自有的标准，确定贷与不贷，并分别签订贷款发放协议，这种贷款不需要确定牵头银行，各行自行负责风险。

点评：

联合贷款适用于多家企业联合申请同一家银行贷款，或者多家银行分别发放大额资金给同一家优质客户等基本情形。按照借款人与贷款人签订的贷款合同所约定的贷款利率执行，各自根据实际用款数额承担各自应当承担的利息。联合贷款给予了贷款人、申请人相应的独立决策权，有助于风险评估与防范工作的独立开展。

第十章　PPP 融资（模式 9）

PPP 模式近年来被国内外广泛应用，具有投资规模大、涉及面广、运作周期较长、社会效益大等特点。管理学家彼得·德鲁克（Peter F. Drucker）指出，政府必须面对一个事实：政府的确不能做，也不擅长做社会或社区工作。PPP 模式通过引进社会组织，参与政府重大项目建设，通过授予私营公司长期的特许经营权和收益权，换取特定基础设施建设及运营，实现了帕累托效应。

一、概述

（一）基本概念

PPP（Public – Private – Partnership）融资，也称公共私营合作制模式，指地方政府、营利性企业与非营利性组织就某个项目形成相互合作关系的一种财政投融资模式。

PPP 模式最早出现在英国，目前广泛应用在交通、能源、通信和垃圾处理等项目领域。

PPP 有广义与狭义两个范畴。广义 PPP 以授予私人部门特许经营权为特征，包括 BOT 等多种形式。狭义 PPP 是政府与私人部门组成特殊目的机构（SPV），引入社会资本，共同设计开发，共同承担风险，全过程合作，期满后再移交政府的公共服务开发运营方式。

（二）主要特征

PPP 模式是完整的项目融资模式，但并不是对项目融资的彻底更改，而是对项目的组织机构设置提出了新的模型。PPP 模式中的参与各方可达到与预期单独行动相比更为有利的结果，虽然没有达到自身理想的最大利益，但总收益最大，实现了帕累托效应，即社会效益最大化。

与 BOT 模式相比，狭义 PPP 模式的主要特点是，政府对项目中后期建设管理运营过程参与更深，企业对项目前期科研、立项等阶段参与更深。政府和企业全程参与，双方合作的时间更长，信息也更对称。

（三）应用领域

根据西方发达国家的实践经验，规模较大、现金流稳定、长期合同关系清楚、适合"谁使用，谁付费"的地铁、高速公路、水务、机场、供电等项目，可采用 PPP 融资方式。

PPP 模式有多种演变的基本模式：一是 O&M（委托运营）、MC（管理合同）、LOT（租赁—运营—移交），这三种模式的公共资产所有权均由政府方保留，且项目运营途中和期满后不发生任何资产权属转移情况；二是 TOT（转让—运营—移交）和 ROT（改建—运营—移交），这两种模式是政府暂无资产所有权，待项目期满完成后由项目公司将资产所有权转移给政府；三是 BOO 模式（建设—拥有—运营），这种情形是资产所有权不属于政府，而由项目公司长期持有；四是 BOT 模式（建设—运营—移交），即项目资产权属与约定权属并存，根据项目所涉及的领域划分。

（四）PPP 发展的障碍

一是国内法律法规制度不完善，相关经验有待积累。我国 PPP 政策还不完善，PPP 项目推进中存在不少问题，有待尽快完善有关制度办法。

二是财力超出允许值，风险分担机制不成熟。由于项目经验不足，国内尚未形成完善的发起人（建设方、运营方、融资方）、中介机构（规划设计、咨询）等风险共担机制，不少 PPP 项目运行中政府财力偏弱、债务偏高、价值评估不足、操作过程不规范和项目资料不真实等问题。

三是利益分配机制不健全。由于缺乏合理定价机制及对企业的"约束性条款"，部分项目出现暴利或亏损，不利于 PPP 产业健康、可持续发展。

二、条件与流程

（一）申请条件

地方政府或地方政府职能部门通过政府采购的形式与中标机构（建筑公司、投资公司等）组成的特殊目的公司签订特许合同。由特殊目的公司具体负责筹资、建设与经营。

这种融资模式的实质是：政府通过授予私营公司长期的特许经营权和收益权，换取特定基础设施建设及运营。

（二）主要特征

伙伴关系。PPP模式是政府公共部门与非政府主体合作模式，强调平等协商的关系。在项目运营中政府搭建服务平台，引导社会资本投资，发挥投资杠杆作用。PPP依托政府信用，吸引更多社会资本，形成多元化、可持续的资金使用方式，聚集社会资本。

利益共享。PPP项目中，政府与社会资本是有合作关系的利益共同体。项目推进过程中，双方共同合作提供公共产品与服务，项目收益实现共享。

风险共担。PPP项目一般投资时间长，金额较大，不确定因素多，风险大，投资过程中每一种风险都由双方共同承担，实现风险项目的最小化。在高速公路、隧道、桥梁等建设项目中，如果一段时间内车流量较少，导致民营机构亏损，公共部门可以对其提供现金流量补贴，这种做法可以在"分担"框架下，有效控制民营机构的经营风险。同时，民营机构按照相对优势承担较多的管理职责，可避免政府的"官僚主义低效风险"。

可持续性。PPP项目一般期限为15~30年，在道路交通、市政工程等基础设施项目中，PPP模式的可持续性能实现成本的代际分担，减轻当代人承担未来基础设施建设成本的负担。

（三）基本流程

PPP项目运行流程是否严谨、规范、前瞻和高效，对于项目实施与风险控制等工作至关重要。PPP项目运行流程，一般包括：项目识别、项目准备、项目采购、项目执行和项目移交等重点环节，具体如图10-1所示。

如图10-1所示，PPP项目运行流程包括项目识别、项目准备、项目执行、项目移交等环节。

PPP模式的运行流程和对应实施主体的关系，如图10-2所示。

收益性政府项目在应用PPP模式时，融资阶段、建设阶段、运营阶段三个阶段通过相关的运作流程进行统一衔接，其运作流程包含五个阶段：项目识别、项目准备、项目采购、项目执行、项目移交。PPP项目各阶段流程与操作案例，请查阅吴维海专著《PPP项目运营》。

（四）产业现状

我国自2014年开始推动PPP模式以来，经过近十年的培育发展，已成为全球最具影响力、规模最大的PPP市场。PPP业务发展中也出现诸多问题，增加了地方政府隐性债务风险，加重了地方债务负担，产生了地方政府、中央企业

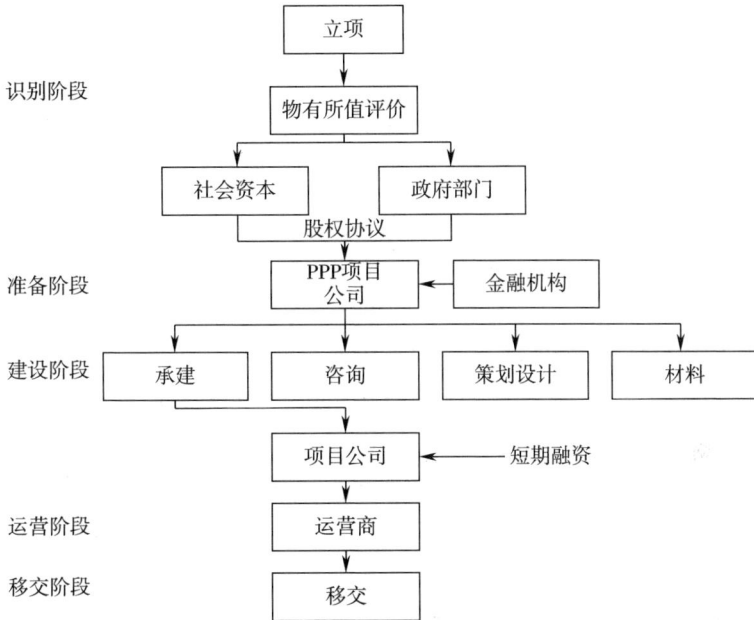

图 10-1　PPP 项目运行流程

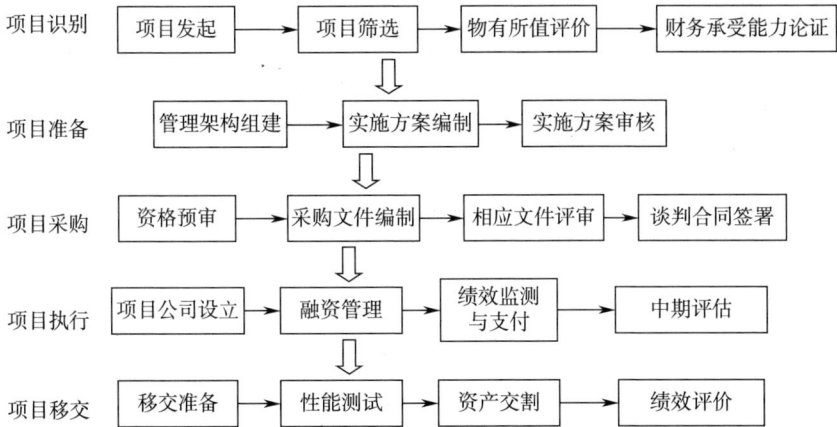

图 10-2　PPP 模式的运行流程

在 PPP 项目中参与度过高，民间资本参与度过低等问题。近几年，党中央、国务院以及财政部、国家发展改革委、人民银行等出台了一系列规范发展的政策文件，全面推动 PPP 业务规范化、透明化。

三、案例：北京地铁 4 号线的 PPP 模式

北京地铁 4 号线南起丰台区南四环公益西桥，北至海淀区安河桥北，线路全长 28.2 公里，是贯穿北京城区南北的轨道交通主干线之一。为了解决基础设施建设融资规模大、建设周期长的问题，北京市政府采用 PPP 模式引入社会资本参与 4 号线建设。

经过前期的系列准备，由北京市基础社会投资有限公司、北京首都创业集团有限公司、香港铁路有限公司为股东组成北京京港地铁有限公司，即 PPP 公司。该项目总共投资 153 亿元，经过各方的协商和安排，该项目分为两部分，其中 70% 的资金由北京市政府出资并拥有，30% 由 PPP 公司出资并拥有，建成之后，北京市政府所有部分将以协议方式租赁给 PPP 公司，地铁项目由 PPP 公司营运 30 年。北京地铁 4 号线正式通车运营之后，开始了 PPP 项目的委托运营阶段。

点评：

PPP 融资模式在项目初期实现了政府和社会投资者之间的风险分配，降低了承建商和投资商风险，降低了融资难度。以合理的回报为基础，调动了社会投资者的投资意愿。PPP 融资模式可以在保证工程质量和营运安全的前提下，降低建设成本和运营成本。

第十一章　BOT 融资（模式 10）

BOT 模式起源于欧美国家的矿、石油、天然气等资源的项目开发。我国新型基础设施建设和城市开发进入了高质量发展的新时代，这就需要大量的低成本资金投入乡村振兴、低碳生态城市建设。地方政府财力紧张与项目资金不足并存，亟待创新融资模式，借鉴并探索西方国家的政府特许工程（BOT）模式，筹资并支持各地区新型基建、新一代信息技术变革等项目开发的资金需要。

一、概述

（一）基本概念

BOT（Build – Operate – Transfer）融资，指政府将基础设施项目的特许权授权给承包商，由承包商在特许期内负责项目的设计、投资、建设、运营，并收回成本、偿还债务、赚取利润，特许期结束后将所有权移交给地方政府。BOT融资开发模式之下的整个项目期间一般分为立项、招标、投标、谈判、履约五个阶段。

（二）主要模式

BOT 的具体模式，主要有：

（1）BOT（Build – Operate – Transfer）：建设—运营—移交。政府授予项目公司建设新项目的特许权时，通常采用这种方式。

（2）BOOT（Build – Own – Operate – Transfer）：建设—拥有—运营—移交。这种方式明确了 BOT 方式的所有权，项目公司在特许期内既有经营权又有所有权。一般来说，BOT 是指 BOOT。

（3）BOO（Build – Own – Operate）：建设—拥有—运营。这种方式是开发商按照政府授予的特许权，建设并经营某项基础设施项目，不将此基础设施移交给政府或公共部门。

（4）BOOST（Build – Own – Operate – Subsidy – Transfer）：建设—拥有—运营—补贴—移交。

（5）BLT（Build – Lease – Transfer）：建设—租赁—移交。即政府出让项目建设权，在项目运营期内，政府有义务成为项目的租赁人，赁期结束后，所有资产再转移给政府公共部门。

（6）BT（Build – Transfer）：建设—移交。即项目建成后立即移交，可按项目的收购价格分期付款。

（7）BTO（Build – Transfer – Operate）：建设—移交—运营。

（8）IOT（Investment – Operate – Transfer）：投资—运营—移交，收购现有基础设施，根据特许权协议运营，最后移交给政府公共部门。

（9）ROO（Rehabilitate – Operate – Own）：移交—运营—拥有。

（10）BOD（Build – Operate – Deliver）：建设—经营—移交。

（11）BRT（Build – Rent – Transfer）：建设—出租—转让。

（12）BLT（Build – Lease – Transfer）：建设—租赁—转让。

（13）BT（Build – Transfer）：建设—转让。

（14）DBOT（Design – Build – Operate – Transfer）：设计—建设—经营—转让。

（15）DBOM（Design – Build – Operate – Maintain）：设计—建设—经营—维护。

（16）FBOOT（Fund – Build – Own – Operate – Transfer）：筹资—建设—拥有—经营—转让。

（17）DOT（Develop – Operate – Transfer）：开发—营运—转让。

（18）ROT（Rehabilitate – Operate – Transfer）：修复—营运—转让。

（19）CAO（Contract – Add – Operate）：合同—增加—营运。"增加"指项目发起人租用东道国的基础设施，再增加一些设施。

（20）ROO（Rehabilitate – Own – Operate）：修复—拥有—营运。

（21）URM（User – Reimbursement – Model）：使用者付费模式指政府通过招标的方式选定合适的基础设施项目民间投资主体，同时，政府制定合理的受益人收费制度并通过一定的技术手段将上述费用转移支付给项目的民间投资者，作为购买项目服务的资金。

（22）TOD（Transit – Oriented – Development）：指政府利用垄断城市规划具

有的信息与资源优势，对规划发展区的用地以较低的价格征用，进行基础设施建设，使土地升值，出售基础设施完善的"熟地"，利用"生地"与"熟地"之间的价差而形成的一种融资模式。

二、条件与流程

（一）BOT 模式的参与者

（1）项目发起人。作为项目发起人，应分担一定的项目开发费用，明确债务和股本的比例，作出一定的股本承诺。在特许协议中列出专门的备用资金条款，当资金不足时，由股东垫付不足资金，避免项目建设中途停工或工期延误。项目发起人有股东大会的投票权，资产转让条款表明的权利。

（2）购买商服务者。在项目规划阶段，项目发起人或项目公司与产品购买商签订产品购买合同。产品购买商有长期的盈利和良好的信誉，其购买产品期限至少与 BOT 项目的贷款期限相同，产品的价格保证使项目公司获得的利润足以回收股本、支付贷款本息和股息。

（3）债权人。债权人提供项目公司所需的所有贷款，并按照协议规定的时间、方式支付。当政府计划转让资产或进行资产抵押时，债权人拥有获取资产和抵押权的第一优先权；项目公司若想举新债必须征得债权人的同意；债权人应获得合理的利息。

（4）建筑发起人。BOT 项目的建筑发起人必须拥有很强的建设队伍和先进的技术，按照协议规定期限完成建设任务。为了充分保证建设进度，总发起人须有较好的业绩，很强的担保。项目建设竣工后进行验收和性能测试，检测建设是否满足设计指标。

（5）保险公司。保险公司对项目中各个角色不愿承担的风险进行保险，包括建筑商风险、业务中断风险、整体责任风险、政治风险（战争、财产充公等）等。对保险商的财力、信用要求很高，一般的中小保险公司没有能力承做此类保险。

（6）供应商。供应商负责供应项目公司所需的设备、燃料、原材料等。供应商须有良好的信誉和较强、稳定的盈利能力，能提供至少不短于还贷期的一段时间内的燃料（原料），供应价格应在供应协议中明确注明，并由政府和金融机构对供应商进行担保。

（7）运营商。运营商负责项目建成后的运营管理，项目公司与运营商应签订长期合同，期限至少等于还款期。运营商须有 BOT 项目的专长。对于成本超支或效益提高，应有相应的奖罚制度。

（8）地方政府。政府是 BOT 项目成功的最关键角色之一，也是主要的项目参与者与政策制定者。

（二）主要特征

（1）减轻政府直接的财政负担。政府通过采取企业以筹资、建设、经营的模式参与基础设施项目，将项目融资责任转移到企业，政府不必负担债务，集中资源对不被投资者看好但对国家有重要战略意义的项目进行投资。

（2）吸引外资并引进先进技术，提高项目管理能力，通过 BOT 项目，提高了管理效率，保证了更好的服务或更低的价格。

（3）提高项目运营效率。通过组建项目公司，吸引和集中专家，解决政府机构承担项目能力较弱的问题。大量资金投入，项目周期长的风险，由外部专业公司分担，提高了项目运行效率。

（4）获得稳定的市场和资金回报。BOT 项目有独特的优势，确保了投资者获得稳定的市场和资金回报。

（5）促进投资方开拓产品市场。BOT 可以带动投资方产品出口，推动了产品市场的开拓。项目运营期满，投资方通过提供持续性服务继续取得服务收入，继续扩大技术设备出口贸易。

主要缺点是：基础设施项目在特许权规定的期限内，全权交由项目公司建设和经营，政府对项目的影响力、控制力较弱。

（三）基本流程

（1）项目发起方成立项目公司，该公司与地方政府或政府部门签订项目特许协议。

（2）项目公司与建设承包商签订具体的建设合同，获得建筑商和设备供应商有关保险公司担保。该公司与项目运营承包商签订项目经营协议。

（3）项目公司与国内银行签订贷款协议，或与出口信贷银行签订买方信贷协议。

（4）项目运营管理，项目公司将项目收入转移给担保信托。担保信托再把这些收入用于偿还银行贷款。

（5）特许经营期结束，项目公司进行特定项目所有权移交，并办理有关手续。

（四）BOT 模式与 PPP 模式的比较

1. BOT 模式与 PPP 模式的共同点

当事人都包括融资人、出资人、担保人；两种模式都是通过签订特许权协议使公共部门与私人企业发生契约关系的；两种模式都以项目运营的盈利偿还债务并获得投资回报，一般都以项目本身的资产作担保抵押。

2. BOT 模式与 PPP 模式的区别

（1）组织机构设置不同

以 BOT 模式参与项目的公共部门和私人企业之间是以等级关系发生相互作用的，在组织机构中没有一个相互协调的机制，不同角色的参与各方都有各自的利益目标。自身利益最大化，使得相互之间容易产生利益冲突。PPP 模式是完整的项目融资概念，是对项目生命周期过程中的组织机构设置提出的模型，是政府、营利性企业和非营利性企业基于某项目而形成的以"双赢"或"多赢"为理念的相互合作形式，参与各方可以达到与预期单独行动相比更为有利的结果。在组织机构中，参与各方虽然没有达到自身理想的最大利益，但总收益却是最大的，实现了帕累托最优，即社会效益最大化，这显然更符合公共基础设施建设的宗旨。

PPP 模式是建立在公共部门和私人企业之间相互合作和交流基础之上的共赢，避免了 BOT 模式由于缺乏相互沟通协调而造成项目前期工作周期过长的问题，解决了项目全部风险由私人企业承担而造成的融资困难，公共部门、私人企业合作各方可以达到互利的长期目标，实现共赢，能创造更多的社会效益，更好地为社会和公众服务。

（2）运行程序不同

BOT 模式运行程序包括招投标、成立项目公司、项目融资、项目建设、项目运营管理、项目移交等环节。

PPP 模式运行程序包括选择项目合作公司、确立项目、成立项目公司、招投标和项目融资、项目建设、项目运营管理等环节。

从运行程序的角度看，两种模式的不同之处在项目前期。PPP 模式中私人企业从项目论证阶段就开始参与项目，BOT 模式中私人企业从项目招标阶段才开始参与项目。在 PPP 模式中，政府始终参与；在 BOT 模式中，在特许协议签订后，政府对项目的影响力通常较弱。

（五）主要合同

BOT 融资涉及的合同安排，主要包括：

（1）建设合同

建设合同由项目公司与项目建设公司签订，多数采取交钥匙合同的形式。在建设合同中，项目公司通常要求建设公司给予政府对设计或建设的控制权，并承担竣工设施符合设计目的的义务。

（2）回购协议

回购协议由项目公司与地方政府签订。一般约定由政府购买或者政府指定用户购买项目的产品或服务，并约定产品和服务价格或定价机制。

（3）经营管理合同

如果项目不是由项目公司经营管理，项目公司需与经营管理者签订经营管理合同，明确经营者的权限、经营项目收入的用途，如还债或再经营等。

（4）贷款合同

贷款合同通常由项目公司与项目贷款者（如银行）签订，包括融资担保、贷款偿还、风险、责任等。

（5）供应合同

主要包括项目公司与设备供应商的设备供应合同、项目公司与燃料供应商的燃料供应合同、项目发起人与项目公司的股东协议等文本。

（六）BT模式操作流程

（1）政府选择比较有题材、有影响的项目，并完成项目立项及报批工作。

（2）由投资者按《公司法》的规定设立有限责任公司或股份有限公司，即项目法人，项目法人与政府签订"回购协议"（即建设—移交协议），待项目建成后由政府向项目公司分期回购项目资产。

（3）项目法人对项目的策划、资金筹措、建设实施、生产经营、债务偿还和资产的保值增值实行全过程负责。

（4）建设期内，项目公司（或投资者）以"回购协议"为依据，以未来对政府的债权为基础资产，通过增发股票、发行短期融资券、信托产品、银行理财产品、资产证券化等途径和金融工具在资本市场进行融资，资金全部用于该项目的建设。

（5）建设期满后，项目公司可将债权出让，盘活资金，实现循环投资、滚动发展。

三、案例：污水处理厂BOT模式

2015年，某市政府与市水建公司举行污水处理厂BOT合同签字仪式。根据合同，该污水处理厂将于 2016 年开始建设，2017 年 2 月完工，2017 年 5 月开始生产运行。该厂总规模为处理污水 1500 万吨/月，生产中水 1000 万吨/月。污水处理厂建设总投资 1.6 亿元。根据该市城市建设的总体安排，本项目采用BOT 模式，工程由市×× 水建公司投资、建设和经营，特许经营期为 25 年。经营期间，市政府按处理每吨污水付给 2 元运营费，特许经营期满后，该污水处理厂将无偿移交给政府。

点评：

BOT 模式是一种项目融资方式，承包商收回项目投资的途径是项目建成后的授权期期间的收益。BOT 模式的项目承包商不拥有项目，在特许经营期满后，项目承包商把该项目移交政府，政府有项目的所有权、使用权和收益权。

为提高地方政府和园区的运营效率，减轻政府短期财力与资金压力，通过市场化运作，将经营性、非经营性的基础设施项目采取市场化手段，引进社会资本，推进市政、公用基础设施建设的多元化投资战略。对于营利性项目，如市政道路、管网等采用 BT 融资方式，对于非营利性及准营利性项目，如污水处理厂、物流中心等采用 BOT 及衍生融资方式。

第十二章　PFI融资（模式11）

PFI 是 BOT 项目融资模式的优化，各地政府根据经济社会发展对基础设施建设的需求，提出需要建设的重点项目，通过公开招投标，由获得特许权的私营部门进行基础设施项目的建设运营，在特许期结束时将项目完好、无债务地归还政府，私营部门从政府部门或接受服务方收取费用以回收成本。这是近年来我国各地逐渐探索使用的一种项目融资方式。

一、概述

（一）基本概念

PFI（Private – Finance – Initiative）融资，是私人主动融资模式，指政府主动向私营单位长期购买高质量公共服务，私营单位每年从政府得到一定的费用作为投资回报的一种融资模式。这种模式一般由政府发起，私人和私营机构的项目公司负责特定项目筹资、设计、开发、建设等。

（二）PFI 与 BOT 的比较

PFI 与 BOT 不同的是，政府对项目要求不具体，只有目标和功能，私营企业可以充分利用其优势，进行项目选择、设计和开发、创新。待项目竣工后，出售或租赁给政府或政府部门使用。也可以由项目公司负责运营，并直接为公众服务，由政府支付有关费用。

（三）PFI 分类

（1）向公共部门提供服务型（Services Sold to the Public Sector）。私营部门结成企业联合体，进行项目的设计、建设、资金筹措和运营，政府部门在私营部门对基础设施的运营期间，根据基础设施的使用情况或影子价格向私营部门支付费用。

（2）收取费用的自立型（Financially Free – Standing Projects）。私营企业进

行设施的设计、建设、资金筹措和运营，向设施使用者收取费用，以回收成本，在合同期满后，将设施完好地、无债务地转交给公共部门。这种方式与 BOT 的运作模式基本相同。

（3）合营企业型（Joint Ventures）。对于特殊项目的开发，由政府进行部分投资，项目的建设仍由私营部门进行，资金回收方式及其他有关事项由双方在合同中规定，这类项目日本称为"官民协同项目"。

二、条件与流程

（一）申请条件

（1）具有法人资格或其他有关规定；

（2）有一定的融资能力和项目管理能力；

（3）满足项目开发需要，与政府建立项目合作关系等。

（二）主要特征

（1）项目主体单一。项目主体通常为民营企业的联合。

（2）项目管理方式开放。政府部门根据社会需求提出若干备选方案，最终方案在谈判过程中通过与私人企业协商确定。

（3）实行全面的代理制。PFI 公司通常自身不具有开发能力，在项目开发过程中，应用各种代理关系，这些代理关系通常在投标书和合同中明确，确保项目开发安全。

（4）合同期满后项目运营权处理灵活。合同期满后，如果私人企业通过正常经营未达到合同规定的收益，可继续拥有或通过续租的方式获得运营权，这是在前期合同谈判中需要明确的。

（三）基本流程

（1）政府立项，或提出建设要求。

（2）根据一定流程，选择适合的合作单位，签订项目协议。

（3）民营企业组织项目开发与项目融资。项目建设成功，转移给政府部分使用权等。

（4）政府支付约定的费用，并享受服务等。

三、案例："夕阳红"养老院的 PFI 开发模式

随着我国人口老龄化问题加剧，老龄市场蕴藏着巨大的潜力和机遇。为保

障老年人的福利，减轻青年人的家庭负担，A 市积极拓展老龄市场，计划在 A 市修建"夕阳红"养老院。根据项目规划，A 市"夕阳红"养老院项目有完善的配套设施与功能区划分，有适合老年人的俱乐部，主要建设集居住、疗养为一体的老年养生社区。该养老院项目建成后可接待 5000 位自理、半自理、不能自理的老人，占地面积 30 多万平方米，建筑面积 7 万多平方米。

经过前期的调研分析，A 市政府拟引入社会资金，采用 PFI 融资模式建设该项目。经过招投标，D 酒店管理公司负责该项目的筹资、修建和运营等。根据 A 市政府与 D 公司达成的协议，D 公司以市场价的 20% 取得项目土地，在"夕阳红"养老院项目建成后，A 市政府以每月每位老人 2000 元的价格向 D 公司购买老人居住相关服务，老人免费入住，不再收取其他费用。

点评：

建设"夕阳红"养老院项目采用 PFI 模式，使政府不用为项目债务担保，减少了政府或有负债。私人部门只承担运营过程中的建设、管理风险，减少了养老院建设过程中的用地、政策风险。PFI 适用范围广，吸引民间资本参与公共物品的生产，使政府一次投入建成的项目，分摊到若干年支付，等于分期付款，减轻当前的财政负担，提高建设效率，转移项目风险。

第十三章　TOT 融资（模式 12）

TOT 模式是国际较为流行的项目融资方式，它有助于地方政府或重点项目的开发。它具有减少财政压力、成本低、项目引资成功率高等优势，近年来在我国地方政府和开发区建设中逐步得到重视和应用。

一、概述

TOT（Transfer - Operate - Transfer）融资，即移交—经营—移交，是 BOT 融资的创新模式，指政府或企业将建设好的项目的一定时期的产权和经营权有偿转让给投资人，由其运营管理。投资人在有限的期限内通过经营收回投资并获得合理的回报，在期满之后，再交给政府或者原有单位的一种融资模式。

二、条件与流程

（一）主要特征

避免不必要的争执和纠纷。TOT 融资只涉及已建基础设施项目经营权转让，不存在产权、股权让渡，规避了国有资产流失风险，确保政府对公共基础设施的控制。

减少政府财政压力，促进投资体制的转变。除了金融机构、基金组织、国外公司之外，各类企业和私人资本均可参与，有助于吸引民间资本参与。

风险小，项目引资成功率高。TOT 模式一般不涉及建设过程，避免了 BOT 模式在建设过程中的各种风险和矛盾，项目风险降低，尽快取得投资收益，双方合作容易，引资成功可能性增大。

项目成本和项目产品价格相对较低。TOT 模式投资风险降低，投资者预期收益率可以合理下调。

涉及环节少，便于协调。新建项目建设和营运时间提前，评估、谈判等费用降低，政府在组建 SPV、谈判等过程中的费用下降，项目成本和项目产品价格相应降低。

（二）基本流程

制定 TOT 方案并报批。转让方根据国家有关规定编制 TOT 项目建议书，提报行业主管部门同意，按现行规定报有关部门批准。国有企业或国有基础设施管理人获得国有资产管理部门批准或授权。

项目发起人（同时是投产项目的所有者）设立 SPV 或 SPC（Special Purpose Vehicle，or Special Purpose Corporation）。发起人把完工项目的所有权和新建项目的所有权均转让给 SPV，确保有专门机构对两个项目的管理、转让、建造负有全权，协调出现的问题。SPV 常常是政府设立或政府参与设立的具有特许权的机构。

TOT 项目招标。按照国家规定进行招标的项目，采用招标方式选择 TOT 项目的受让方，其程序包括招标准备、资格预审、准备招标文件、评标等。

SPV 与投资者洽谈，达成转让投产运行项目在未来一定期限内全部或部分经营权的协议，并取得资金。

转让方利用获得的资金，开始建设新项目。

新项目建成并投入使用。

项目期满，收回转让的项目。转让期满，资产在无债务、未设定担保、设施状况完好的情况下移交给原转让方。

（三）主要优点

（1）盘活城市基础设施存量资产，创新经营城市新模式。

（2）增加社会投资总量，通过基础行业开发，带动相关产业发展。

（3）促进社会资源的合理配置，提高资源使用效率。

（4）促使政府转变观念和转变职能。政府体会到"经营城市"是一项严谨、细致、科学的工作，政府对城市基础设施开发有了融资新模式。政府履行"裁判员"角色，把工作重点放在加强城市建设规划，引导社会资金投向，服务地方企业，监督经济行为方面。

三、案例：政府廉租房的 TOT 开发模式

为改善中低收入群体的住宅环境，A 市政府投入 6000 万元，建设 1000 套廉租房。为加速回收资金并投资其他基建项目，A 市政府采用 TOT 模式，将廉

租房 80% 的经营权有偿转让给新时代基建投资公司，转让期限为 25 年。通过转让经营权，A 市政府获得 1000 万元。新时代基建投资公司按照与 A 市政府的协商结果，将廉租房以每平方米不高于 2 元的价格出租，每月获得租金 10 万元。转让期限到期之后，新时代基建投资公司将该廉租房项目的经营权交还给 A 市政府。

点评：

通过采用 TOT 融资模式，政府取得企业租赁项目经营权的租金，增加了开发基建项目的资金，也解决了廉租房的运营问题。项目公司通过实施 TOT 模式，不需要承担项目建设期的风险，只需负责合同期间的项目经营管理，就增加了业务收入，实现了地方政府和企业双方共赢。

第十四章　BOST 融资（模式 13）

BOST 模式是 BOT 模式的创新，主要是建设—运营—补贴—移交，是在 BOT 模式内增加了财政补贴。这种模式对于不盈利或微利的政府公益性基础设施建设项目有着重要的实践借鉴。

一、概述

（一）基本概念

BOST（Build – Operate – Subsidized – Transfer）融资，是企业规划并开发建设那些由地方政府授权许可的特殊项目，财政给予一定的补贴，到期移交给地方政府的融资项目。

（二）基本特征

由投资者建设项目，政府给予其一定年限特许经营，投资者收入总额达不到最低收益部分由政府补偿给投资者。

二、条件与流程

（一）基本条件

（1）企业有法人资格和融资能力；

（2）针对特定项目，这类项目所实现盈利不足以补贴前期的投入和必要的利润；

（3）政府授权特许经营或给予必要补贴政策；

（4）到期移交等。

（二）主要流程

（1）项目立项；

（2）签订协议并由企业开发或运营；

（3）企业收回投资或收费；

（4）政府监督和给予必要的补贴；

（5）到期后移交给政府等。

（三）融资模式选择

对地方政府和园区的基础设施项目区分为营利性和非营利性的，进行融资方案设计和融资策略选择。其中：市政道路建设、市政管网建设，部分是无现金流收入的非营利性项目，部分是有现金流收入的非营利性项目。工业厂房开发、配套设施建设等多数是营利性项目。

依据项目的营利性和非营利性，对基础建设项目等进行分拆、组合，无现金流的非营利性项目可采取 BT 等方式，引进社会投资者进行短期融资；有现金流的非营利性和营利性项目，由投资商采取 BOT 及衍生模式融资。

对于不具备较高投资价值，由政府补贴提高项目的盈利能力、有现金流的非营利性项目，以及运营收入作为建设期投资回报不足的营利性项目，可采用 BOST、BOLT 等 BOT 衍生模式，部分也可采用 BT 模式开发、建设和运营。

对于基础物业项目，大部分有稳定的现金流，借鉴 BOST 的运作思路，由具备资金优势的企业联合成熟开发区基础物业建设、管理优势的企业联合运作，政府负责项目规划和风险控制、项目招商等，当前期无法满足投资者最低收益率时，政府进行补贴，当利润较高时，根据双方约定进行利润分配。

三、案例：N 市高速公路采取 BOST 模式

为推进高速公路网络化，N 市人民政府决定修建一条连通特定区域的一条高速公路。根据项目总体规划，该高速公路总长 60 千米，拟投资约 60 亿元。

经过前期项目谈判与招投标，海马工程公司获得 N 市人民政府的项目授权，对该高速公路进行投资修建，转让期限为 30 年。因为 N 市不再收取过江过桥通行费，原来的收费机制取消后，给项目的市场化运作带来了阻力。但 N 市从全市筹集资金中划出部分费用，按项目投资额的一定比例逐年给予项目公司回报，事实上形成 BOST（建设—运营—补贴—移交）的投融资模式。N 市人民政府每年给予 6000 万元的项目补贴。转让期结束之后，海马工程公司将把该高速公路的经营权交还给 N 市人民政府。

点评：

BOST 融资模式适合营运收入较低的基础设施建设项目。通过 N 市人民政

府发放必要的项目补贴，增加社会资金参与修建基础设施的意愿。

对于高速公路、物流及仓储中心等基础设施建设项目，如项目初期盈利不高，政府可以在建设期内，以土地入股的方式，与投资者合资成立专业化公司共同经营，或以较低的价格将土地出让给投资者，减轻投资者的资金负担。对于项目初期的亏损，政府给予必要的补贴，可采用 BOST 融资开发模式。当项目盈利后，政府不再补贴或返回前期补贴，融资开发模式可由原来的 BOST 转化为 BOT 或 BOO 模式。因此，同一个项目可以有多个开发模式，这取决于产业政策、项目特点、所处开发阶段，以及合作协议约定等基本要素。

第十五章 国有产权交易（模式14）

企业国有产权转让指政府授权的部门或投资机构通过产权交易机关实现其出资人所有权及相关财产权利转移的行为。国有产权转让应当做好可行性研究，按照内部决策程序进行审议，并形成书面决议。

国有产权出让融资和交易是党中央、国务院和各部委积极推进的经济转型和国企混合所有制改革的重要融资模式，也是国有企业通过产权转让实现资金回笼和产业结构调整的实践策略。

一、概述

（一）基本概念

国有产权交易融资指企业国有产权转让主体（以下统称转让方）在履行相关决策和批准程序后，通过产权交易机构发布产权转让信息，公开挂牌竞价转让企业国有产权的活动。

企业国有产权指国家对企业以各种形式投入形成的权益、国有及国有控股企业各种投资所形成的应享有的权益，以及依法认定为国家所有的其他权益。

（二）主要分类

产权可以从不同的角度分类：

（1）按产权历史发展形态分类，分为物权、债权、股权；

（2）按产权归属和占有主体分类，分为原始产权、政府产权和法人产权；

（3）按产权占有主体性质分类，分为私有产权、政府产权和法人产权；

（4）按产权客体流动模式分类，分为固定资产产权和流动资产产权；

（5）按客体形态分类，分为有形资产产权和无形资产产权；

（6）按产权具体实现形态分类，分为所有权、占有权和处置权；

（7）按产权所有制性质分类，分为国家所有权、集体所有权、公民财产所有权等。

产权交易可分为不同的形式，主要有：

（1）根据所有制性质，产权交易可以分为国有企业之间的交易，国有企业与集体企业之间的交易，国有企业、集体企业与私营企业或个人之间的交易。

（2）根据交易内容，产权交易分为企业整体产权交易和部分产权交易。

（3）根据交易模式，产权交易可以分为购买式产权交易、承担债务式产权交易、吸收入股式产权交易、承担职工安置等。

（4）根据交易主体之间的组织形式，产权交易可以分为兼并式、股份转让式和资产转让式产权交易。

（三）基本原则

（1）符合国家法律法规和有关政策规定。

（2）实行平等互利、等价交换。

（3）促进规模经济效益，防止形成垄断。

（4）坚持公开、公平、公正的原则。

（四）产业政策

企业国有产权转让是指政府授权的部门或投资机构通过产权交易机关实现其出资人所有权及相关财产权利转移的行为。主要包括：

（1）企业国有产权整体或部分转让；

（2）公司制企业中的国有股权转让；

（3）与出资人所有权相关的财产权的转让；

（4）法律法规规定的其他企业国有产权转让。

二、条件与流程

（一）管理规定

产权转让申请的受理工作由产权交易机构负责承担。实行会员制的产权交易机构，在其网站上公布会员的名单，供转让方自主选择，建立委托代理关系。

转让方应当向产权交易机构提交产权转让公告所需相关材料，并对所提交材料的真实性、完整性、有效性负责。按照有关规定需要在信息公告前进行产权转让信息内容备案的转让项目，由转让方履行相应的备案手续。转让方提交的材料符合齐全性要求的，产权交易机构应当予以接收登记。

产权交易机构建立企业国有产权转让信息公告的审核制度，对涉及转让标的信息披露的准确性和完整性，交易条件和受让方资格条件设置的公平性与合理性，以及竞价方式的选择等内容进行规范性审核。符合信息公告要求的，产权交易机构应当予以受理，并向转让方出具受理通知书；不符合信息公告要求的，产权交易机构应当将书面审核意见及时告知转让方。

转让方应当在产权转让公告中披露转让标的基本情况、交易条件、受让方资格条件、对产权交易有重大影响的相关信息、竞价方式的选择、交易保证金的设置等内容。

转让方在产权转让公告中应当明确为达成交易需要受让方接受的主要交易条件，包括但不限于：转让标的挂牌价格、价款支付方式和期限要求；对转让标的企业职工有无继续聘用要求；产权转让涉及的债权债务处置要求；对转让标的企业存续发展方面的要求。

转让方可以在产权转让公告中提出交纳交易保证金的要求。产权交易机构应当明示交易保证金的处置方式。

（二）基本流程

（1）转让方向批准机构提交企业国有产权转让的书面申请，如转让方案、营业执照、公司章程、近期经审计的年度财务会计报告和资产评估报告及资产评估项目核准备案表、主管部门批准文件、转让方案经转让方内部决策程序通过并由律师事务所出具法律意见书等。

（2）委托代理。转让方与交易中介机构签订委托代理合同，提交有关资料，包括：营业执照、公司章程、产权权属证明、转让企业国有产权的有关决议文件及公示结果、产权转让批准机构同意产权转让的批复及公示结果、受让方应当具备的基本条件、律师事务所出具的法律意见书、会计师事务所对转让标的出具的审计报告、转让标的的资产评估报告、国有资产评估项目核准表或备案表，产权转让需经职工代表大会讨论通过的，提供转让标的企业职工代表大会决议、授权委托书、《企业国有产权转让委托合同》、法人及经办人身份证复印件等。

（3）审核登记。交易代理中介机构依据有关法律、法规、政策规定，对提交的材料进行形式审查，审查过程中发现材料不完备的，在材料补充完整后出具审核意见，并在规定工作日内作出是否受理产权挂牌转让的决定。

（4）信息披露。产权转让方的产权转让材料经审核后，按照有关信息发布管理办法进行信息披露。有特殊要求的，需要在省级以上公开发行的经济或金融类报刊和特定产权交易网站发布，广泛征集受让方。

（5）征集受让方。产权转让公告期间，产权交易委托代理机构根据意向受让方的实际情况，接收查询转让方和转让标的企业的相关信息。若对挂牌转让项目有受让意向，应在挂牌公告期内向委托代理机构提出受让申请，并在公告期内交纳履约保证金。公告期间，委托代理机构对征集的意向受让进行登记管理。受让机构接收文件资料。

（6）组织交易。公告期满，国有产权转让方与委托代理机构根据国家法律法规和交易程序，确定恰当的转让方式。企业国有产权转让可以采取拍卖、招投标、协议转让以及国家法律、行政法规规定的其他方式进行，并实现产权交易与交割。

公开竞价方式包括拍卖、招投标、网络竞价以及其他竞价方式。产权交易合同条款包括但不限于：产权交易双方的名称与住所；转让标的企业的基本情况；产权转让的方式；转让标的企业职工有无继续聘用事宜，如何处置；转让标的企业的债权、债务处理；转让价格、付款方式及付款期限；产权交割事项；合同的生效条件；合同争议的解决方式；合同各方的违约责任；合同变更和解除的条件。

（7）结算并出具交易凭证。产权交易资金包括交易保证金和产权交易价款，一般以人民币为计价单位。产权交易机构实行交易资金统一进场结算制度，开设独立的结算账户，组织收付产权交易资金，保证结算账户中交易资金的安全，不得挪作他用。

产权交易双方签订产权交易合同，受让方依据合同约定将产权交易价款交付至产权交易机构资金结算账户，且交易双方支付交易服务费用后，产权交易机构应当在 3 个工作日内出具产权交易凭证。

（三）国资委职责

《企业国有产权转让管理暂行办法》规定，国有资产监督管理机构对企业国有产权转让履行下列监管职责：

（1）按照国家有关法律、行政法规的规定，制定企业国有产权交易监管制度和办法；

（2）决定或者批准所出资企业国有产权转让事项，研究、审议重大产权转让事项并报本级人民政府批准；

（3）选择确定从事企业国有产权交易活动的产权交易机构；

（4）负责企业国有产权交易情况的监督检查工作；

（5）负责企业国有产权转让信息的收集、汇总、分析和上报工作；

（6）履行本级政府赋予的其他监管职责。

（四）转让方披露的企业国有产权转让信息包括的内容

（1）转让标的的基本情况；

（2）转让标的企业的产权构成情况；

（3）产权转让行为的内部决策及批准情况；

（4）转让标的企业近期经审计的主要财务指标数据；

（5）转让标的企业资产评估核准或者备案情况；

（6）受让方应当具备的基本条件；

（7）其他需披露的事项。

（五）企业国有产权转让合同

（1）转让与受让双方的名称与住所；

（2）转让标的企业国有产权的基本情况；

（3）转让标的企业涉及的职工安置方案；

（4）转让标的企业涉及的债权债务处理方案；

（5）转让方式、转让价格、价款支付时间和方式及付款条件；

（6）产权交割事项；

（7）转让涉及的有关税费负担；

（8）合同争议的解决方式；

（9）合同各方的违约责任；

（10）合同变更和解除的条件；

（11）转让和受让双方认为必要的其他条款。

转让企业国有产权导致转让方不再拥有控股地位的，在签订产权转让合同时，转让方应当与受让方协商提出企业重组方案，包括在同等条件下对转让标的企业职工的优先安置方案。

三、案例：八环公司国有产权交易

为盘活国有企业不良资产，优化资产配置，增加可用资金及有效资产来源，某市人民政府组建了国有资产经营有限公司，大力推动国有企业产权交易和重组并购。

  该市八环工程装备制造有限责任公司（以下简称八环公司）是大型国有企业。2022 年，经过市政府批准，市产权交易中心受国有资产经营有限公司委托，公开挂牌转让其持有的八环公司 40% 的国有股权。转让项目经发布转让公告，接受投资者的受让申请。经过市产权交易中心和市国有资产经营有限公司的联合审议，确认意向受让方的意向受让资格后，意向受让方经过竞标，将股权以 10 亿元的价格转让，并办理了有关交易手续，增加了八环公司的可用资金，新增加的资金用于新产品开发，转让出去的资产也得到了有效利用，初步实现了国有产权的实质性交易，优化了资源配置，提高了国有资产的增值保值目标。

  点评：

  国有产权转让与国企混合所有制改革是我国经济转型的重大举措。八环公司通过实施国有股权交易与资产重组，在不同国内企业之间实现了国有股权重新分配、资金调配与资产优化，增加了出售产权企业的可用资金，实现了资产出让企业、受让企业的资源优化以及国有资产合理流动，增强了国有企业的发展能力。

第十六章　F+EPC模式（模式15）

一、概述

（一）基本概念

F+EPC模式是应业主及市场需求而派生出的一种新型项目管理模式，F为融资投资，F+EPC为融资加上EPC，须为业主解决部分项目融资款，该模式是未来国际工程发展的重要方向。它是EPC的变种之一。常见的F+EPC模式分为股权型、债券型、延付型。

EPC就是通常说的"交钥匙工程"，指承包商负责设计、采购、施工安装全过程，并且负责试运行，对承包工程的质量、安全、工程以及造价方面全面负责。EPC工程总承包是国际通行的建设项目组织实施方式。工程总承包的建设单位可根据项目特点和实际需要，按照风险合理分担原则和承包工作内容采用其他工程总承包模式。

EPC总承包模式的主要优点：一是充分发挥设计在工程建设过程中的主导作用；二是克服设计、采购、施工相互制约和相互脱节的矛盾，有利于设计、采购、施工各阶段工作的合理衔接，确保实现建设项目进度、成本和质量控制符合建设工程承包合同约定，确保获得较好的投资效益；三是明确建设工程质量责任主体，有利于追究工程质量责任和确定工程质量责任的承担人。

（二）融资种类

除了EPC，及其变种F+EPC模式之外，还有演变的相关融资类型：

1. F+EPC+O模式

F+EPC+O为融资+EPC+运营，由承包商提供融资并负责运营的服务交钥匙模式。

2. EPC + O&M 总承包模式

承包人负责工程的设计、采购、施工，并在完成后继续负责运营、维护。

3. I + EPC 模式

I + EPC 为以投资为引领的工程总承包模式，是以投资为动力，设计为龙头，实现设计、生产、采购、施工一体化的全产业链建设管理。

4. PPP + EPC 模式

PPP + EPC 不是 PPP 的一种具体模式，而是在解决资金问题上融合社会资本，在项目建设上采用 EPC 模式的组合。

该模式的主要优点：一是提高生产效率。采取 PPP 项目模式是企业花自己的钱办自己的事，显著提高生产效率。二是政府积极支持。PPP 模式项目在施工过程中，地方政府对项目支持力度大。三是企业注重成本控制。四是提升管理者素质。PPP + EPC 模式的情况下，规划单位策划工程时，需要更精细经济的设计规划，促使施工企业在设计阶段与设计单位加强沟通、密切合作，有助于提高管理人员能力与素质。五是降低资金回收风险。采取此类模式，地方政府用有完全处分权的房产作抵押财产，降低了施工企业的资金回收风险。

5. BOT + EPC 模式

BOT + EPC 模式指政府向企业颁布特许，允许其在一定时间内进行公共基础建设和运营。企业在项目建设中采用总承包施工模式施工，当特许期限结束后，企业（或机构）将该设施向政府移交。

6. RD + EPC 模式

RD + EPC 为业主委托工程总承包模式。该模式作为过渡时期中国建筑师负责制的一个过渡办法。

7. EPCM 模式

设计采购与施工管理（Engineering Procurement Construction Management，EPCM）指承包商全权负责工程项目的设计和采购及施工阶段的管理，这是目前在国际建筑业界通行的项目交付模式。EPCM 管理方需要对项目的设计、采购和施工阶段的进度、跨部门沟通、准备成本规划、成本估算和文件控制等进行管理。该模式在国内尚未得到普及和推广。

该 EPCM 模式下，业主提出投资的意图和要求，把项目的可行性研究、勘察、设计、材料、设备采购及全部工程的施工，全部委托一家管理公司（EPCM 管理方）负责实施。由 EPCM 管理方根据业主要求，为业主选择、推荐最适合的分包商协助完成特定项目，但其本身与分包商之间不存在合同关系，也无须承担合同与财政风险。

8. PMC + EPC 模式

PMC（Project Management Contractor）指项目管理承包。PMC 是由业主通过合同聘请管理承包商作为业主的代表，对工程进行全面管理。对工程的整体规划、项目定义、工程招标、选择 EPC 承包商、工程监理、投料试车、考核验收等进行全面管理，并对设计、采购、施工过程的 EPC 承包商进行协调管理。EPC 工程承包商按照与业主的合同约定，全面执行工程设计、采购、施工及试运行服务等工作。目前，西方国家的大型石化工程建设大多采用（PMC + EPC）管理模式。

9. IPMT + EPC + 工程监理

"IPMT + EPC + 工程监理"项目管理模式，为项目一体化管理模式。IPMT 是 Integrated Project Management Team 的缩写，指项目一体化管理组。通过这种项目管理模式，达到优化工程组织，确保安全，提高工程质量，减少投资费用，加快工程进度，推动重大工程建设和投产。

10. EPC + F 模式

EPC + F 模式，指设计—采购—施工总承包 + 融资模式。

二、条件与流程

（一）申请条件

F + EPC 模式适合不是纯粹财政支出的项目。相比传统 EPC 模式来说，具有项目推进速度快、经济指标好的优势；相比 PPP 模式来说，具有项目合作周期短、资金回款快的优势。

在筛选项目方面重点选择公益性质的基建类和民生工程；进行项目投资选择时优先考虑"融、建、管、还"这四个主体是否都具备国资背景。

（二）主要流程

首先，由建设单位作为业主将建设工程发包给总承包单位；其次，由总承包单位垫资或融资，并承揽建设工程的设计、采购和施工，并对所承包的建设工程的质量、安全、工期、造价等全面负责；最后，向建设单位提交符合合同约定、满足使用功能、具备使用条件并经竣工验收合格的建设工程的承发包模式。

三、案例："BOT + EPC" 丰富建设管理模式

广佛肇高速公路（肇庆段）项目（以下简称"广佛肇项目"）采用"BOT + EPC"建设管理模式，实现了建筑企业带资建设、运营、移交，工期比批复工期提前一年，创造了广东省高速公路建设新纪录。南充至大足至泸州高速公路（重庆境）、渝黔高速公路扩能（重庆境）、重庆梁平至黔江高速公路石柱至黔江段工程等也是中央企业采用了"BOT + EPC"模式，中标价合计约 404 亿元。

点评：

"BOT + EPC"模式在建设工程中使用，可以确保地方政府引进资金雄厚的企业，完成基础设施的重点项目建设。其中的 BOT 模式，是建造—经营—转让的模式，而 EPC 是（设计—采购—施工）工程总承包。两者的结合体现了引进资金建设，推进重大工程进行承包的组合模式。

第十七章　金融租赁（模式16）

金融租赁是现代租赁的一种基本形式。该融资模式在我国金融市场份额较小，但是增长幅度较快。近年来，金融租赁行业取得了很大发展，促进了经济增长、结构调整，丰富了金融市场服务品种，提高了项目融资能力。金融租赁一般由银行作为大股东发起设立，并由银行监督部门审批和监管。

融资租赁由国家商务部负责审批、监管和指导。各类融资租赁公司开展的主营业务，具有规模相对小，资金实力较弱，操作灵活等基本特点。

金融租赁和融资租赁的多数业务相似。这里仅从一般意义上进行阐述。

一、概述

（一）基本概念

金融租赁公司（Financial Leasing Companies）指经中国银行保险监督管理委员会批准，以经营融资租赁业务为主的非银行金融机构。

融资租赁指出租人根据承租人对租赁物和供货人的选择或认可，将其从供货人处取得的租赁物按合同约定出租给承租人占有、使用，向承租人收取租金的交易活动。售后回租业务是指承租人将自有物件出卖给出租人，同时与出租人签订融资租赁合同，再将该物件从出租人处租回的融资租赁形式。售后回租业务是承租人和供货人为同一人的融资租赁方式。

在项目建设或经营活动中，企业如需要资金购买某设备，可以向融资租赁公司等金融机构申请融资租赁。由该金融机构购入设备或进行垫资，租借给项目建设单位，建设单位分期付给金融机构租借该设备的租金。

由于租赁物件的所有权只是出租人为了控制承租人偿还租金的风险而采取的一种形式所有权，在合同结束时最终有可能转移给承租人，租赁物件的购买由承租人选择，维修保养由承租人负责，出租人只提供金融服务。

我国融资租赁业源于 1981 年 4 月，最早的租赁公司以中外合资企业的形式出现。1981 年 7 月成立首家由中资组成的非银行金融机构"中国租赁有限公司"，1997 年经中国人民银行批准的金融租赁公司共 16 家。1997 年后，海南国际租赁有限公司、广东国际租赁有限公司、武汉国际租赁公司和中国华阳金融租赁有限公司先后退出市场。

国务院办公厅《关于促进金融租赁行业健康发展的指导意见》（国办发〔2015〕69 号）提出，要充分认识金融租赁服务实体经济的重要作用，把金融租赁放在国民经济发展整体战略中统筹考虑。加快建设金融租赁行业发展长效机制，积极营造有利于行业发展的外部环境，进一步转变行业发展方式，力争形成安全稳健、专业高效、充满活力、配套完善、具有国际竞争力的现代金融租赁体系。

为规范融资租赁业务，2020 年银保监会下发《融资租赁公司监督管理暂行办法》，2021 年人民银行发布《地方金融监督管理条例（草案征求意见稿)》，2022 年银保监会发布《融资租赁公司非现场监管规程》，行业发展日渐规范。

（二）主要参与者

至少两个"股本参加者"组成的合伙制结构作为项目资产的持有人和出租人。合伙制结构为融资租赁结构提供股本资金，安排债务融资，享受项目结构的税务优惠（来自项目折旧和利息的税务扣减），出租项目资产收取租赁费，在支付到期债务、税收和其他管理费用之后取得相应的股本投资收益。

债务参加者。债务参加者为普通的银行和金融机构。债务参加者以对股本参加者无追索权的形式为被融资项目提供绝大部分的资金。由债务参加者和股本参加者所提供的资金构成被出租项目的全部或大部分建设费用或者购买价格。债务参加者的债务被全部偿还之前在融资租赁结构中享有优先取得租赁费的权利。

项目资产承租人。项目资产承租人是项目的主办人和真正投资者。项目资产承租人通过租赁协议的方式从融资租赁结构中的股本参加者手中获得项目资产的使用权，支付租赁费。

融资租赁经理人。融资租赁结构通常是通过融资租赁中介组织起来。经理人相当于项目融资结构中的融资顾问角色，主要由投资银行担任。

二、条件与流程

（一）基本流程

项目立项准备；融资租赁的项目审批；项目签约阶段；项目租后管理；项目结束。

（二）融资租赁主要特征

1. 租赁物由承租人决定，出租人出资购买并租赁给承租人使用，并且在租赁期间只能租给一个企业使用。

2. 承租人负责检查验收制造商所提供的租赁物，对该租赁物的质量与技术条件出租人不向承租人作出担保。

3. 出租人保留租赁物的所有权，承租人在租赁期间支付租金而享有使用权，并负责租赁期间租赁物的管理、维修和保养。

4. 租赁合同一经签订，在租赁期间任何一方均无权单方面撤销合同。只有租赁物毁坏或被证明为已丧失使用价值的情况下方能中止执行合同，无故毁约则要支付相当重的罚金。

5. 租期结束后，承租人一般对租赁物有留购和退租两种选择，若要留购，购买价格可由租赁双方协商确定。

（三）业务范围

经银保监会批准，金融租赁公司可以经营下列部分或全部本外币业务。

1. 融资租赁业务；

2. 转让和受让融资租赁资产；

3. 固定收益类证券投资业务；

4. 接受承租人的租赁保证金；

5. 吸收非银行股东3个月（含）以上定期存款；

6. 同业拆借；

7. 向金融机构借款；

8. 境外借款；

9. 租赁物变卖及处理业务；

10. 经济咨询。

经银保监会批准，经营状况良好、符合条件的金融租赁公司可以开办下列部分或全部本外币业务。

1. 发行债券；

2. 在境内保税地区设立项目公司开展融资租赁业务；

3. 资产证券化；

4. 为控股子公司、项目公司对外融资提供担保；

5. 银保监会批准的其他业务。

金融租赁公司开办前款所列业务的具体条件和程序，按照有关规定执行。

三、案例：东海市以融资租赁筹建通用机场

东海市执行了建设通用机场并购买飞机的总体计划，该项目需要 10 亿元资金，但是政府的财政资金不足。为此，该市明确了市城投公司作为机场筹资、建设与运营主体，与当地的银行系金融租赁公司进行融资洽谈，以拟建设的机场大楼、拟购买的飞机等为标的物，通过金融租赁公司购买后回租的方式，推动解决政府及国有投资公司建设通用机场、购买飞机等资金短缺问题。当地政府城投公司与金融租赁公司签订了《通用机场大楼及飞机购买租赁合同》等借款手续，每年缴纳大楼与飞机的租赁费给租赁公司，金融租赁公司按照约定购买指定类型的飞机、投资建设通用机场大楼、跑道等，租赁期约定 8 年，每半年支付一次租金。合同签约之后，城投公司向金融租赁公司缴纳了一次性手续费（相当于租赁大楼、飞机等实际成本的 3%）和管理费（相当于租赁大楼与飞机等实际成本的 0.5%）。双方约定，合同期满后，城投公司出资金购买办公大楼、飞机等残值资产，大楼、飞机等所有权归城投公司。合同签约之后 30 天内，城投公司先付给金融租赁公司大楼与飞机等总价值的 20% 作为租赁保证金。该合同已经严格执行，通用机场开工建设并将投入使用。

点评：

东海市城投公司通过金融租赁的模式，策划了金融租赁的业务品种，经过审核与租赁等程序，成功募集了可用资金，购买了飞机，完成大楼建设，保证了通用机场建设的资金来源，缩短了项目建设周期，节约了建设费用，优化了政府债务结构，顺利建成了通用机场。金融租赁公司通过金融租赁，实现了租金回收，通过后续资产处置，获得了更高收益。

第十八章 地方政府债券（模式 17）

地方政府债券是地方政府实现大额融资、促进公共基础设施建设的重要渠道，受到财政与金融监管政策的严格限制和监控。我国地方政府债券按照资金的用途和偿还资金来源分为一般责任债券（普通债券）和专项债券（收益债券）。

一、概述

（一）基本概念

地方政府债券指地方政府根据信用原则、以承担还本付息责任为前提而筹集资金的债务凭证，是指有财政收入的地方政府及地方公共机构发行的债券。地方政府债券一般用于交通、通信、住宅、教育、医院和污水处理系统等地方性公共基础设施的建设。

全世界有许多国家发行地方政府债券，其中美国和日本的地方政府债券最具代表性：美国市政债券代表了分权制国家的地方债券市场制度；日本的地方政府债券代表了集权制国家的地方债券市场制度。

我国地方政府债券最早出现在中华人民共和国成立初期，1981 年恢复国债后取消了地方债券。1993 年地方债券被国务院明确"叫停"，1995 年《预算法》第二十八条明确规定：除法律和国务院另有规定外，地方政府不得发行地方政府债券。2009 年重新允许地方发债。2013 年 6 月 25 日，财政部印发《2013 年地方政府自行发债试点办法》（财库〔2013〕77 号），要求试点省（市）政府债券由财政部代办还本付息。试点省（市）发行政府债券实行年度发行限额管理，全年发债总额不得超过国务院批准的当年发债规模限额。2018 年 3 月，中共中央办公厅印发《关于人大预算审查监督重点向支出预算和政策拓展的指导意见》，要求各地区按照党中央改革部署要求和预算法、监督法规定，人大对支出预算和政策开展全口径审查和全过程监管。该指导意见强调，政府预算收入编制要与经济社会发展水平相适应，与财政政策相衔接，根据经济政策调整等因素科学预测。强化对政府预算收入执行情况的监督，推动严格依法征收，不收"过头税"，防止财政收入虚增、空转。推动依法规范非税收入管理。

2020 年 12 月 18 日，财政部印发《地方政府债券发行管理办法》（财库〔2020〕43 号），该政策于 2021 年 1 月 1 日起实行。

2021 年，财政部印发《地方政府专项债券用途调整操作指引》，指引明确专项地方债用途调整相关规定，强调坚持以不调整为常态、调整为例外。专项债券一经发行，应当严格按照约定用途使用资金，严禁擅自随意调整专项债用途，严禁先挪用、后调整等行为。专项债券用途调整，由省级政府统筹安排，省级财政部门组织省以下各级财政部门具体实施。专项债券用途调整，要发布调整公告，重点说明调整事项已经省级政府批准，一并公开本地区经济社会发展指标、地方政府性基金预算情况、专项债务情况等。财政部要求，各地不得违规调整专项债券用途，严禁假借专项债券用途名义挪用、套取专项债券资金。对违反法律法规和政策规定的，依法依规追究相关责任单位和责任人的责任。

（二）主要分类

地方发债主要有两种模式：一是地方政府直接发债；二是中央发行国债，再转贷给地方政府。

政府债券是政府为筹集资金而发行的债券，包括国债、地方政府债券等。

地方政府债券的基本含义如下：一是债券的发行人是资金的借入者，即地方政府或代理机构；二是购买债券的投资者是资金的借出者；三是发行人（借入者，即地方政府或代理机构）需要在一定时期还本付息；四是债券是债的证明书，具有法律效力。债券购买者与发行者之间是一种债权债务关系，债券发行人即债务人，投资者（或债券持有人）即债权人。

（三）交易程序

一是投资者委托券商买卖债券，签订开户契约，填写开户有关内容，明确经纪商与委托人之间的权利和义务。二是券商通过它在证券交易所内的代表人或代理人，按照委托条件实施债券买卖业务。三是办理成交后的手续。成交后，经纪人于成交的当日，填制买卖报告书，通知委托人（投资人）按时将交割的款项或交割的债券交付委托经纪商。四是经纪商核对交易记录，办理结算交割手续。

（四）专项债券

地方政府债券按资金用途和偿还资金来源分类，通常分为一般债券（普通债券）和专项债券（收益债券）。前者指地方政府为缓解资金紧张或解决临时经费不足而发行的债券，后者指为筹集资金建设具体工程而发行的债券。对于一般债券的偿还，地方政府通常以本地区的财政收入作为担保，而对于专项债券，地方政府往往以项目建成后取得的收入作为保证金。

绿色债券指募集资金主要用于支持节能减排技术改造、绿色城镇化、能源清洁高效利用、新能源开发利用、循环经济发展、水资源节约和非常规水资源开发利用、污染防治、生态农林业、节能环保产业、低碳产业、生态文明先行示范试验、低碳试点等绿色循环低碳发展项目的企业债券。

2014 年 10 月国务院《关于加强地方政府性债务管理的意见》（国发〔2014〕43 号）规定，政府债务不得通过企业举借，剥离融资平台公司政府融资职能。《关于进一步规范地方政府举债融资行为的通知》（财预〔2017〕50号）提出，全面贯彻落实依法治国战略，严格执行《预算法》和国发〔2014〕43 号文件规定，健全规范的地方政府举债融资机制，地方政府举债一律采取在国务院批准的限额内发行地方政府债券方式，除此之外地方政府及其所属部门不得以任何方式举借债务。地方政府及其所属部门不得以文件、会议纪要、领导批示等任何形式，要求或决定企业为政府举债或变相为政府举债。允许地方政府结合财力可能设立或参股担保公司（含各类融资担保基金公司），构建市场化运作的融资担保体系，鼓励政府出资的担保公司依法依规提供融资担保服务，地方政府依法在出资范围内对担保公司承担责任。除外国政府和国际经济组织贷款转贷外，地方政府及其所属部门不得为任何单位和个人的债务以任何方式提供担保，不得承诺为其他任何单位和个人的融资承担偿债责任。地方政府应当科学制订债券发行计划，根据实际需求合理控制节奏和规模，提高债券透明度和资金使用效益，建立信息共享机制。

《地方政府土地储备专项债券管理办法（试行）》（财预〔2017〕62 号）提出，地方政府土地储备专项债券是地方政府专项债券的一个品种，指地方政府为土地储备发行，以项目对应并纳入政府性基金预算管理的国有土地使用权出让收入或国有土地收益基金收入偿还的地方政府专项债券。地方政府为土地储备举借、使用、偿还债务适用本办法。

财政部、交通运输部《关于印发〈地方政府收费公路专项债券管理办法

（试行）〉的通知》（财预〔2017〕97 号）规定，地方政府收费公路专项债券是地方政府专项债券的一个品种，指地方政府为发展政府收费公路举借，以项目对应并纳入政府性基金预算管理的车辆通行费收入、专项收入偿还的地方政府专项债券。专项收入包括政府收费公路项目对应的广告收入、服务设施收入、收费公路权益转让收入等。

财政部、住房和城乡建设部《关于印发〈试点发行地方政府棚户区改造专项债券管理办法〉的通知》（财预〔2018〕28 号）规定，棚户区改造，指纳入国家棚户区改造计划，依法实施棚户区征收拆迁、居民补偿安置以及相应的腾空土地开发利用等的系统性工程，包括城镇棚户区（含城中村、城市危房）、国有工矿（含煤矿）棚户区、国有林区（场）棚户区和危旧房、国有垦区危房改造项目等。地方政府棚户区改造专项债券是地方政府专项债券的一个品种，是指遵循自愿原则、纳入试点的地方政府为推进棚户区改造发行，以项目对应并纳入政府性基金预算管理的国有土地使用权出让收入、专项收入偿还的地方政府专项债券。专项收入包括属于政府的棚改项目配套商业设施销售、租赁收入以及其他收入。

财政部《关于做好 2018 年地方政府债务管理工作的通知》（财预〔2018〕34 号）提出，强化置换债券资金管理。2020 年财政部发布《关于进一步做好地方政府债券发行工作的意见》提出："鼓励具备条件的地区参考地方债收益率曲线合理设定投标区间，不断提升地方债发行市场化水平，杜绝行政干预和窗口指导，促进地方债发行利率合理反映地区差异和项目差异。"

二、条件与流程

（一）申请条件

（1）举债主体：经国务院批准的省、自治区、直辖市。

（2）举债方式：限于发行地方政府债券。

（3）举债用途：公共预算中必需的部分建设投资，并不得用于经常性支出；应当有稳定的债务偿还资金来源。

（4）债务规模：地方债务的规模由国务院报全国人大或者其常委会批准。

（5）管理方式：地方政府依照国务院下达的限额举借的债务，列入本级预算调整方案，报本级人大常委会批准。

（二）基本流程

按照《预算法》有关规定，全国人民代表大会或其常委会批准全国的地方政府债务限额，国务院批准分地区的地方政府债务限额。在实际操作中，财政部每年 3 月在全国人民代表大会批准预算后，将国务院批准的分地区额度下达各地，各地依法调整预算报同级人大常委会批准后，发行地方政府债券。

（三）地方债期限管理

优化地方债期限结构，合理控制筹资成本。

1. 地方财政部门应当统筹考虑地方债收益率曲线建设、项目期限、融资成本、到期债务分布、投资者需求等因素科学设计债券期限。地方债期限为 1 年、2 年、3 年、5 年、7 年、10 年、15 年、20 年、30 年。允许地方结合实际情况，采取到期还本、提前还本、分年还本等不同还本方式。

2. 地方财政部门应当均衡一般债券期限结构。年度新增一般债券平均发行期限应当控制在 10 年以下（含 10 年），10 年以上（不含 10 年）新增一般债券发行规模应当控制在当年新增一般债券发行总额的 30% 以下（含 30%），再融资一般债券期限应当控制在 10 年以下（含 10 年）。

3. 地方财政部门应当保障专项债券期限与项目期限相匹配。新增专项债券到期后原则上由地方政府安排政府性基金收入、专项收入偿还，债券与项目期限不匹配的允许在同一项目周期内接续发行，再融资专项债券期限原则上与同一项目剩余期限相匹配。

（四）土地储备专项债券

1. 发行审批

地方政府为土地储备举借债务采取发行土地储备专项债券方式。省、自治区、直辖市政府（以下简称省级政府）为土地储备专项债券的发行主体。设区的市、自治州，县、自治县、不设区的市、市辖区级政府（以下简称市县级政府）确需发行土地储备专项债券的，由省级政府统一发行并转贷给市县级政府。经省级政府批准，计划单列市政府可以自办发行土地储备专项债券。发行土地储备专项债券的土地储备项目应当有稳定的预期偿债资金来源，对应的政府性基金收入应当保障偿还债券本金和利息，实现项目收益和融资自求平衡。

2. 额度管理

财政部在国务院批准的年度地方政府专项债务限额内，根据土地储备融资需求、土地出让收入状况等因素，确定年度全国土地储备专项债券总额度。各省、自治区、直辖市年度土地储备专项债券额度应当在国务院批准的分地区专项债务限额内安排，由财政部下达各省级财政部门，抄送国土资源部。省、自治区、直辖市年度土地储备专项债券额度不足或者不需使用的部分，由省级财政部门会同国土资源部门于每年 8 月底前向财政部提出申请。财政部可以在国务院批准的该地区专项债务限额内统筹调剂额度并予批复，抄送国土资源部。2022 年新增专项债、新增一般债额度分别为 3.65 万亿元、0.72 万亿元，其中提前下达的额度分别为 1.46 万亿元、0.328 万亿元，均占上年新增额度的 40%。按照全国人大授权，理论上可下达的 2023 年提前批专项债、一般债额度最高分别为 2.19 万亿元、0.43 万亿元。2022 年全国发行新增地方政府债券 47566 亿元。

（五）项目调整条件

专项债券资金已安排的项目，可以申请调整的具体情形包括：

1. 项目实施过程中发生重大变化，确无专项债券资金需求或需求少于预期的；

2. 项目竣工后，专项债券资金发生结余的；

3. 财政、审计等发现专项债券使用存在违规问题，按照监督检查意见或审计等意见确需调整的；

4. 其他需要调整的。

专项债券用途调整，应符合以下原则：

1. 调整安排的项目必须经审核把关具备发行和使用条件。项目属于有一定收益的公益性项目，且预期收益与融资规模自求平衡。项目前期准备充分、可尽早形成实物工作量。项目周期应当与申请调整的债券剩余期限相匹配。

2. 调整安排的专项债券资金，优先支持党中央、国务院明确的重点领域符合条件的重大项目。

3. 调整安排的专项债券资金，优先选择与原已安排的项目属于相同类型和领域的项目。确需改变项目类型的，应当进行必要的解释说明。

4. 调整安排的专项债券资金，严禁用于置换存量债务，严禁用于楼堂馆所、形象工程和政绩工程以及非公益性资本支出项目，依法不得用于经常性支出。

调整安排的专项债券资金，优先用于本级政府符合条件的项目，确无符合条件项目的，省级财政部门可以收回专项债券资金和对应的专项债务限额统筹安排。

三、案例：我国发行地方债券情况

我国财政部关于债务发行制度明确规定，科学设计地方债发行计划，维护债券市场平稳运行。地方财政部门应当根据发债进度要求、财政支出使用需要、库款水平、债券市场等因素，科学设计地方债发行计划，合理选择发行时间窗口，适度均衡发债节奏，既要保障项目建设需要，又要避免债券资金长期滞留国库。地方财政部门应当在每季度最后一个月20日前，向财政部（国库司）报送下季度地方债发行计划，包括发行时间、发行量、债券种类等。财政部将统筹政府债券发行节奏，对各地发债进度进行必要的组织协调。地方财政部门应当做好债券发行与库款管理的衔接。对预算拟安排新增债券资金的项目，或拟发行再融资债券偿还的到期地方债，可通过先行调度库款的办法支付项目资金或还本资金，发行地方债后及时回补库款。2022年，全国发行新增地方政府债券47566亿元，其中一般债券7182亿元、专项债券40384亿元。全国发行再融资债券26110亿元，其中一般债券15178亿元、专项债券10932亿元。全国发行地方政府债券合计73676亿元，其中一般债券22360亿元、专项债券51316亿元。

2022年，地方政府债券平均发行期限13.2年，其中一般债券7.9年、专项债券15.5年。2022年，地方政府债券平均发行利率3.02%，其中一般债券2.85%、专项债券3.09%。

经第十三届全国人民代表大会第五次会议审议批准，2022年全国地方政府债务限额为376474.3亿元，其中一般债务限额158289.22亿元、专项债务限额218185.08亿元。

截至2022年末，全国地方政府债务余额350618亿元，控制在全国人大批准的限额之内。其中，一般债务143896亿元、专项债务206722亿元；政府债券348995亿元，非政府债券形式存量政府债务1623亿元。

截至2022年末，地方政府债券剩余平均年限8.5年，其中一般债券6.2年、专项债券10年；平均利率3.39%，其中一般债券3.39%、专项债券3.39%。

点评：

国家积极规范地方发债及对外借债，将地方债纳入债务限额管理，剥离融资平台公司的政府融资职能，使发债主体更加明确。发行地方债，是国家和地方融通资金的重要方式，债券发行规模要在合理空间内，避免地方财政压力过大，影响正常经济发展与民生事业。地方政府发债要考虑各类债券风险，严格执行国务院有关规定，按程序进行发债报备和审批。地方财政部门应当强化专项债券项目的全过程管理，对专项债券项目"借、用、管、还"实行逐笔监控，确保到期偿债、严防偿付风险。

第十九章 可转换债券（模式18）

可转换公司债券在国外债券市场较为流行。这种公司债券最早出现在英国，目前美国公司也多发行这种公司债。我国的可转换债券市场总体市场规模不大，属于创新性金融产品。

一、概述

（一）基本概念

可转换债券（Convertible Bond）是债券持有人可按照发行时约定的价格将债券转换成公司的普通股票的债券。该债券利率一般低于普通公司的债券利率，企业发行可转换债券可以降低筹资成本。可转换债券持有人还享有在一定条件下将债券回售给发行人的权利，发行人在一定条件下拥有强制赎回债券的权利。

可转换债券是混合性的金融工具，汇总了股票和债券的优点，规避了股票和债券的缺陷，是很好的融资工具。

可转换债券的发行机构是上市公司、国有企业等。

（二）主要分类

1. 根据转换权益划分：一是可交换债券（可以转换为除发行公司之外的其他公司的股票）；二是可转换优先股（可以转换为普通股的优先股）；三是强制转换证券（一种短期证券，通常收益率很高，在到期日根据当日的股票价格被强制转换为公司股票）。

2. 根据所在区域划分：一是国内可转换债券，是一种境内发行，以本币定值的债券；二是外国可转换债券，指本国发行人在境内或境外发行，以某外币标明面值，或外国发行人在本国境内发行，以本币或外币标示的一种债券；三是欧洲可转换债券，指由国际机构同时在一个以上国家发行的以欧洲货币定值的可转换债券。分记名与不记名两种。此类债券每年支付一次利息，对于利息部分可免征所得税。

（三）主要特征

1. 债权性。与其他债券一样，可转换债券也有规定的利率和期限，投资者可以选择持有债券到期，收取本息。

2. 股权性。可转换债券在转换成股票前是纯粹的债券，但在转换成股票后，原债券持有人由债权人变成了公司股东，可参与企业经营决策和红利分配，这在一定程度上影响公司的股本结构。

3. 可转换性。可转换性是可转换债券的重要标志，债券持有人可以按约定的条件将债券转换成股票。转股权是投资者享有的、一般债券所没有的选择权。可转换债券在发行时就明确约定，债券持有人按照发行时约定的价格将债券转换成公司的普通股股票。如果债券持有人不想转换，可继续持有债券，直到偿还期满时收取本金和利息，或在流通市场出售变现。

（四）主要要素

1. 有效期限和转换期限

可转换债券的有效期限指债券从发行之日起至偿清本息之日止的存续期间。转换期限指可转换债券转换为普通股股票的起始日至结束日的期间。大多数情况下，发行人规定一个特定的转换期限，在该期限内，允许可转换债券的持有人按转换比例或转换价格转换成发行人的股票。我国《上市公司证券发行管理办法》规定，可转换公司债券的期限最短为 1 年，最长为 6 年，自发行结束之日起 6 个月方可转换为公司股票。

2. 股票利率或股息率

可转换公司债券的票面利率（或可转换优先股股票的股息率）是指可转换债券作为一种债券的票面利率（或优先股股息率），发行人根据当前市场利率水平、公司债券资信等级和发行条款确定，一般低于相同条件的不可转换债券（或不可转换优先股股票）。可转换公司债券应半年或 1 年付息 1 次，到期后 5 个工作日内应偿还未转股债券的本金及最后 1 期利息。

3. 转换比例或转换价格

转换比例指一定面额可转换债券可转换成普通股股票的股数。转换价格指可转换债券转换为每股普通股份所支付的价格。

4. 赎回条款与回售条款

赎回指发行人在发行一段时间后，可提前赎回未到期发行在外的可转换公司债券。赎回条件一般是当公司股票在一段时间内连续高于转换价格达到一定幅度时，公司可按照事先约定的赎回价格买回发行在外尚未转股的可转换公司债券。回售指公司股票在一段时间内连续低于转换价格达到某一幅度时，可转换公司债券持有人按事先约定的价格将所持可转换债券卖给发行人的行为。

赎回条款和回售条款是可转换债券在发行时规定的赎回行为和回售行为发生的具体市场条件。

5. 转换价格修正条款

转换价格修正指发行公司在发行可转换债券后，由于公司尚未送股、配股、增发股票、分立、合并、拆细及其他原因导致发行人股份发生变动，引起公司股票名义价格下降时而对转换价格所做的必要调整。

二、条件与流程

（一）申请条件

发行可转换企业债券的要件：

（1）最近3个会计年度连续盈利。

（2）最近3年及一期财务报表未被注册会计师出具保留意见、否定意见或无法表示意见的审计报告。

（3）被注册会计师出具带强调事项段的无保留意见审计报告的，所涉及的事项对发行人无重大不利影响或者在发行前重大不利影响已经消除。

（4）最近3年以现金或股票方式累计分配利润不少于最近3年实现年均可分配利润的20%。最近3个会计年度加权平均净资产收益率平均不低于6%。

（5）本次发行后累计公司债券余额不超过最近一期末净资产额的40%。

（6）期限最短为1年，最长为6年。

（7）自发行结束之日起6个月后方可转换为公司股票。

（8）转股价格应不低于募集说明书公告日前20个交易日该公司股票交易均价和前一交易日的均价。

（二）基本流程

发行可转换债券的基本程序如下：

（1）决议或同意；

（2）申请和批准；

（3）公布可转换公司债券募集说明书；

（4）发行债券。

上市公司发行可转换公司债券，经省级人民政府或国务院有关企业主管部门推荐，报中国证监会审批；重点国有企业发行可转换公司债券，由发行人提出申请，经省级人民政府或者国务院有关企业主管部门推荐，报中国证监会审批，抄报国家有关部门。

（三）报送文件

申请发行可转换公司债券，向中国证监会报送的文件清单如下：

（1）发行人申请报告；

（2）股东大会作出的发行可转换公司债券的决议或国有企业主管部门同意发行可转换公司债券的文件；

（3）省级人民政府或国务院主管部门的推荐文件；

（4）公司章程；

（5）可转换公司债券募集说明书；

（6）募集资金的运用计划和项目可行性研究报告；

（7）偿债措施、担保合同；

（8）经会计师事务所审计的公司近3年财务报告；

（9）律师事务所出具的法律意见书；

（10）与承销商签订的承销协议；

（11）中国证监会要求报送的其他文件，对于符合规定条件的，中国证监会予以批准。

（四）三个转换条件

可转换公司债券在发行时预先规定有三个基本转换条件：

（1）转换价格或转换比率；

（2）转换时发行的股票价格；

（3）请求转换期间。

（五）上市公司发行可转换债券的条件

上市公司要发行可转换公司债券，也必须符合下列条件：

（1）最近3年连续盈利，且最近3年净资产利润率平均在10%以上；属于能源、原材料、基础设施类的公司可以略低，但是不得低于7%。

（2）可转换公司债券发行后，资产负债率不高于70%。

（3）累计债券余额不超过公司净资产额的40%。

（4）募集资金的投向符合国家产业政策。

（5）可转换公司债券的利率不超过银行同期存款的利率水平。

（6）可转换公司债券的发行额不少于人民币 1 亿元。

（7）国务院证券委员会规定的其他条件。除此之外，相关法律法规还有更为严格的规定。

（六）重点国有企业发行可转换债券的条件

重点国有企业指经营业绩好，有明确可行的企业改制和上市计划的重点国有企业。重点国有企业发行可转换公司债券，除应符合上述（3）（4）（5）（6）（7）项条件外，还应符合下列条件：

（1）最近 3 年连续盈利，且最近 3 年的财务报告已经具有从事证券业务资格的会计师事务所审计；

（2）有明确可行的企业改制和上市计划；

（3）有可靠的偿债能力；

（4）有具有代为清偿债务能力的保证人的担保。

符合上述条件的主体若发生下列情形之一的，也无发行可转换公司债券的资格：前一次发行的债券尚未募足；对已发行的债券有迟延支付本息的事实，且仍处于继续延期支付状态。

三、案例：发行可转换债券的关键点

各地政府控股参股的国有企业或上市公司发行可转换公司债券，应当研究关键控制点，并且要符合股票的发行条件。

根据《可转换公司债券管理暂行办法》《关于做好上市公司可转换公司债券发行工作的通知》等规定，国有企业和上市公司发行可转换债券，应当符合下列基本条件：

收益率要求。经注册会计师核验，公司最近 3 个会计年度的加权平均净资产利润率平均在 10% 以上；属于能源、原材料、基础设施类的公司可以略低，但是不得低于 7%。

负债率的规定。可转换公司债券发行后，资产负债率不高于 70%。

债券余额的要求。上市公司发行可转换公司债券前，累计债券余额不得超过公司净资产额的 40%；本次可转换公司债券发行后，累计债券余额不得高于公司净资产额的 80%。

其他要求，包括：

（1）募集资金的投向符合国家产业政策。

（2）可转换公司债券的利率不超过银行同期存款的利率水平。

（3）可转换公司债券的发行额不少于人民币1亿元。

上市公司申请发行可转换公司债券，应由股东大会作出决议。股东大会作出的决议至少应包括发行规模、转股价格的确定及调整原则、债券利率、转股期、还本付息的期限和方式、赎回条款及回售条款、向原股东配售的安排、募集资金用途等事项。重点国有企业发行可转换公司债券另有相关规定。企业在发行债券筹资过程中，必须遵循法律的有关规定和证券市场的有关规定，依次完成债券的发行工作。

点评：

国有企业运用可转换债券方式筹资，值得创新与积极探索，兑换期限和转让比例设计是可转换债券使用的关键。可转换债券的合理设计与市场利率、债券期限、转换价格、附加条款、证券市场状况等因素紧密相关。债券发行时机影响融资途径的选择。在股市高涨时，可以直接增资配股；在股市低迷时，可以发行可转换债券。

第二十章　信托计划（模式 19）

信托计划是通过信托中介机构实现融资，实行资金集中管理的金融活动。我国信托计划在推行过程中出现了一些风险和问题，有关部门积极规范信托计划市场，加强行业监管和风险预警。

一、概述

（一）基本概念

1. 信托计划

信托指委托人基于对受托人的信任，将其财产权委托给受托人，由受托人按委托人的意愿以自己的名义，为受益人的利益或者特定目的，进行管理或者处分的行为。信托计划指由信托公司担任受托人，按照委托人意愿，为受益人的利益，将两个以上（含两个）委托人交付的资金进行集中管理、运用或处分的资金信托业务活动。

信托计划融资是一种准资产证券化，是将融资方股权或债权通过信托计划发行转让给投资方，将投资方和融资方隔开，投资方享有收益权，融资方保留控制权的融资模式。

信托融资的资金投放领域有：股权质押融资项目；房地产开发项目；煤炭、天然气等资源开发项目；城市基础设施建设融资；企业重组并购融资；节能减排等节能环保项目融资；证券投资、资产证券化项目融资；古董投资、艺术品投资、红酒投资等文化领域融资等。

按照融资目的，信托计划分为：融资类信托计划和投资类信托计划。

融资类信托计划按照募集方式分为：单一的信托计划和集合的信托计划，交易对手分别为单个和群体。按照投向标的，融资类信托计划分为：房地产信托、矿产信托、收藏品信托、股权质押类信托、增发信托、上市公司股票质押信托、工商管理类信托，票据（信用证）信托等。

投资类信托计划分为：股权投资类信托、证券结构化信托（个人杠杆证券投资）、证券非结构化信托（阳光私募）等。

房地产信托指信托投资公司发挥专业理财优势，通过实施信托计划筹集资金，用于房地产开发项目，为委托人赢得一定的收益。

房地产信托（Real Estate Investment Trust，REITS），包括两方面的含义：一是不动产信托，指不动产所有权人（委托人）为受益人的利益或特定目的，将所有权转移给受托人，使其依照信托合同来管理运用的一种法律关系；二是房地产资金信托，指委托人基于对信托投资公司的信任，将自己合法拥有的资金委托给信托投资公司，由信托投资公司按委托人的意愿以自己的名义，为受益人的利益或特定目的，将资金投向房地产业并对其进行管理和处分的行为。

信托融资业务分为信托贷款、股权投资、特定资产权益转让、信托基金形式等。

《关于规范金融机构资产管理业务的指导意见》（银发〔2018〕106 号，以下简称《意见》）对合格投资者的规定有：资产管理产品的投资者分为不特定社会公众和合格投资者两大类。合格投资者是指具备相应风险识别能力和风险承担能力，投资于单只资产管理产品不低于一定金额且符合下列条件的自然人和法人或者其他组织。

（一）具有 2 年以上投资经历，且满足以下条件之一：家庭金融净资产不低于 300 万元，家庭金融资产不低于 500 万元，或者近 3 年本人年均收入不低于 40 万元。

（二）最近 1 年末净资产不低于 1000 万元的法人单位。

（三）金融管理部门视为合格投资者的其他情形。合格投资者投资于单只固定收益类产品的金额不低于 30 万元，投资于单只混合类产品的金额不低于 40 万元，投资于单只权益类产品、单只商品及金融衍生品类产品的金额不低于 100 万元。投资者不得使用贷款、发行债券等筹集的非自有资金投资资产管理产品。

金融实务中对合格投资者的认定应当以各部门实际规定为准。

信托投资者指信托行为中的"委托人"，是基于对受托人的信任，将自己特定的财产委托给受托人，由受托人按照自己的意愿为受益人的利益或特定目的进行管理或者处分，使信托得以成立的人。2020 年 5 月，银保监会发布《信托公司资金信托管理暂行办法（征求意见稿）》，购买资金信托产品时，如果是法人单位，要求最近 1 年末净资产不低于 1000 万元；如果是自然人，需具有两年以上投资经历，家庭金融净资产不低于 300 万元，或家庭金融资产不低于 500 万元，或者近 3 年本人年均收入不低于 40 万元，且能提供收入证明的，就有资格购买信托产品。

2. 集合信托计划

集合信托计划是由信托概念派生出的新型信托方式，属于信托的衍生品。集合信托通过发行信托直接向社会筹资，在融资期限、规模、利率等方面比银行贷款宽松，资金使用受限少，能帮助企业部分解决固定资产贷款困难等问题。集合信托为多个中小企业打包，弥补了单个企业融资能力差的缺陷，提高了融资成功率。

按照其信托计划的资金运用方向，集合资金信托可分为以下类型：

证券投资信托，即受托人接受委托人的委托，将信托资金按照双方的约定，投资于证券市场的信托。它可分为股票投资信托、债券投资信托和证券组合投资信托。

组合投资信托，即根据委托人风险偏好，将债券、股票、基金、贷款、实业投资等金融工具，通过个性化组合配比运作，对信托财产进行管理，使其有效增值。

房地产投资信托，即受托人接受委托人的委托，将信托资金按照双方的约定，投资于房地产或房地产抵押贷款的信托。中小投资者通过房地产投资信托，以较少的资金投入间接获得大规模房地产投资利益。

（二）主要特征

（1）信托具有融通资金的性质；

（2）信托方式灵活，适应性强；

（3）信托财产具有独立性；

（4）信托收益稳定，远高于同期银行存款利息；

（5）国家信托计划的发行与运作监管严格。

二、条件与流程

（一）信托条件

信托公司设立信托计划，应当符合以下条件：

（1）委托人为合格投资者；

（2）参与信托计划的委托人为唯一受益人；

（3）单个信托计划的自然人人数不得超过 50 人，合格的机构投资者数量不受限制；

（4）信托期限不少于 1 年；

（5）信托资金有明确的投资方向和投资策略，符合国家产业政策及其他有关规定；

（6）信托受益权划分为等额份额的信托单位；

（7）信托合同应约定受托人报酬，除了合理报酬外，信托公司不得以任何名义直接或间接以信托财产为自己或他人牟利；

（8）中国银行保险监督管理委员会规定的其他要求。

（二）基本流程

信托计划融资的一般流程如下：

（1）客户提出信托需求，编制信托融资申请方案；

（2）券商登记并设计方案；

（3）申请方提供有关资料，进行产品设计和办理手续；

（4）进行客户或市场推荐；

（5）洽谈并确定购买意向；

（6）投资方尽职调查；

（7）投资方通过方案，并落实资金；

（8）信托登记与交付手续费等。

（三）管理规定

1. 信托公司推介信托计划的规则

信托公司推介信托计划，应有规范和详尽的信息披露材料，明示信托计划的风险收益特征，充分揭示参与信托计划的风险及风险承担原则，如实披露专业团队的履历、专业培训及从业经历，不得使用任何可能影响投资者进行独立风险判断的误导性陈述。信托公司异地推介信托计划的，应在推介前向注册地、推介地的中国银行业监督管理委员会省级派出机构报告。

信托公司推介信托计划时，不得有以下行为：以任何方式承诺信托资金不受损失，或者以任何方式承诺信托资金的最低收益；进行公开营销宣传；委托非金融机构进行推介；推介材料含有与信托文件不符的内容，或者存在虚假记载、误导性陈述或重大遗漏等情况；对公司过去的经营业绩作夸大介绍，或者恶意贬低同行；中国银行业监督管理委员会禁止的其他行为。

2. 信托计划的合同规则

信托公司实施信托计划应与委托人订立信托合同。信托合同应当载明以下事项：信托目的；受托人、保管人的姓名（或者名称）、住所；信托资金的币种和金额；信托计划的规模与期限；信托资金管理、运用和处分的具体方法或安排；信托利益的计算、向受益人交付信托利益的时间和方法；信托财产税费的承担、其他费用的核算及支付方法；受托人报酬计算方法、支付期间及方法；信托终止时信托财产的归属及分配方式；信托当事人的权利、义务；受益人大会召集、议事及表决的程序和规则；新受托人的选任方式；风险揭示；信托当事人的违约责任及纠纷解决方式；信托当事人约定的其他事项。

3. 信托计划的管理规则

信托公司管理信托计划，应当遵守以下规定：不得向他人提供担保；向他人提供贷款不得超过其管理的所有信托计划实收余额的 30%；不得将信托资金直接或间接运用于信托公司的股东及其关联人，但信托资金全部来源于股东或其关联人的除外；不得以固有财产与信托财产进行交易；不得将不同信托财产进行相互交易；不得将同一公司管理的不同信托计划投资于同一项目。

4. 信托计划的信息披露规则

信托公司应当依照法律法规的规定和信托计划文件的约定按时披露信息，并保证所披露信息的真实性、准确性和完整性。受益人有权向信托公司查询与其信托财产相关的信息，信托公司在不损害其他受益人合法权益的前提下，准确、及时、完整地提供相关信息，不得拒绝、推诿。

信托计划设立后，信托公司依信托计划的不同，按季制作信托资金管理报告、信托资金运用及收益情况表。信托资金管理报告至少包含：信托财产专户的开立情况；信托资金管理、运用、处分和收益情况；信托经理变更情况；信托资金运用重大变动说明；涉及诉讼或者损害信托计划财产、受益人利益的情形。

（四）信托资金来源

（1）单一资金：针对具体项目专项发行资金信托计划；

（2）集合资金：向社会发行集合资金信托计划募集资金。信托投资规模：一般为人民币 5000 万～20 亿元。信托期限：一般不超过 3 年。退出方式：收回债权、股权转让、信托收益权转让。信托资金使用成本：根据投资领域、投资期限和市场利率情况具体考虑。信托方案的风险控制措施：全程账户监控；销售回款账户锁定；土地使用权、在建工程、住宅等资产抵押；项目公司股权过户或质押；企业法定代表人个人连带责任保证等。

三、案例：泰山高速公路项目信托计划

某高速公路工程是 A 市重要的节点工程。D 信托投资公司结合泰山高速公路建设项目，设立了"泰山高速公路项目资金信托计划"。该信托计划意在筹集资金，以资本金的形式投资于 D 公司，用于高速公路工程的建设与营运。信托计划的规模和总量为信托合同不超过 300 份，每份合同金额不得低于 8 万元，共计人民币 6.8 亿元，信托计划期限为 2 年，信托期满 10 个工作日后，向受益人交付信托资金和信托收益。该工程没有稳定的现金流来源，但 D 公司可以获得该市政府按项目投资余额 10% 的补贴，该补贴率与长期贷款利率变化同步调整。

点评：

信托计划是一种准资产证券化融资方式，它的使用可以为资产证券化的推进积累经验。大型信托计划的发行依赖信托公司，需要支付一定比例的发行费用。

第二十一章 产业基金（模式20）

产业投资基金有集中社会闲置资金，缓解市场投资失灵，促进产业振兴的功能。在我国，主要通过财政资金设立国有独资或控股、参股的创业投资公司的方式设立产业投资基金。产业投资基金在地方政府重大项目融资、基础设施开发、新兴产业项目开发、高新技术企业技术产业化等方面发挥越来越重要的作用。

一、概述

（一）基本概念

产业投资基金（以下简称产业基金或基金），指对未上市企业进行股权投资和提供经营管理服务的利益共享、风险共担的集合投资制度，即通过向多数投资者发行基金份额设立基金公司，由基金公司自任基金管理人或另行委托基金管理人管理基金资产，委托基金托管人托管基金资产，从事创业投资、企业重组投资和基础设施投资等实业投资。

（二）主要分类

产业基金实行专业化管理。产业基金通常用于高新技术产业或项目融资。

按照企业发展阶段的不同，产业基金可以分为种子期或早期基金、成长期基金、重组基金等类别。

按投资领域的不同，产业基金又分为创业投资基金、企业重组投资基金、基础设施投资基金等类别。当一个产业进入萌芽期时，需要创业投资基金的支持；经过一段时间的发展，当进入成熟期和衰退期时，适合重组基金；在重组过程中，通过对原有生产要素的重新配置，实现特定行业、特定产业的持续发展。

1. 创业投资引导基金

创业投资引导基金是指由一群具有科技或财务专业知识和经验的人士操作，

并且专门投资具有发展潜力以及快速成长的公司的基金。

2. 贷款风险补偿基金

贷款风险补偿基金包括：一是融资平台保证金。二是融资平台风险准备金。主要用于贷款出现风险时的代偿和损失核销，同时作为融资平台的风险准备积累，可以加大对中小企业的融资支持力度。三是担保机构费用补偿金。通过政府对担保机构的费率补偿，可以降低中小企业的融资成本和降低资产的反担保条件。四是中小企业信用互助补偿金。信用互助基金用作贷款担保资金，通过与银行合作对会员企业进行担保贷款。五是知识产权融资专项基金。由政府出资设立，作为开展知识产权权利质押融资业务的重要支持资金渠道。六是贷款贴息。政府每年安排一定的专项资金对中小企业贷款给予一定比例的贴息，重点通过具有杠杆作用的融资平台给予企业补贴。

3. 企业重组基金

企业重组基金（Corporate Restructuring Fund）是专门从事特定企业或资产重组和并购的金融资本，同时也是对被并购企业的资产在资源整合中进行改造的投资机构。在具体运作上，通过发行投资基金股份或受益债券，募集社会闲散资金，形成一定规模的信托资产，由专业管理人员根据资产配置原理进行分散投资，直接投资于产业领域，并按比例享受投资收益并共担风险。企业重组基金具有投资基金所共有的"集合投资，专家管理，分散风险，运作规范，收益稳定和良好的激励与监督机制"的特点。

4. 基础设施产业投资基金

IIF 模式（Infrastructure Investing Fund），即基础设施产业投资基金模式，具体流程是：组建基金管理公司，向特定或非特定投资者发行基金单位设立基金，将资金分散投资于不同的基础设施项目。投资项目建成后通过股权转让实现资本增值，收益与风险由投资者共享、共担。IIF 模式的优点是集聚社会分散资金用于基础设施建设。

二、条件与流程

（一）申请条件

设立产业基金，应当具备下列条件：

（1）基金拟投资方向符合国家产业政策。

（2）发起人须具备 3 年以上产业投资或相关业务经验，在提出申请前 3 年内持续保持良好财务状况，未受到过有关主管机关或者司法机构的重大处罚。

（3）法人作为发起人，除产业基金管理公司和产业基金管理合伙公司外，每个发起人的实收资本不少于 2 亿元；自然人作为发起人，每个发起人的个人净资产不少于 100 万元。

（4）管理机关规定的其他条件。

产业基金的投资方向，主要有：

（1）属于新兴的、有发展潜力的产业；

（2）管理技术和发展潜力是审核重点；

（3）参与投资后的目标企业管理；

（4）风险、利润共担，高回报率；

（5）侧重于未来的潜在市场。

（二）主要特征

（1）投资对象主要为非上市企业；

（2）投资期限一般 3～7 年；

（3）参与被投资企业的经营管理；

（4）投资目的是基于企业的潜在价值，通过投资推动企业发展，在合适的时机通过各类方式退出实现资本增值收益。

（三）基金设立

申请设立产业基金，发起人应当向管理机关提交下列文件和资料：

申请报告；拟投资企业与项目的基本情况；发起人名单及发起设立产业基金协议；经会计师事务所审计的最近三年的财务报告；律师事务所出具的法律意见书；招募说明书、公司章程、委托管理协议和委托保管协议；具有管理机关认可的从事相关业务资格的会计师事务所、律师事务所及其他中介机构或人员接受委任的函件；管理机关要求提供的其他文件。

设立产业基金的申请经管理机关核准后，方可进行募集工作。产业基金只能向确定的投资者发行基金份额。在募集过程中，发起人须让投资者获知招募说明书内容并签署认购承诺书，投资者签署的认购承诺书经管理机关核准后方可向投资者发行基金份额。投资者人数不得多于 200 人。

产业基金拟募集规模不低于 1 亿元。投资者所承诺的资金可以分期到位，但首期到位资金不得低于基金拟募集规模的 50%。否则，该基金不能成立，发起人须承担募集费用，并将已募集的资金加计银行活期存款利息在 30 天以内退还给认购人。投资者承诺资金到位后，须在 10 个工作日内经法定的验资机构验资，向工商管理机构申请注册并报管理机关备案。

产业基金按封闭式设立，即事先确定发行总额和存续期限，在存续期内基金份额不得赎回，只能转让。

产业基金存续期限不得短于 10 年，不得长于 15 年。但是因管理不善或其他原因，经基金公司股东大会（股东会）批准和管理机关核准提前终止者，以及经基金公司股东大会（股东会）批准和管理机关核准可以续期者除外。

产业基金扩募和续期，应具备下列条件，经管理机关核准：最近三年内年收益率持续超过同业平均水平；最近三年内无重大违法、违规行为；股东大会（股东会）同意扩募或续期；管理机关规定的其他条件。申请扩募和续期应当按照管理机关的要求提交有关文件。

（四）基金公司股东享有下列权利

（1）出席或委派代表出席股东大会（股东会）；

（2）监督基金运营情况，并获悉基金业务及财务状况；

（3）合法转让和扩募时优先申购基金份额；

（4）取得基金收益和基金清算后的剩余资产；

（5）优先收购基金转让的项目；

（6）基金公司章程规定的其他权利。

（五）运营监管

产业基金在正式成立前，投资者的认购款项只能存于商业银行，不得动用。产业基金只能投资于未上市企业，其中投资于基金名称所体现的投资领域的比例不低于基金资产总值的 60%，投资过程中的闲散资金只能存于银行或用于购买国债、金融债券等有价证券。但是所投资企业上市后基金所持份额的未转让部分及其增资配股部分不受此限制。

产业基金对单个企业的投资数额不得超过基金资产总值的 20%。以普通股形式投资时，对所投资企业的股权比例，以足以参与所投资企业决策（至少在董事会中拥有一个董事席位）为最低限。

产业基金不得投资于承担无限责任的企业。对关联人进行投资，其投资决策应实行关联方回避制度，并经三分之二以上非关联方董事表决通过。产业基金不得从事下列业务：

（1）贷款业务、资金拆借业务；

（2）期货交易；

（3）抵押和担保业务；

（4）管理机关禁止从事的其他业务。

产业基金所投资企业上市后，基金所持份额可以在该企业上市一年后在所上市的交易所转让，但每个交易日转让份额不得超过该上市企业总流通份额的 2%。

产业基金实行投资自主决策制度，但须在每个季度结束后的 10 个工作日内将所投资的每一个项目向管理机关报告备案。基金收益构成、分配方式，以及基金管理费、托管费和对管理人的业绩奖励等其他需要由基金承担的有关费用标准须经由管理机关核准并在招募说明书、基金公司章程、委托管理协议和托管协议中订明。

三、案例：常州市产业基金方案

为贯彻落实常州市委、市政府关于加快新兴产业发展的政策文件精神，进一步发挥财政资金杠杆作用，引导撬动社会资本支持产业转型升级，根据国家、省有关法律法规规定及《常州市政府投资基金管理办法》，常州市财政局制定《常州市产业投资设立方案》。

一、基金设立目标

引导更多社会资本投入常州市新兴产业中，促进财政资金与金融资本、产业资本的深度融合，助力制造业向高端迈进，打造新兴产业集群、上市公司集群和金融资本集群。

二、基金方案概述

（一）基金名称：常州市产业投资基金（有限合伙）（拟）。

（二）基金形式：有限合伙企业。

（三）基金规模：人民币 20 亿元（以产业基金为"母基金"，除直接投资外，通过与社会资本合作，共同设立各类市场化子基金，使母、子基金总规模达到 100 亿元）。

（四）注册地址：江苏省常州市。

（五）存续期限：一般不超过 15 年。

（六）资金来源：

1. 由财政部门按各类产业发展扶持专项资金、国有资本金收益的一定比例统筹；

2. 整合现有各类产业投资（引导）基金；

3. 政府基金投资收益；

4. 争取中央、省级资金；

5. 其他政府性资金。

（七）运作模式：

"母—子基金"方式运作。

（八）基金架构：

```
              产业投资基金
        ┌───────────┴───────────┐
    市场化子基金              直投基金
 ┌──┬──┬──┬──┬──┬──┬──┬──┬──┐
天  天 … 创  创 … PE  PE … A  B  投
使  使    投  投    基  基    上  上  贷
基  基    基  基    金  金    市  市  联
金  金    金  金    A   B    公  公  动
A   B    A   B            司  司  基
                          并  并  金
                          购  购
                          基  基
                          金  金
```

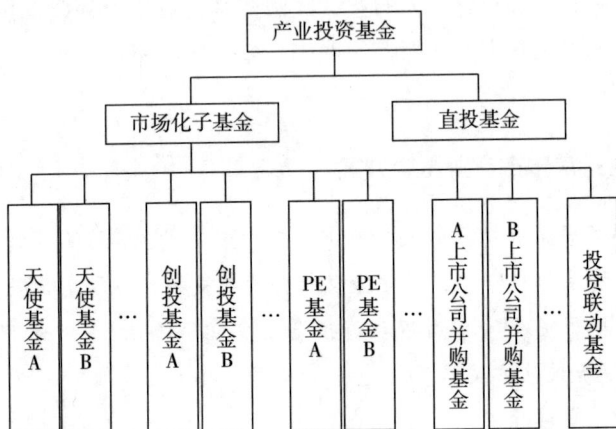

三、基金投资领域

（一）市场化子基金

由产业基金和社会资本及金融机构共同发起设立。产业基金对市场化子基金出资额一般不超过子基金实际募集额的 30%。

1. 市场化子基金应该符合以下要求：

（1）子基金须在常州市内注册；

（2）子基金主要投资方向为我市战略性新兴产业、重点产业和特色产业规划的重点投资项目及产业转型升级要求具有竞争性、成长性、带动性的产业创新创业项目；

（3）子基金投资于常州市内企业（含支持常州企业在市外投资、并购项目和被投资的市外企业在常州新增投资项目）的资金规模原则上不低于产业基金实际出资额的 2 倍；

（4）子基金存续期限原则上不超过8年，分为投资期和退出期，其中投资期最长不超过5年，经批准可适当延长；

（5）产业基金投资子基金部分以出资额为限承担有限责任，共享收益、共担风险，在符合国家相关政策的前提下可适当对其他社会资本让利。

2. 市场化子基金管理机构应符合以下要求：

（1）依法设立，公司治理、内控机制和管理制度健全有效，具有丰富的投资管理经验，历史业绩优秀，为投资基金配备专属且稳定的管理团队；

（2）有健全的激励约束机制、跟进投资机制、资产监管机制和风险隔离机制；

（3）接受产业基金管理机构的质询，向产业基金管理机构报告有关情况。

3. 考核机制及评价

设置对市场化子基金的政策性与市场化考核评价和激励机制。从基金整体效能出发综合考察，对成绩优秀的市场化子基金、产业基金可适当让利；未达到约定目标的，可设置退出机制。

（二）直投基金

直投基金在产业基金中安排不超过20%的资金，按市场化原则直接投资。直投基金可以对子基金投资的项目选择性跟随投资，也可以对市场未来预期现金流量足以覆盖投资成本、退出有保证的重大项目进行投资。

（三）闲置资金使用基金短暂闲置资金可以用组合投资方式投资于国债、协议存款、货币基金等低风险金融工具，以保值增值。

四、基金管理运作

基金管理运作按照政府与市场相结合、决策与管理相协调的原则进行。

（一）领导机构

设立基金管理委员会、监督委员会和咨询委员会分别负责产业基金的管理、监督与咨询工作。

基金管理委员会职责由市金融办、发展改革委、经信委、科技局、财政局、商务局、国资委等相关部门为成员单位的政府投资基金管理委员会代为行使，办公室设在市财政局。监督委员会和咨询委员会成员由基金管理委员会选聘产生。

（二）合伙人大会

合伙人大会主要负责任命投资决策委员会委员、审定基金管理制度、基金收益分配办法、项目监督管理等重大事项。

（三）投资决策委员会

投资决策委员会成员由合伙人大会任命，投资决策委员会是产业基金项目投资和退出的最高决策机构，由各合伙人共委派7~9名投委会成员，三分之二以上成员同意视为决策通过。

（四）基金管理人

产业基金由常州市政府投资基金管理有限公司担任基金管理人，市场化子基金管理机构应以市场化公开方式择优选择。基金管理人负责基金具体管理及运作，包括但不限于：组织拟投资子基金（或项目）的尽职调查、项目评审；负责子基金（或项目）投后管理，提供增值服务，开展绩效评价；向投资决策委员会提交子基金（或项目）投资或退出议案；负责基金资金收付及工商办理；负责定期信息披露等。

（五）基金运营费用

产业基金管理人按产业基金认缴规模的0.5%/年收取基金管理费。其他基金运营费用包括但不限于托管费、企业开办费、信息披露费、专家评审费、法律费用等。

五、基金风险控制

产业基金应加强内控机制，实行全面风险管理。严格执行国家相关法律法规，自觉接受监管部门、基金投资人的监督。严格按照《合伙协议》等开展经营活动，确保投资子基金（或项目）的安全性和流动性。

（一）资金监管

基金通过与监管银行签署并实施《委托监管协议》，其全部资产由监管银行监管，资产收支全部由监管银行办理。在基金运营管理过程中涉及基金收存或支付时，根据相关指令，由监管银行办理资产收付。监管银行依据《委托监管协议》对基金管理人资产收付行为进行监管。如出现基金管理人违规动用资金情况，由监管银行承担损失。

（二）内控机制

基金管理人应建立完善的内控机制，确保子基金（或项目）筛选、立项、尽职调查、谈判、投资及投后管理有章可循。基金管理人还应设立风险控制中心对投资、管理及退出全过程实施动态管理。

（三）信息披露

为确保合伙人及时了解资金使用和子基金（或项目）运行情况，基金管理人须向全体合伙人按年度披露基金运行情况。

（四）投资限制

产业基金及子基金不得从事以下业务：

1. 从事融资担保以外的担保、抵押、委托贷款等业务；

2. 投资二级市场股票（上市公司非公开发行及以并购重组为目的的除外）、期货、房地产、证券投资基金、评级 AAA 级以下的企业债、信托产品、非保本型理财产品、保险计划及其他金融衍生品；

3. 向任何第三方提供赞助、捐赠（经批准的公益性捐赠除外）；

4. 吸收或变相吸收存款，或向第三方提供贷款和资金拆借；

5. 承担无限连带责任的对外投资；

6. 发行信托或集合理财产品募集资金；

7. 其他国家法律法规禁止从事的业务。

（五）投后管理基金管理人应整合合伙人、产业园区等资源，加强对子基金及被投项目的投后管理服务，在项目落地、优惠政策申报、投融资对接等方面给予无偿或有偿增值服务，降低子基金运作风险，吸引知名创投合作，打造平台效应和集群效应。

（六）退出机制产业基金或子基金，可按《合伙协议》约定清算或转让份额；基金以股权方式投资的，采取公开上市、股权转让、股权收购、股权置换等方式退出；以债权方式投资的，应当明确投资期限和增信安排，按投资协议约定到期退出。基金应当按照有关规定和市场化原则，与项目方约定发生重大不利情形的退出方式，保障基金资产安全。

六、基金收益分配

产业基金盈利积累较多时，可按照《合伙协议》约定不定期分配。参股子基金原则上应设定一定的门槛收益。基金管理公司业绩报酬不得超过基金净收益的 20%。

七、基金筹建计划

略。

点评：

常州市产业基金体现了政府引导、市场运作原则，产业基金以"母—子基金"方式运作，除不超过 20% 的资金用于直投外，其余基本用于设立市场化子基金。市场化子基金管理机构原则上通过公开征集方式选择。

产业基金对外投资的主要程序有：首先，市场化子基金（或项目）的申请受理、立项审核、尽职调查，提出投资建议，为评审委员会提供多方面的决策依据；其次，组织投资、会计、法律等相关领域专家开展独立评审、提出评审意见；最后，管委会审议上述步骤形成的材料、意见和建议进行投资决策。

产业基金及子基金可以按协议约定清算或转让份额，基金直投项目可通过公开上市、股权转让、股权收购、股权置换等方式退出或者按协议约定退出。产业基金存续期一般不超过 15 年，经管委会同意可延长。

第二十二章　利润留存（模式21）

利润留存来源于国有企业等生产经营活动实现的净利润，是地方政府和国有企业获得低成本资金、实现重大项目开发和开展经营管理活动的重要的资金来源之一。

利润留存融资能力大小，与宏观环境、国家政策、企业盈利状况、公司章程、股东偏好等紧密相关。

一、概述

（一）基本概念

利润留存指企业生产经营所获得的，留存在企业尚未以股利形式分配给股东的利润。利润留存指公司税后盈利减去应发现金股利的差额。

利润留存率指公司税后盈利减去应发现金股利的差额和税后盈利的比率。计算公式是：利润留存率＝（税后利润－应发股利）/税后盈利×100%。

利润分配指企业根据国家有关规定和投资者的决议，对企业当年可供分配的利润进行分配。可供分配的利润，按下列顺序分配：（1）提取法定盈余公积；（2）提取任意盈余公积。

可供分配利润减去提取的法定盈余公积、任意盈余公积后，就是可供投资者分配的利润。

盈余公积指企业按照规定从净利润中提取积累资金，包括法定盈余公积、任意盈余公积等。

盈余公积用于弥补公司亏损、扩大公司生产经营或转为增加公司资本。但是，资本公积金不得用于弥补公司的亏损。

未分配利润指企业实现的净利润经过弥补亏损、提取盈余公积和向投资者分配利润后留存在企业的、历年结存的利润。是企业所有者权益的组成部分。

地方政府控股的国有企业多数有一定的盈利能力。这些国有企业实现利润大多由企业自主使用，并得到各级政府的政策支持。

利润留存表明公司税后利润有多少用于发放股利，多少用于保留盈余和扩展经营。利润留存越多，表明公司越重视发展的后劲，不致因分红过多影响企业发展；利润留存低，或表明公司生产经营不好，需要更多利润弥补损失，或分红太多，发展潜力有限。

（二）主要优点

（1）资金成本较普通股低；

（2）保持普通股股东的控制权；

（3）增强公司的信誉。

（三）主要缺点

（1）筹资数额有限制；

（2）资金使用受制约。

二、条件与流程

（一）申请条件

（1）经过国家市场监督部门年审或备案的企业法人或满足法律法规规定的有关条件；

（2）企业有一定利润；

（3）企业股东和管理层认可并同意采用利润留存，增加企业发展资金；

（4）一般来说，企业经营良好、有较好的发展潜力和成长空间。

（二）主要用途

利润留存包括：盈余公积和未分配利润，其用途如下：

（1）盈余公积用途：一是用于弥补亏损；二是用于转增资本；三是扩大企业生产经营。

（2）未分配利润用途：一是留存以后年度分配；二是未指定用途。

三、案例：燕京国资开发公司的烦恼

燕京国资开发公司是 A 市大型国有企业，该公司设立已经 60 多年，主要为城市提供供热、通信与养老等基础性、公共性服务。近年来，随着城市新型基础设施建设项目的增速提高与人口老龄化，该公司承担了越来越多的公益性项目及医疗养老项目。同时，公司资产负债率较高，达到了75%以上，导致了公司获得银行贷款难度加大。如何筹措资金建设养老社区、5G以及新社区供热等更多项目呢？

该公司向市国资委、市政府提交项目筹资报告，希望市国资委、市政府在加大企业利润留存政策上给予倾斜，每年增加公司利润留存20%，以快速补充资本金，降低资产负债率，提高项目融资能力。该报告得到了市国资委、市领导的支持与批复，该公司每年增加了10亿元左右的资本金，债务率显著降低，并且获得了低成本项目贷款，促进了当地政府已经立项的全市5G网络、充电桩和3家养老院的开工建设。

点评：

利润留存源自企业内部经营形成的现金流。其最大特点是融资成本低、风险小、方便自主。从企业的发展阶段看，留存盈余是企业成长阶段的首选融资方式。企业在资产负债率高、国有独资等条件下，获取外部融资的渠道相对困难，通过留存盈余可以降低资产负债率、获得自主可用、低成本、风险小的资金，有利于国有企业快速发展。

第二十三章　飞地经济融资（模式 22）

飞地经济融资的适用范围主要是地方政府、产业园、国有企业等拥有的土地资源使用权、土地出让、招商引资、配额管理、税收分配以及相关出租权益及各类收入进行合理调度、科学分配与合规转让等实现的资产获得、资源置换、税收及直接收入等。

一、概述

（一）基本概念

"飞地经济"指两个相互独立、经济发展存在落差的行政地区，打破区划限制，以最新国务院批准的各类开发区为主要载体，在平等协商、自愿合作的基础上，以生产要素的互补和高效利用为直接目的，在特定区域合作建设开发各种产业园区，通过规划、建设、管理和利益分配等合作和协调机制，实现互利共赢的区域经济发展模式。

飞地经济融资是国家发展改革委、财政部等有关部委积极鼓励与大力推动的一种融资方式，主要业态包括以土地出租、跨区域开发区或园区的土地招商之后的土地收入分成、税收收入分成、物业收入分成以及其他资产处置等各类收入。

（二）主要分类

按飞地建设的投入方式，可分为飞出地投资型、飞入地投资型、两地共投型。飞出地投资型，即由飞出地负责全部基础建设投入；飞入地投资型即由飞入地负责全部基础建设投入，两地共投型即由两地按照协议共同分担基础建设投入。

按飞地工业基地的管理方式，可分为飞入地管理型、飞出地管理型、两地共管型。飞入地管理型：对工业基地进行属地化管理。优点是管理方熟悉当地社会经济环境，缺点是可能形成对企业服务的不连续性，没能有效利用飞出地的管理经验。飞出地管理型：由飞出地派遣管理团队对基地进行管理，对企业进行服务。优点是保证了服务、政策的连续性，缺点是管理方需要时间来理解当地经济文化环境。两地共管型：设立双方长期友好合作的机制，基地管理委员会由双方共同派驻人员。这样既能保证基地服务管理的延续性，又能充分利用飞入地的资源，但前提是双方真诚的合作，高效的沟通。

按收入基本内容，可分为：

1. 自有土地允许和作为实现租赁收入的约定分成；

2. 自有土地允许外地政府、企业等落户招商企业或者外地企业进驻并投产之后的购置土地溢价分成、入驻企业上缴税收收入分成；

3. 共建飞地经济的品牌授权及广告费分成；

4. 本地政府、国有企业到外地租赁土地收入分成、引导企业进驻外地飞地园区等产生的税收分成等。

二、条件与流程

（一）申请条件

本单位拥有共建飞地经济、飞地园区的土地、广告、品牌等使用权。

本单位依法可以开展飞地经济、设立飞地园区，或者与外地政府、园区共建飞地经济，且符合财政、财务等基本规定。

实现的相关业务收入与获得的有价资产等可以拍卖、变现、转让或依法使用。

（二）主要流程

飞地经济融资的类型很多，实施流程有所不同，但是具有以下几个步骤。

（1）设定标的物或飞地经济分成模式等；

（2）签订合作协议或具体分成条款；

（3）确定具体实施部门和审批流程；

（4）对特定标的物如土地、收费权、招商入驻上缴税收测算等进行分配；

（5）进行业务测算与收入交割；

（6）完成其他约定的合作事项。

三、案例：文昌与西安航天园区签署"飞地经济"合作协议

2020 年 11 月 5 日，海南文昌国际航天城管理局与西安国家民用航天产业基地管委会签署友好园区合作协议，拟开展"飞地经济"合作。根据协议，双方将建立"飞地经济"合作机制，围绕商业航天、智能制造、信息技术、生物技术、新材料、新能源、人工智能等产业开展合作，按照双方产业特点，推动两地产业项目转移；共同举办航天主题特色活动，扩大两地航天产业影响，提升两地航天产业吸引力。

双方按照协议定期交流互访，加强人员交流，推进人才培养模式创新，并组织制订中长期合作发展规划，商定合作过程中的重大事项，研判相关产业发展态势，组织实施和推动落实相关工作等，进行园区跨区域入驻企业的税收与其他收入分成等。

点评：

飞地经济的模式主要解决土地等资源短缺与招商开发等主要难题，通过飞地合作与项目分成、招商税收分成等模式，实现优势互补，合作共赢。

第二十四章　项目产品支付融资（模式23）

项目产品支付融资是我国经济发展和地产企业经营的重要活动之一。在财政政策适度宽松、货币政策中性稳健、国内金融风险严峻的形势下，项目产品支付融资，特别是房地产项目获得银行开发贷款的难度加大。研究项目产品支付融资，包括房地产项目融资策略，大力推动融资渠道创新是我国地方政府控股企业需认真研究和系统解决的主要课题。

一、概述

（一）基本概念

项目产品支付融资指借款人在项目投产后使用项目产品，而不是使用项目获得的收入，支付项目借款的本金、利息的一种融资模式。贷款期限短于有效的项目生产期，贷款方对项目经营费用不承担直接责任。

生产支付（Production Payment）型项目融资又称为"产品支付项目融资"，指国际贷款人在提供项目贷款后，根据项目融资文件直接取得一定比例的项目产品或该部分产品的全额销售收入，并以此进行偿本付息的项目融资方式。

生产支付型项目融资是国际项目融资的早期形式，特别适用于稀有资源或矿产开发类型的项目，国际融资实践流行的"黄金贷款"也属此类。

远期购买是在"产品支付"基础之上发展创新的一种更为灵活的项目融资方式。它与产品支付的主要区别在于："远期购买"中的专设公司不仅可以购买事先商定的一定数量的远期产品，还可以直接购买这些产品未来的销售收入。

（二）应用研究

产品支付是项目融资的早期模式之一，始于20世纪30年代美国的油田开发。

产品支付形式在美国的石油、天然气和采矿项目融资中应用很多。对于资源属于国家所有项目投资者只能获得资源开采权的国家和地区，产品支付的信用保证通过购买项目未来生产的现金流量，加上资源开采权和项目资产的抵押实现。

二、条件与流程

（一）申请条件

产品支付融资适用于资源藏储量探明且项目生产的现金流量能准确计算的项目。产品支付融资等于产品支付购买的那部分矿产资源的预期未来收益在一定利率条件下贴现的资产现值。

（二）主要特征

（1）清偿债务本息的唯一来源是项目产品；

（2）贷款偿还期短于项目有效生产期；

（3）贷款方对项目经营费用不承担直接责任；

（4）产品支付通过直接拥有项目的产品和销售收入，实现融资的信用保证。

（三）基本流程

（1）贷款银行或项目投资者构建"融资中介机构"（如信托基金机构等），从项目公司购买一定比例项目资源的生产量（如石油、天然气、矿藏储量等）作为融资的基础。

（2）贷款银行为融资中介机构安排，审批并购买这部分项目资源生产量的资金，融资中介机构再根据产品支付协议，将资金注入项目公司作为项目的建设和资本投资资金。

（3）作为产品支付协议的内容，项目公司承诺按照一定的公式（购买价格加利息）安排产品支付；同时，以项目固定资产抵押和完工担保作为项目融资的信用保证。

（4）项目进入生产期后，根据销售代理协议，项目公司作为融资中介机构的代理销售其产品，销售收入（生产收入）直接进入融资中介机构偿还债务。

（四）假设条件

产品支付融资模式的假设条件如图 24 - 1 所示。

（1）已证实资源总量（该条件决定最大的产品支付融资额）；

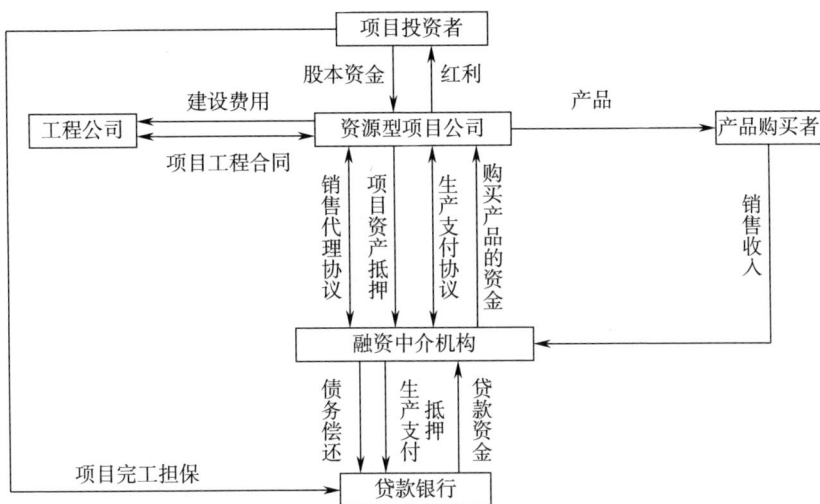

图 24 - 1　以"生产支付"为基础的项目融资结构

（2）资源价格；

（3）生产计划（包括年度开采计划和财务预算等）；

（4）通货膨胀率、汇率、利率和其他因素；

（5）资源税和政府税收等。

三、案例：油田项目开发的产品支付融资

20世纪，美国得克萨斯的油田项目开发商为了解决资金问题，与投资者、贷款人签订协议，达成了以"产品支付"方式归还贷款，也就是贷款人以石油产品支付贷款本息，贷款银行获得石油矿区生产的全部或部分石油产品所有权，这种融资模式实际是基于项目收益而不是企业信用获得贷款，是企业依靠产品或项目收益获得贷款的融资活动，这是产品支付融资的最早模式。

近年来，产品支付融资模式逐步发展和成熟，应用范围越来越大。我国某石油企业近年来采取"产品支付"融资模式实现了油田开发。

其基本操作步骤是：

（1）贷款银行或项目投资者可以成立特殊目的的融资中介机构，从天然气、石油等项目公司购买一定比例的资源产品作为融资的基础。

（2）贷款银行贷款给融资中介机构，融资中介机构根据协议把资金注入天然气或石油项目公司，从那里购买一定的项目产品。天然气公司把产品卖给融

资中介机构，产品定价要考虑借款本金和利息因素。

（3）融资中介机构以产品所有权及购买合同为贷款银行的还款保证。

（4）天然气项目公司从融资中介机构处得到贷款，作为项目建设和资本金。

（5）项目投产后，产品销售模式可以有两种：一是融资中介机构直接销售产品归还贷款本息；二是天然气项目公司以融资中介公司代理人的角色销售产品，获得收入支付融资中介机构，使用这些资金归还银行贷款。

点评：

项目产品支付融资模式一般适用于规模较大、产品总量基本确定的项目融资，或者适用于那些有所有权的项目与产品开发等。

项目公司承诺按照一定的公式（购买价格加利息）安排产品支付，以项目固定资产抵押和完工担保作为项目融资的信用保证。

第二十五章　企业上市融资（模式24）

企业通过在国内、国外证券交易所，实现公开发行股票，获得可用的公开募集资金，开通企业在公开资本市场融资的通道，增加企业直接融资能力，促进企业管理水平提升，提高行业影响力。

一、概述

（一）基本概念

企业上市融资指采用新设、捆绑、借壳等方式，由企业在主板、创业板、科创板、海外市场或新三板等渠道实现公司上市，通过资本市场募集外部资金，再将资金投入地方的基础设施建设中，政府给予特定的政策优惠，完成特定渠道融资的一种模式。

（二）上市本质

上市融资本质是企业所有者通过出售可接收的部分股权，换取企业当期急需的发展资金，依靠资本市场推动企业的业务拓展。

二、条件与流程

（一）申请条件

1.《上海证券交易所股票上市规则（2022年1月修订）》提出：发行人首次公开发行股票后申请其股票在本所上市，应当符合下列条件：

（1）股票已公开发行；

（2）具备健全且运行良好的组织机构；

（3）具有持续经营能力；

（4）公司股本总额不少于人民币5000万元；

（5）公开发行的股份达到公司股份总数的25%以上；公司股本总额超过人

民币 4 亿元的，公开发行股份的比例达到 10% 以上；

（6）公司及其控股股东、实际控制人最近 3 年不存在贪污、贿赂、侵占财产、挪用财产或者破坏社会主义市场经济秩序的刑事犯罪；

（7）最近 3 个会计年度财务会计报告均被出具无保留意见审计报告；

（8）本所要求的其他条件。

2.《北京证券交易所股票上市规则（试行）》（2021 年）规定：发行人申请公开发行并上市，应当符合下列条件：

（1）发行人为在全国股转系统连续挂牌满 12 个月的创新层挂牌公司；

（2）符合中国证券监督管理委员会（以下简称中国证监会）规定的发行条件；

（3）最近一年期末净资产不低于 5000 万元；

（4）向不特定合格投资者公开发行（以下简称公开发行）的股份不少于 100 万股，发行对象不少于 100 人；

（5）公开发行后，公司股本总额不少于 3000 万元；

（6）公开发行后，公司股东人数不少于 200 人，公众股东持股比例不低于公司股本总额的 25%；公司股本总额超过 4 亿元的，公众股东持股比例不低于公司股本总额的 10%；

（7）市值及财务指标符合本规则规定的标准；

（8）本所规定的其他上市条件。

北交所可以根据市场情况，经中国证监会批准，对上市条件和具体标准进行调整。

企业在北京证券交易所上市，发行人申请公开发行并上市，市值及财务指标应当至少符合下列标准中的一项：

（1）预计市值不低于 2 亿元，最近两年净利润均不低于 1500 万元且加权平均净资产收益率平均不低于 8%，或者最近一年净利润不低于 2500 万元且加权平均净资产收益率不低于 8%；

（2）预计市值不低于 4 亿元，最近两年营业收入平均不低于 1 亿元，且最近一年营业收入增长率不低于 30%，最近一年经营活动产生的现金流量净额为正；

（3）预计市值不低于 8 亿元，最近一年营业收入不低于 2 亿元，最近两年研发投入合计占最近两年营业收入合计比例不低于 8%；

（4）预计市值不低于 15 亿元，最近两年研发投入合计不低于 5000 万元。

前款所称预计市值是指以发行人公开发行价格计算的股票市值。

（二）基本流程

企业自筹划改制到完成发行上市总体上需要 3 年左右，主要包含重组改制、尽职调查与辅导、申请文件的制作与申报、发行审核、路演询价与定价及发行与挂牌上市等阶段。如果企业各方面基础较好，需要整改的工作较少，发行上市所需时间相应缩短。

三、案例：友谊股份吸收合并百联股份上市

友谊股份和百联股份均为上海国资委下属从事百货超商类业务上市公司，友谊股份由友谊复星和百联集团分别持有 20.95% 和 6.31% 的股份，同时发行有 B 股。百联股份由百联集团持有 44.01% 的股份。这两家公司在百货业务上存在一定的同业竞争。

（一）交易结构

1. 友谊股份发行股份购买八佰伴 36% 股权和投资公司 100% 股权。

2. 友谊股份换股吸收合并百联股份。

3. 由海通证券向友谊股份异议股东提供收购请求权，向百联股份异议股东提供现金选择权。

4. 1 和 2 的股份定价根据董事会决议公告日前 20 个交易日的 A 股股票交易均价经除息调整后确定。

5. 1 和 2 为资产重组不可分割的一部分。

（二）重点关注

1. 友谊股份同时发行 B 股，同样 B 股股东也涉及现金选择权问题，由于政策的限制，持有 B 股的只能是非居民，境内机构不能持有 B 股，由海通证券的境外子公司向友谊股份 B 股异议股东提供现金选择权。

2. 原百联集团拟作为现金选择权的提供方，但由于百联集团的持股比例比较高，如果再因提供现金选择权导致更高的持股比例，而现金选择权的提供导致增持的股份能否豁免要约，《收购管理办法》尚无明确的规定，因此改由海通证券单独提供现金选择权，避免审核上的障碍。

3. 友谊股份发行股份吸收合并由重组委审核通过，并积极推动上市。

点评：

上市融资是优秀企业的重要选择。通过重组并购上市，友谊股份实现了业务提升，培养了专业团队，塑造了行业品牌。不同的上市融资路径，有着不同的上市条件和要求，需要企业系统解决。

第二十六章　公开直接投资（模式25）

公开直接投资是地方政府对公共基础设施项目或重大工程，依据法律法规要求和审批程序，公开向社会公众、投资机构和个人等进行筹资，进而实现基础设施、重大工程等项目建设。公开直接投资的主要特征是公开性，以及投资者对另一经济体或者项目股份的权利。

一、概述

（一）基本概念

公开直接投资指把属于政府投资的特定领域直接向民间开放，由企业和个人直接投资。

直接投资包括对现金、厂房、机械设备、交通工具、通信、土地或土地使用权等各种有形资产的投资和对专利、商标、咨询服务等无形资产的投资。

（二）证券公司直投业务范围

证券公司开展直接投资业务，应设立子公司（以下简称直投子公司），由直投子公司开展业务。直投子公司限于从事下列业务：

（1）使用自有资金对境内企业进行股权投资；

（2）为客户提供股权投资的财务顾问服务；

（3）设立直投基金，筹集并管理客户资金进行股权投资；

（4）在有效控制风险、保持流动性的前提下，以现金管理为目的，将闲置资金投资于依法公开发行的国债、投资级公司债、货币市场基金、央行票据等风险较低、流动性较强的证券，以及证券投资基金、集合资产管理计划或者专项资产管理计划；

（5）证监会同意的其他业务。

　　民间资本参与政府基础设施建设在国外较普遍，也可建立个体私营投资发展基金，用于对个体私营单位投资发展的担保或以贷款贴息等方式，鼓励私营单位参与基础设施建设。

二、条件与流程

（一）申请条件

证券公司设立直投子公司的基本要求：

（1）公司章程有关对外投资的重要条款应当明确规定公司可以设立直投子公司。

（2）具备较强的资本实力和风险管理能力，以及健全的净资本补足机制。对净资本指标进行敏感性分析和压力测试，以确保设立直投子公司后各项风险控制指标持续符合规定。

（3）经营合法合规，不存在需要整改的重大违规问题。

（4）投资到直投子公司、直投基金、产业基金及基金管理机构的金额合计不超过公司净资本的 15%，并在计算净资本时按照有关规定扣减相关投资。

（5）与直投子公司在人员、机构、财务、资产、经营管理、业务运作等方面相互独立，不得违规干预直投子公司的投资决策。

（6）具有完善的内部控制制度和良好的风险控制机制，能够有效进行风险控制和合规管理，防范与直投子公司发生利益冲突、利益输送风险。

（7）公司网站公开披露公司开展直接投资业务建立的各项制度、防范与直投子公司利益冲突的具体制度安排，以及设立的举报信箱地址或者投诉电话。

（8）除证监会同意之外，公司及相关部门不得借用直投子公司名义或以其他任何方式开展直接投资业务。

（9）担任拟上市企业的辅导机构、财务顾问、保荐机构或者主承销商的，自签订有关协议或者实质开展相关业务之日起，公司的直投子公司、直投基金、产业基金及基金管理机构不得再对该拟上市企业进行投资。

加强公司的人员管理，严禁投行人员及其他从业人员违规从事直接投资业务。保荐代表人及其他投行人员书面承诺勤勉尽责，不向发行人提出不正当要求，不利用工作之便为个人或者他人谋取不正当利益。

证券公司控股其他证券公司的，只能由母公司设立 1 家直投子公司。

（二）主要特征

（1）投资者开办独资企业，直接设厂与开店等，并独自经营。

（2）与当地政府、企业合作开设新的企业，取得各种直接经营企业的权利，进行管理或参与管理。

（3）投资者提供资本，不参与经营，必要时派人担任顾问或指导。

（4）投资者在股票市场买入现有企业股票，通过股权获得全部或部分的经营权，从而达到收购该企业的目的。

（5）投资者将资金借给政府机构或企业，获得借款利息，实现财产增加。

（三）直投子公司开展业务的基本要求

（1）管理人员和从业人员应当专职，不得在证券公司领取报酬；董事长、监事长和总经理、副总经理等管理人员，应当正直诚实、品行良好，具备相应的经营管理和专业能力；董事（包括董事长）、监事（包括监事长）、投资决策委员会成员可以由证券公司不从事投行业务的管理人员和专业人员或者外聘专家兼任；投资决策委员会成员中，直投子公司的人员数量不得低于二分之一，证券公司的人员数量不得超过三分之一，投资决策委员会成员中的证券公司人员，应当限于证券公司从事风险控制、合规管理、财务稽核等工作的人员，不得有证券公司从事投行业务的管理人员和专业人员；董事（包括董事长）、监事（包括监事长）、投资决策委员会成员由证券公司人员兼任的，证券公司和直投子公司应当建立专门的内部控制机制，解决可能产生的利益冲突。

（2）建立健全独立的投资决策机制，明确投资项目选择标准、投资比例限制、投资决策权限以及相关业务流程，提高投资决策、执行、监督的透明度，有效控制和防范决策风险。

（3）建立投资决策回避制度，直投子公司业务人员、投资决策委员会成员或者董事会成员与拟投资项目存在利益关联的，应当回避。

（4）资金投向不得违背国家宏观政策和产业政策。

（5）不得对外提供担保，不得成为对所投资企业的债务承担连带责任的出资人。

（6）建立健全风险控制制度，加强风险管理，有效控制和防范项目运作风险。

（7）通过直投子公司网站公开披露公司名称、注册地、注册资本、业务范围、法人代表等基本情况，公司管理人员、业务人员、投资决策委员会成员的姓名、职务和兼职情况，公司建立的各项内部控制制度，以及防范与证券公司利益冲突的具体制度安排。

（8）建立健全文档管理制度，妥善保管尽职调查报告、项目评估报告、决策记录等资料。

（9）坚持市场化运作原则，引进专业人才，建立专业团队，树立品牌意识，促进合理竞争。

（四）直投子公司设立直投基金应当符合下列要求

（1）直投基金的设立应当符合有关法律法规的规定，方案可行，结构设计合理，各方主体责任清晰明确。

（2）直投基金资金应当以非公开方式筹集，筹集对象限于机构投资者且不得超过五十人；不得采用广告、公开劝诱或者变相公开方式筹集资金。

（3）直投子公司应加强投资者适当性管理，合理确定投资者筛选标准和程序，了解投资者的投资经验、收益预期和风险承受能力，基于了解的情况，按照投资者筛选标准和程序，公平对待潜在投资者，审慎确定适当的资金筹集对象。

（4）直投基金应委托独立的商业银行等第三方机构对基金资产进行托管。

（5）直投基金不得负债经营，不得成为对所投资企业的债务承担连带责任的出资人。

（6）直投基金的投资方向不得违背国家宏观政策和产业政策。

（7）建立健全直投基金的内部控制制度，切实防范直投基金与直投子公司、直投基金管理机构、证券公司之间的利益冲突及利益输送，实现人员、机构、财务、经营管理、业务运作、投资决策等方面相互独立。

（8）建立健全直投基金的投资决策流程和风险控制制度，防范投资风险。

（9）直投子公司由下设基金管理机构管理直投基金的，直投子公司应当持有该基金管理机构 51% 以上股权或者出资，并拥有管理控制权。

直投子公司可以按照市场惯例依法建立其管理团队的跟投机制，证券公司应当禁止证券公司的管理人员和从业人员进行跟投。

证券公司、直投子公司、直投基金管理机构不得以任何方式，对直投基金或者基金出资人的投资收益或者赔偿投资损失作出承诺。

证券公司及直投子公司不得对直投基金或者基金出资人提供担保，或者承担无限连带责任。

三、案例：北汽集团的直投业务

北汽集团是北京市国资委大型制造行业的企业集团，被列入世界 500 强，该集团主要进行汽车零部件、独资合资整车、清洁能源汽车与相关产业投资等重点业务。为了大力推动新能源汽车研发与生产，该集团对资产负债率较高的新能源汽车板块加大了资本金投入与支持，并且以集团借款等方式，提高新能源板块的资本金规模、项目扶持等，不断降低新能源板块的资产负债率，提高其融资扩产与发展能力，较好地提高了新能源产业的科技研发与产业化水平，增强了新能源汽车产业的竞争力。

点评：

直投业务是选择有成长性的先进技术或优质企业，进行直接投资，推动上市融资等，获得良好的投资回报与综合能力。北汽集团发挥国有企业综合优势，聚焦国家节能减碳战略，运用直投措施，大力支持新能源汽车制造与产业研发，同时，履行必要的审批程序，建立完善的筹资机制，加强资金的使用管理和监督，采取合理的信息披露和外部监督方式，向投资人等公开和通报资金使用、项目进展等信息，增强了业务互信与市场影响力。

第二十七章　土地出让融资（模式26）

土地出让融资是地方政府获得财政资金与重大项目开发建设资金的主要途径。该种模式在运用过程中存在地方政府严重依赖土地财政等问题和潜在风险，需要进行结构调整和功能优化。

一、概述

（一）基本概念

土地出让融资指地方政府根据国家法规规定，将可利用的土地资源进行规划开发、有偿使用、公开挂牌使用、获得土地出售等资金，进行重点项目开发与建设的融资模式。

土地是地方政府拥有的国有资产中最大的资产。国家有关法律规定，地方政府可以留存70%的土地出让金。

国有土地使用权出让是指土地使用者向国家交付土地使用权出让费用，国家将土地使用权在一定的年限内予以土地使用者的行为。国有土地使用权出让可以采取下列方式：协议、招标、拍卖。

国有土地使用权让收入通常由土地出让金收入、新增建设用地土地有偿使用费收入、国有土地收益基金收入和农业土地开发资金收入等政府性基金收入构成。

（二）基本优点

（1）资金额度大；

（2）获得成本较低。

（三）主要短板

（1）资金来源不稳定；

（2）管理较宽松；

（3）资金量变化大；

（4）受国家调控政策影响较大。

二、条件与流程

（一）基本条件

1. 土地出让融资的前提

土地储备制度指由政府依照法律规定，运用市场机制，按照土地利用总体规划和城市总体规划，通过收回、收购、置换和征收等方式取得土地，直接或进行前期开发后储备，并以公开招标、拍卖等方式按需供应土地，调控各类建设用地需求的制度。

2. 土地出让融资的理念

一是土地包装。结合出让地特点，引入市场中商品包装的方法，运用政策规划和商业运作两种手段对出让的土地进行包装，使其在出让中实现最大的价值。二是带动效应。筹划土地出让的顺序，使先行出让的土地通过开发带动土地资源整体的增值，使政府在土地出让活动中获取收益。

（二）融资方法

土地出让融资方法主要有：

一是拍卖。拍卖是指在有限的时间内，买受方通过互相加价的方式来竞买，最后以出价最高者胜出。

二是招标。招标实质是买受方自行估价，最后以出价最接近出让方制定的标准者胜出。

三是挂牌。挂牌实质是第一位买受方挂牌公示自己的出价，第二位买受方必须以高于第一位的价格挂牌公示，在预先设定的较长时间内，以最后一位挂牌者胜出（如果挂牌者想参与竞买，可转换为拍卖方式）。

四是抵押贷款。政府把土地出让给国有资产经营管理公司，由其向银行抵押贷款，筹集资金。

五是资本化融资。以土地作为股份，允许国有企业等资金参与，成立股份公司，再利用政府在该公司的股份，向社会吸纳资金。

土地出让金计算方法。土地出让金计算方法分为地面价与楼面价两种。地面价为每平方米土地的单价，以出让金总额除以土地总面积；楼面价为摊到每平方米建筑面积的地价，以出让金总额除以规划允许建造的总建筑面积。投资者以楼面价计算投资效益。

（三）基本流程

1. 前期准备阶段

开展项目可行性研究，测算项目成本及收益。根据城市规划及土地利用规划的要求，确定土地开发的预期目的，预估土地出让价值，即总收益。在研究国家、地方关于开发、征地、整理、拆迁、置换、搬迁、基础设施建设等政策的前提下，预估土地储备总成本。土地融资的用途主要有居民搬迁、企业搬迁和基础设施建设。融资的前期工作包括土地权属调查、企业和居民数量调查及需求调查等，在此基础上估算总投入总支出。若土地出让收益在偿还融资贷款及土地储备成本后有结余，认为项目可行，进入实施阶段。

2. 项目立项阶段

制订项目计划书、分解总体任务、确定各个环节的时间节点，开展环评等前期工作，报国家发展改革委立项。

3. 融资阶段

将征地后没有拆迁的土地由政府下文批复、国土局发证、划归到土地储备中心，定为经营性用地，作为抵押到银行申请贷款。与银行进行沟通，与财政优惠政策结合，建立联动机制，推动银行融资的实现。

三、案例：江苏省上收土地出让融资权

近年来，随着土地资源的紧缺，地方政府平台融资所抵押的土地，逐渐由土地级次高的"商住用地"向"工业用地"转变；由"出让土地"向"划拨土地"转变，部分地方甚至出现了"农用地"、公园等公共用地的抵押情况，土地融资方式已从"抵押"向"担保"转变。

为规范土地出让融资工作，江苏省下发《关于核定土地储备融资规模有关问题的意见》，通过土地规模控制融资规模，地方政府收储或出让土地，都要经由省级审核同意。土地储备机构本年度可融资规模，根据省财政厅核定的土地储备机构本年度债务余额限额、土地储备机构上年度末债务余额确定。

点评：

土地出让融资是地方政府获得开发资金、进行产业园建设和项目开发的重要手段。土地出让融资要遵循一定的审批流程，严格执行国家土地管

理制度，避免乱占耕地和浪费土地资源。江苏省出台《关于核定土地储备融资规模有关问题的意见》，通过限制土地规模控制融资规模，具有重大的现实意义。

第二十八章　员工持股激励（模式27）

员工持股计划也称"职工股票计划"或"雇员股票计划"，是股份公司内部职工持有本公司股票的计划安排。20世纪50年代，由美国加州律师兼经济学家路易斯·凯尔索倡导；60年代初，得到美国参议院以及美国国会的支持。21世纪以来，该模式逐步被引入我国的国企改革等领域。为拓展资金来源，激发国有企业的经营活力，对于科技转化重点项目、成长型企业、竞争性行业或大型国企等，按照国家改革政策部署，可以采取国有企业高管与核心员工持股等方式，实现特定融资筹资，增强本单位凝聚力，稳定核心团队与人才。该类融资活动需要符合国家法律法规的基本要求，并且按照有关程序审批，实行规范的资金筹措与使用管理。

一、概述

（一）基本概念

员工持股计划（简称ESOP）指通过让员工持有本公司股票和期权而使其获得激励的一种长期绩效奖励计划。

通过员工持股计划，可建立员工参与公司经营决策和享有公司成长的机制，有助于提升公司的生产效率，改善公司治理水平，提高公司的综合实力。实际操作中，员工持股计划通常由企业内部员工出资认购本公司的部分股权，并委托员工持股会管理运作，员工持股会代表持股员工进入董事会参与表决和分红。

通过实施职工持股（企业内部筹资）计划，吸收企业高管、员工资金，进行特定项目或基础设施工程等建设，或者设立新企业，进行重点基础设施项目或重大工程建设，同时，通过职工持股，增强企业盈利的分享，增加企业高管与核心人才的凝聚力。

（二）主要分类

（1）股份出让：股份公司通过发行股票筹集高管与员工资金，扩充资金实力，用于发展生产、扩大经营。

（2）项目联营：鼓励高管与职工持股，进行新技术、新项目等投资与筹资，增加资金实力，实现合规合法的员工分红。

（3）合伙经营：员工个人之间共同出资，按照制度要求形成股权关系，共同劳动，共同参与经营。

（4）以资代劳：以出资入股作为在企业就业的基本条件。

（5）利用商业信用：以赊销预付、补偿贸易等商业信用形式，筹集职工资金，以短缺产品换取交易对方的资金。

二、条件与流程

（一）申请条件

国有企业根据国家有关法律规定，实行高管或职工持股，进行混合所有制改革，按照合法、有效的规范、渠道和管理手段，进行内部分持股份与筹资，杜绝非法集资或变相非法集资，增强内部凝聚力。

（二）主要特征

采取适当的高管、职工集资及购买股份等方法，进行重点项目建设，开展混合所有制改革，是筹集特定资金的有效模式。这种模式的核心是增强凝聚力、依法合规，可有效解决发展中的资金不足问题，缓解企业发展的资金压力。

推行职工持股计划的目的是扩大资本所有权，使普通职工享有资本，使其同时获得劳动收入和资本收入，增强职工的参与意识，调动职工的积极性，一般做法是：企业成立职工持股信托基金会，基金会由企业全面担保，贷款认购企业的股票。企业每年按一定比例提取工资总额的一部分，投入职工持股信托基金会以偿还贷款。当贷款还清后，该基金会根据职工工资水平或劳动贡献，把股票分配到"职工持股计划账户"上。职工离开企业或退休，将股票卖给职工持股信托基金会。内部职工股股东有收益权和投票权，没有股份转让权和继承权，职工因故离职或退休时，将股份按照市价转让，或由公司收回，员工取得相应收益。

（三）主要类型

员工持股计划ESOP可分为两类：非杠杆化的ESOP和杠杆化的ESOP。

非杠杆型。非杠杆型的员工持股计划指公司每年向该计划贡献一定数额的公司股票或用于购买股票的现金。员工退休或离开公司时取得股票或现金。

杠杆型。杠杆型的员工持股计划是利用信贷杠杆实现持股计划，它涉及职工持股计划基金会、公司、公司股东和贷款银行等方面：成立职工持股计划信托基金；由公司担保，由该基金出面，以实行职工持股计划为名向银行贷款购买公司股东手中的部分股票，购入的股票由信托基金管理，利用公司利润及其他福利计划转来的资金归还银行贷款；按事先确定的比例将股票转入职工账户，贷款全部还清后，股票全部归职工所有。

三、案例：北京某国有设计院员工持股计划

北京某国有设计院由事业单位改制而来，主要是贯彻落实国资委关于国有混合所有制改革部署，激发员工活力，凝聚高管与专业人才采取的重大措施。该院原先是 100% 国有企业，为了激励员工积极性，该单位报经国资委及主管单位批准，实施高管与员工持股计划，管理者与员工按比例缴纳现金，购买该院股份，同时，保留了一定比例的国有股份，确保大股东是国有企业。通过高管与员工缴纳现金或贷款占有股份，筹集了可用资金，用于招聘员工和开拓新业务，实现了业务快速发展与员工增收。

点评：

国有单位推进混合所有制改革，实施高管与员工缴纳现金或贷款持股，在政府主管单位审核批准的前提下，聚集了可用资金，稳定了团队，凝聚了人才，拓展了业务，实现了高质量发展，取得了显著的融资目标与改革成效。

第二十九章　社会捐赠（模式28）

开展社会经常性的捐赠或捐助活动，为促进社会、经济和文化产业发展，具有重大的现实意义。

建立健全社会捐赠、捐助活动，明确捐赠捐助政策、责任、规范管理与操作，将社会捐赠和捐助纳入公开监督体系，实现社会捐赠活动的制度化、规范化、经常化、法制化。

一、概述

（一）基本概念

社会捐赠是通过宣传城市建设和特定项目的价值，宣传城市发展与项目前景，调动和激励企业家、个人以自愿的方式通过资产、资金和其他实物捐赠，参与和支持城市建设。

公益事业捐赠的受赠人包括依法成立的公益性社会团体以及公益性非营利的事业单位。

公益性社会团体指依法成立的，以发展公益事业为宗旨的基金会、慈善组织等社会团体。

公益性非营利的事业单位指依法成立的，从事公益事业不以营利为目的的教育机构、科学研究机构、医疗卫生机构、社会公共文化机构、社会公共体育机构和社会福利机构等。

公益性捐赠是指纳税人（企业和个人）通过中国境内非营利的社会团体、国家机关，向教育、民政等公益事业和遭受自然灾害地区、贫困地区的捐赠。在税收优惠政策方面，按照性质需求可划分为一般性与特殊性两类。一般性公益捐赠税收优惠政策是在常规形态下，对企业和个人的公益捐赠行为而给予的一项税收减免事项，如企业向养老院捐赠食品等。而特殊性公益捐赠税收优惠政策是在特定的环境下，针对特殊时期而给予的一项临时性的税收减免事项，如扶持脱贫攻坚和打赢新冠病毒疫情防控攻坚而出台的一系列税收优惠政策。

（二）捐赠范围

《中华人民共和国公益事业捐赠法》规定的公益事业捐赠范围包括：

（1）救助灾害、救济贫困、扶助残疾人等困难的社会群体和个人活动。

（2）教育、科学、文化、卫生、体育事业。

（3）环境保护、社会公共设施建设。

（4）促进社会发展和进步的其他社会公共和福利事业。

（三）主要特征

自愿和无偿原则，也是捐赠自身具有的属性。

二、条件与流程

（一）申请条件

（1）捐赠人的捐赠物品或资金属于合法财产；

（2）捐赠人有财产或资金的处置权；

（3）按照捐赠规定，履行有关程序。

（二）基本规定

捐赠财产的使用应当尊重捐赠人的意愿，符合公益目的，不得将捐赠财产挪作他用。

在发生自然灾害时或者境外捐赠人要求县级以上人民政府及其部门作为受赠人时，县级以上人民政府及其部门可以接受捐赠，并依照本法的有关规定对捐赠财产进行管理。

县级以上人民政府及其部门可以将受赠财产转交公益性社会团体或者公益性非营利的事业单位；也可以按照捐赠人的意愿分发或者兴办公益事业，但是不得以本机关为受益对象。

捐赠人可以与受赠人就捐赠财产的种类、质量、数量和用途等内容订立捐赠协议。捐赠人有权决定捐赠的数量、用途和方式。

捐赠人依法履行捐赠协议，按照捐赠协议约定的期限和方式将捐赠财产转移给受赠人。

捐赠人捐赠财产兴建公益事业工程项目，与受赠人订立捐赠协议，对工程项目的资金、建设、管理和使用而作出约定。

捐赠的公益事业工程项目由受赠单位按照国家有关规定办理项目审批手续，并组织施工或者由受赠人和捐赠人共同组织施工。工程质量应当符合国家质量标准。

捐赠的公益事业工程项目竣工后，受赠单位应当将工程建设、建设资金的使用和工程质量验收情况向捐赠人通报。

（三）捐赠财产的使用

受赠人接受捐赠后，向捐赠人出具合法、有效的收据，将受赠财产登记造册，妥善保管。

公益性社会团体应当将受赠财产用于资助符合其宗旨的活动和事业。对于接受的救助灾害的捐赠财产，应当及时用于救助活动。基金会每年用于资助公益事业的资金数额，不得低于国家规定的比例。公益性社会团体应当严格遵守国家的有关规定，按照合法、安全、有效的原则，积极实现捐赠财产的保值增值。

公益性非营利的事业单位应当将受赠财产用于发展本单位的公益事业，不得挪作他用。对于不易储存、运输和超过实际需要的受赠财产，受赠人可以变卖，所取得的全部收入，应当用于捐赠目的。

受赠人与捐赠人订立了捐赠协议的，应当按照协议约定的用途使用捐赠财产，不得擅自改变捐赠财产的用途。如果确需改变用途的，应当征得捐赠人的同意。受赠人每年度应当向政府有关部门报告受赠财产的使用、管理情况，接受监督。必要时，政府有关部门可以对其财务进行审计。

海关对减免关税的捐赠物品依法实施监督和管理。县级以上人民政府侨务部门可以参与对华侨向境内捐赠财产使用与管理的监督。

捐赠人有权向受赠人查询捐赠财产的使用、管理情况，并提出意见和建议。对于捐赠人的查询，受赠人应当如实答复。

（四）主要流程

（1）企业或个人提出捐赠意向；

（2）红十字会或政府审核捐赠；

（3）接受捐赠，开具回单；

（4）捐赠物品使用和发放，日常管理等。

三、案例：曹德旺捐款百亿元

曹德旺曾参观万福寺，万福寺很久没有修缮，方丈说"重修寺庙需要 1600 万元"。曹德旺花了 2.5 亿元帮助寺庙修缮，却不参与管理。

曹德旺是我国捐款最多的企业家，根据福耀集团披露的数据，2020 年，曹德旺总捐赠额达 15.5 亿元，为历年之最。从 1983 年始做慈善，据说共捐了 160 多亿元。2023 年 1 月 14 日，在央视播出的《对话》节目中，福耀集团董事长曹德旺表示：我现在捐了 100 亿元建一所大学，我要找名师当校长，请名师教学生，把它变成世界一流的名校，这才是我的志向。大学要针对社会需求的转型来培养人才。

点评：

社会捐赠是一种有效的融资手段，也是一种善举，被捐赠人要遵守有关法律规定，用好捐赠资金，积极做公益性事业或捐款人约定的事情，避免出现捐款被截留等问题。

第三十章　专项资金（模式 29）

专项资金是国家和地方政府用于特定行业或重大项目的特定资金，具有扶持性、资助性等基本特征。地方政府和政府控股企业通过申请专项资金，可以获得产业发展与城市基础设施建设需要的资金支持。

一、概述

（一）基本概念

财政专项资金（以下简称专项资金），是指上级人民政府拨付本行政区域和本级人民政府安排的用于社会管理、公共事业发展、社会保障、经济建设以及政策补贴等方面具有指定用途的资金。这种资金都会要求进行单独核算，专款专用，不能挪作他用。

专项资金有三个特点：一是来源于财政或上级单位；二是用于特定事项；三是需要单独核算。专项资金按其形成来源主要可分为专用基金、专用拨款和专项借款三类。

申请专项资金指利用多种信息与资源，跟踪与研究国家、部委和省市有关政策，主动包装、整理和设计重点产业或项目，申请部委和各级政府机构的专项资金，低息、无息或无偿资金，产业扶持资金，科技研发资金等，用于特定地区的基础设施建设、公益性项目、农村扶贫或新兴产业园建设等的一种融资模式。

国家专项资金指国家用于重点建设项目和支持地方项目的专项资金。主要特点是专款专用。

（二）专项资金用途

从财政资金管理的情况看，在日常操作中，一般采用的是"扣除界定法"，即扣除经常性经费以外的，由财政安排或追加以及上级单位拨付的财政资金，全部作为专项资金。

专项资金用途：

一是用于投资补助和奖励。投资补助是指政府部门对符合条件的企业投资项目和下一级地方政府投资项目给予的投资资金补助，一般政府给予的投资补助不高于总投资额度的 30%。奖励是政府部门对表现突出、业绩优异、具有重大创新贡献企业的一种鼓励政策，奖励额度视具体情况而定。

二是用于贷款贴息和转贷贴息，是指政府部门对符合条件、使用了中长期银行贷款的投资项目给予的贷款利息贴息。

从支出用途分类，可以将专项资金分为基本建设支出、专项业务费、专项支出购置、专项修缮和其他专项等。

专项资金制度规定：

一是专项资金实行"专人管理、专户储存、专账核算、专项使用"。

二是资金的拨付本着专款专用的原则，严格执行项目资金批准的使用计划和项目批复内容，不准擅自调项、扩项、缩项，更不准拆借、挪用、挤占和随意扣压；资金拨付动向，按不同专项资金的要求执行，不准任意改变；特殊情况，必须请示。

三是严格专项资金初审、审核制度，不准缺项和越程序办理手续，各类专项资金审批程序，以该专项资金审批表所列内容和文件要求为准。

四是专项资金报账拨付要附真实、有效、合法的凭证。

五是加强审计监督，实行单项工程决算审计，整体项目验收审计，年度资金收支审计。

六是对专项资金要定期或不定期进行督查，确保项目资金专款专用，要全程参与项目验收和采购项目交接。

二、条件与流程

（一）申请条件

（1）根据各类专项资金的文件要求和使用领域等予以确定；

（2）履行一定的审批程序与申报资质；

（3）国家部委或各级政府审核同意后予以划拨，监督使用；

（4）其他规定的提交资料和程序。

（二）主要特征

（1）无须偿还或低成本使用。部分资金是无偿拨付，部分是低利息或无利息使用，资金成本相对低。

（2）投向特定的用途、重点产业或重大项目。

（3）需要履行必要的审核程序，或委托第三方专家审核确认。

（4）资金额度不一，分散在不同部委，或者在不同的政府职能机构，如财政部的清洁生产专项资金、科技部的国家级星火计划项目等。

（三）使用原则

（1）统筹规划。省级财政部门应当会同有关部门和单位，结合本省（自治区、直辖市、计划单列市、新疆生产建设兵团，下同）经济社会发展规划、科技发展实际需求和现有科技资源布局，编制本省科技基础条件建设五年规划，并在规划内确定分年度支持重点。

（2）突出重点。专项资金应当集中财力办大事，重点支持能够提升本地区、单位科技创新能力或科学普及水平的项目。

（3）倾斜扶持。专项资金对中西部地区给予适当倾斜扶持。

（4）专款专用。专项资金应当按照规定用途专款专用，不得用于本办法规定范围以外的项目，不得抵顶单位行政、事业经费。各级科技、财政部门和有关单位不得截留、挪用和挤占。

（四）主要问题

（1）利用职权挤占挪用；

（2）变相挤占，如挪用资金盖楼房、买汽车；

（3）弄虚作假，账目混乱；

（4）长期占用。

（五）主要流程

（1）研究专项资金类别和条件；

（2）研究申报单位条件和资格。如果符合，根据规定流程申报，提交有关资料文件等；

（3）部委、各级政府组织专家评审，或委托外部中介机构评审，如需要组织现场答辩或企业考察；

（4）评审通过，有关部委或地方政府审批；

（5）发放专项资金并监督使用；

（6）有关部门提交专项资金使用效果分析报告或进行评估等。

三、案例：国家强化中小企业发展专项资金管理

为了强化中小企业发展专项资金的管理，国家部委出台了扶持政策。

《中小企业发展专项资金管理暂行办法》等对专项资金的支持方向、支持重点、项目要求的条件和申报程序作出明确规定。

各地中小企业主管部门会同同级财政部门加强对项目的筛选和核实，确保申报材料的真实性、有效性，提高项目的质量。同时，上报的项目进行公示以后才能上报。

工信部会同财政部建立专家评审制度，组织专家对上报的项目进行评审、论证。根据专家的评审论证意见，工信部提出项目建议以后，会在网上进行公示。对公示当中提出疑义的项目，工信部会组织调查核实；对公示以后没有疑义的或者经过核实没有问题的，工信部将予以支持。

加强对专项资金项目的监督。各级中小企业主管部门负责对项目的实施情况进行监督检查，各级财政部门负责对资金的使用情况进行监督检查。对于违反规定使用或者有骗取资金行为的，该项目单位 3 年内不得申请专项资金的扶持，并且依照国家有关规定进行处理。

点评：

中小企业发展专项资金是国家为鼓励中小企业发展而设立的专项资金，由国家发展改革委、工信部等管理与监督使用。专项资金的申请与使用要满足有关政策要求，真实完整地提交申请资料，不能弄虚作假。

第三十一章　民间资本融资（模式30）

民间资本融资是相对于国家依法批准设立的金融机构融资而言的，指自然人、非金融企业及其他经济主体（财政除外）之间，以货币资金为标的的价值转移与本息支付。民间资本融资近年来在我国得到了较快发展。民间融资的发展与资金的提供者相关，也与金融市场的发达程度有关，同时受制于国家宏观调控政策与法律约束。

一、概述

（一）基本概念

民间资本融资指城镇居民将闲置或储蓄货币转化为投资资本。

民间资本指私营企业和个人的资金。其中，个人投资包括全体公民的个人投资。

民间资本运作指运用市场法则，通过资本运作或资本的运动，实现价值增值、效益增长的一种经营方式。

民间借贷指公民之间、公民与法人之间、公民与其他组织之间的资金借贷。只要双方当事人意思表示真实就可认定有效，因借贷产生的抵押相应有效，但是该利率不得超过人民银行规定的相关利率。

民间借贷分为民间个人借贷、公民与金融企业之间的借贷两类。

（二）主要分类

世界各国民间资本参与基础设施的模式，包括但不限于：经营业绩协议、服务合同、管理合同、租赁合同、特许经营、BOT合同、国有企业改革、PPP等模式。

我国民间资本的主要种类，包括但不限于：

（1）经营型民间资本，指民间法人和个人投资的实业资本，包括集体、联营、个体、私营、非国有股份制五种经济类型的投资总和。

（2）金融型民间资本，指居民储蓄存款、国库券、企业债券、股票、外汇券等各种有价证券。

（3）现金型民间资本，指城乡居民手持现金总额。

（4）不动产型民间资本，指民间法人和个人拥有的，用于出租的房屋和土地等。

二、条件与流程

（一）申请条件

不同的民间资本的申请条件不一致。如储蓄存款可以到银行柜台或网上办理；直接投资到地方公益性项目的，可以根据有关项目要求，办理资金结算等手续。

（二）主要流程

不同的民间资本的业务流程不一样，需要根据具体类型确定。

（三）实践认定

实践中对于下列情形之一的，认定借贷合同无效：

（1）企业以借贷名义向职工非法集资。

（2）企业以借贷名义向社会非法集资。

（3）企业以借贷名义向社会公众发放贷款。

（4）其他违反法律、行政法规的借贷行为。

三、案例：地方养老院的民间资本建设

我国进入了老龄化时代，全国已有超过 2.6 亿老年人。因此，建设养老院等项目缺口极大，考虑到国家和地方财政资金紧张，借鉴欧美国家实践经验，可以探索由地方政府投资管理的国有企业参股或控股，邀请国有企业、民营企业、乡贤人士、社区居民、行业机构等民间资本积极参与，以股权、债券等模式，参与养老院、社区医疗等公益性项目建设，积极探索社会资本、本地居民参与项目运营等改革试点，有效聚集民间资本，参与养老、医疗、托幼等公益性、普惠性项目的开发建设，以及参与后续持续性经营与监督。同时，建议出台政策办法，给予民间资本投资之后的养老、医疗、教育等优先权，采取积分管理等体制机制，为我国基础教育、社区养老、养老院、医疗保健等公益性项

目建设提供全新的融资运营模式。

点评：

政府短板项目、养老医疗与托幼等项目，资金缺口大，居民需求多，可以采取政策引导、国企牵头，各类社会资本投资等模式，进行项目筹资与运营创新，打造新时代城市公共服务与养老医疗项目的新业态、新模式。

第三十二章　增资扩股（模式31）

增资扩股融资指企业根据发展的需要，扩大股本，融入所需的资金。与借入资金比较，该模式更能提高企业的资信和借款能力，对扩大经营规模、壮大企业实力有重要作用。

一、概述

（一）基本概念

增资扩股融资指根据企业的发展需要，通过扩大股本进行融资的一种模式。

上市公司增资扩股融资指上市公司向社会公开发行新股，包括向原股东配售新股和向全社会公众发售股票（增发）。

非上市企业采用增资扩股融资方式筹集资金，实际上是吸收直接投资者，扩大资金来源。投资者可以以现金、厂房、机器设备、材料物资、无形资产等多种方式向企业投资。

增资扩股、吸收直接投资一般是在企业快速成长和发展时采用的筹资方式。在吸收投资前，须确定所需资金量，邀请出资机构调研企业经营与财务状况。寻找目标企业，双方协商，确定投资的数量和投资方式。

（二）增资纳税规定

增资扩股过程中的纳税问题包括：

（1）以未分配利润和任意公积金转增注册资本，属于股息、红利性质的分配。对自然人股东取得的转增资本数额，作为个人所得征税（法人股东无须缴税）。用于转增的未分配利润应当扣除截至转增时点应纳的税收金额，因为公司很可能没有按期缴纳税款，或者缴纳日期晚于转增日期，则在增资扩股时首先需要扣除相应的税款。

（2）《国家税务总局关于股份制企业转增股本和派发红股免征个人所得税

的通知》（国税发〔1997〕198号）规定，股份制企业用资本公积金转增股本不属于股息、红利性质的分配，对个人取得的转增股本数额，不作为个人所得，不征收个人所得税。

（三）基本分类

按照扩充股权价格和股权原有账面价格的关系，可分为溢价扩股、平价扩股。

按照资金来源，可分为内源增资扩股（集资）与外源增资扩股（私募）。

二、条件与流程

（一）申请条件

（1）企业是非股份制企业，包括国有企业、集体企业、合资或合营企业等。股份制企业按规定以发行股票模式取得自有资金。

（2）通过增资扩股取得的实物资产或无形资源，必须符合生产经营、科研开发的需要，在技术上能消化利用。

（3）通过吸收直接投资取得的非现金资产，须经过公正合理估价。

（二）主要特征

（1）主要优点：一是利用直接投资所筹集的资金属于自有资本，能提高企业资信和借款能力。二是吸收直接投资可以筹得现金，直接获得其所需要的先进设备与技术，尽快形成生产经营能力。三是企业根据经营状况向投资者支付报酬，报酬支付比较灵活，没有固定支付的压力，财务风险较小。

（2）主要缺点：一是吸收直接投资支付的资金成本较高。二是吸收直接投资降低了地方政府投资载体的控制权。

（三）基本流程

（1）确定筹资数量。主要考虑资金规模和资金来源结构等，确保资本金的收益最大化。

（2）筛选投资机构。进行投资宣传，确立投资机构。

（3）协商投资事项。寻找投资单位后，进行具体协商，以确定投资的数量和出资模式。

（4）签署投资协议。双方经多次协商，确立实物投资、工业产权投资、场地使用权投资的作价与报酬等。签署投资协议或合同，明确双方的权利和责任。

（5）共同经营，共享利润。根据出资协议规定的出资期限和出资模式，进行资金结算或资产交割，对企业经营管理共享利润、共担风险。

（四）常见的增资扩股方式

（1）以公司未分配利润、公积金转增注册资本。依据《公司法》规定，公司税后利润首先必须用于弥补亏损和提取法定公积金（提取比例为 10%，公司法定公积金累计额超过公司注册资本 50% 的，可以不再提取），有剩余的，方可在股东之间进行分配。分配公司利润时，经股东大会决议，可将之直接转增注册资本，增加股东的出资额。依据《公司法》第一百六十九条规定，增加公司资本是公积金的用途之一，需要注意的是，法定公积金转为注册资本时，所留存的该项公积金不得少于转增前公司注册资本的 25%。另外，公司以未分配利润、公积金转增注册资本的，除非公司章程有特殊规定，否则有限责任公司应按照股东实缴的出资比例、股份有限公司应当按照股东持有的股份比例增加股东的注册资本。

（2）公司原股东增加出资。公司股东还可以依据《公司法》第二十七条规定，将货币或者其他非货币财产作价投入公司，直接增加公司的注册资本。需要注意的是，作为出资的非货币财产应当评估作价，核实财产，不得高估或者低估作价；作为出资的货币财产应当存入公司所设银行账户，作为出资的非货币财产应当依法办理其财产权的转移手续。

（3）新股东投资入股。增资扩股时，战略投资者可以通过投资入股的方式成为公司的新股东。新股东投资入股的价格，一般根据公司净资产与注册资本之比确定，溢价部分应当计入资本公积。上市公司发行的可转换债券也可转换为公司注册资本，转换后公司注册资本增加，债券持有人身份从公司债权人转换成为公司股东。

上述几种增资扩股方式可以混合使用。

三、案例：山东交运集团增资扩股

山东省交通运输集团有限公司（以下简称山东交运集团）通过山东产权交易中心，发布混合所有制改革项目增资扩股公告，允许战略投资者、员工持股平台，以 4.27 亿元的价格收购 63% 股份。这是山东大型省属国企推动混合所有制改革，山东省社保基金理事会也将实现成立之后的首次溢价退出。

山东交运集团成立于 1989 年 11 月，注册资本 2.69 亿元，此前由国资委作为唯一出资人，集团 70% 股权划转至省国资委新成立的全资子公司——山东国惠投资有限公司（以下简称国惠投资），30％股权划转至省社保基金理事会。

本次混改项目主要是：山东交运集团将增资 1.39 亿元，占增资后集团总股本的 20.58％，其中的 6237.57 万元的份额，将允许不少于两家战略投资者认购，其余的 7754.34 万元份额由集团内部职工认购。

上述两类社会资本在认购山东交运集团增发股份的同时，要同时满足另一项要求：战略投资者需受让山东省社保基金理事会享有的集团股东权益 1.62 亿元，员工持股平台需受让国惠投资享有的集团股东权益 1.26 亿元。

依照上述要求完成混改后，山东交运集团注册资本将变更为 6.8 亿元，其中国惠投资出资 2.52 亿元，持股 37％，员工持股平台出资 2.04 亿元，持股 30％，战略投资者出资 2.24 亿元，持股 33％。这是基金会首次转让持有的企业股权，在实现社保基金保值增值的同时，也服务于山东交运集团引进战略投资者的需要。

点评：

增资扩股是优秀企业实现产业转型、推动企业股权改革，有效融通社会资金的重要手段。山东交运集团通过增资扩股，引进了可用资金，实现了员工持股，完成了股权重组，有助于调动员工积极性，优化企业经营管理，集中资金，开发新的重点产业和大型项目，推动企业高质量发展。

第三十三章　风险投资基金（模式32）

风险投资指由投资机构投入新兴、快速发展、有巨大竞争潜力的企业或产业中的一种权益资本。

一、概述

（一）基本概念

风险投资指把资本投向有较高风险的高新技术及其产品的研究开发领域，目的是促使高新技术成果商品化、产业化，进而取得高资本收益的一种投资过程。

风险投资基金以一定的方式吸收机构和个人的资金，以股权投资的方式，投向那些不具备上市资格的新兴的、迅速发展的、具有巨大竞争潜力的企业，帮助所投资的企业尽快成熟，取得上市资格。

（二）基金分类

风险投资基金可分为欧洲型和亚洲型两类。

基金投资人的权益主要是选择管理人的权利、收益权、知情权等。

一般可将风险投资分为：种子资本（Seed Capital）、导入资本（Start－Up Funds）、发展资本（Development Capital）、风险并购资本（Venture Capital）。

（三）发行方法

风险投资基金主要有两种：

（1）私募的公司风险投资基金。通常由风险投资公司发起，出资1%左右，称为普通合伙人，其余99%吸收企业或金融保险机构等机构投资人出资，称为有限合伙人，只承担有限责任。

（2）向社会投资人公开募集并上市流通的风险投资基金。目的是吸收社会公众关注和支持高科技产业的风险投资，既满足高风险投资的渴望，又给予高收益的回报。这类基金是封闭型的，上市后可自由转让。

二、条件与流程

（一）申请条件

投资对象主要是不具备上市资格的、小型的、新兴的或未成立的高新技术企业。

（二）运作过程

市场主体：投资者、风险投资公司、风险企业。运行过程：进入、经营、退出。企业发展阶段：种子期、创建期、扩展期、成熟期。

（三）主要特征

（1）高风险。选择的风险企业比一般企业有更高的风险。

（2）高回报。风险投资的回报率一般高出银行贷款利率 1 倍以上，有的高达 4~5 倍甚至更高。

（3）风险投资对象主要是高科技企业。风险企业一般是中小型企业，多为高新技术企业。多数风险企业先有科研成果，再融资实现技术的商品化、产业化，这类企业有更大的灵活性，规模小、投资小，风险相对有限。

（4）风险投资是长期的、流动性低的权益资本，是为了高增值和高收益，平均投资时间为 5~7 年。

（5）风险投资有很强的参与性。风险投资公司在向高技术风险企业投入资金的同时，也参与企业或项目管理。

（四）投资周期

一般风险投资资金是 2~5 年。

（五）投资回报率

相当高，平均 20%~40%。

（六）投资目的

注入资金或技术，取得部分股权，促进受资公司发展，通过资本增值、股票上涨获利。

（七）获利方式

企业上市或转让股权（退出机制）。

（八）投入阶段

企业发展初期、扩充阶段。

（九）主要流程

（1）初审：审核企业经营计划和摘要是否有吸引力。

（2）风险投资家之间的磋商：主要合伙人定期交流，决策要谈判的项目。

（3）面谈：与企业家接触，直接了解其背景、管理队伍和企业。

（4）审慎性审查：对企业进行详尽的、全面的调查和评估。

（5）条款清单：列出清单，逐条谈判。

（6）签订合同：修正完成商业计划，选取适当的折现率，计算风险企业的净现值。

（7）投资生效后的监管：风险投资家组织进行投资后的监管。

（十）管理方式

通过金融契约对风险企业进行监管。在风险企业的董事会中，风险投资基金会要求更多的决策权，并同企业签订相应的监管契约，这使得风险投资基金既是传统意义上的投资者，也是为企业发展出谋划策的股东。

通过分阶段投资对风险企业进行监管。风险投资的轮数与风险企业生命周期密切相关。当投资项目的净现值为负时，分阶段投资使得风险投资基金保留了放弃投资的权利，同时也激励了企业家努力拓展。这使得风险投资基金获得了有价期权。

通过董事会对风险企业进行监管。风险投资基金与普通机构投资者有所不同。大多数机构投资者在董事会中没有席位，他们关心董事会的组成结构、CEO 与管理人员之间的工作关系及其维护董事会的独立性。风险投资基金更偏向于作为董事会里的重要股东。

通过与管理者的密切联系对风险企业实行监管。风险投资基金除了参与股东大会，每年还要与风险企业的管理层接触交流。尤其是在企业的成长期，风险投资基金要雇用和挑选管理团队、改良企业资本结构，制定商业计划，辅导企业成长。

三、案例：风险投资项目的商业策划

开展重大项目策划，撰写高质量的商业计划书，是获得投资人青睐与认可，进而获得风险投资的重要保障。进行项目策划并撰写商业计划书的内容包括：

（1）项目摘要

项目摘要是商业计划书的核心观点，应包含项目介绍的要点，简单清晰，

使投资人在最短时间内评审项目并作出判断。

项目摘要包括但不限于：一是企业概况，包括企业介绍、发展战略、发展目标、主要产品、业务范围、市场格局、营销策略、销售计划、生产计划、管理者、组织结构、财务预算、资金需求等。二是产业基础，包括企业现状、项目背景、经营范围和投资需求，阐述企业优势，以及发展潜力等。三是竞争格局，包括企业家背景、经历、经验、能力等，所处行业、主要产品、目标市场、消费者、合伙人、投资人、竞争对手、行业技术等。

（2）产品（服务）介绍

重点介绍产品概念、性能、特性、市场竞争、技术研发、产业化、成本分析、市场预测、品牌和专利等。

（3）组织结构

重点介绍管理队伍，管理人员应该与技术、管理、促销等核心成员优势互补，相互合作。对主要管理人员重点介绍其学历、能力、职务、责任、优势、公司结构、部门设置、业务流程等；部门负责人及主要成员；报酬；股东名单，认股权、持股比例和特权；董事会成员；董事等。

（4）市场预测

重点对市场需求和市场竞争进行预测，包括市场现状、竞争对手、目标顾客、目标市场、本企业产品的市场地位、市场区位、主要特征、竞争潜力等。

（5）营销策略重点介绍市场分析、市场机构、营销渠道、营销队伍、营销管理、促销计划、广告策略、价格决策等。

（6）制造计划

重点介绍车间情况、产品制造、技术设备、新产品投产计划、技术研发、设备更新、质量控制、质量改进、工艺改造、自动化等。

（7）财务计划

包括本商业计划书的假设、预计资产负债表、预计损益表、现金收支分析、资金来源、资金使用、风险控制等。

（8）环境评估

重点介绍国家政策适应性、环境影响、就业贡献、能源消耗、产量和规模、产业带动、对股东回报等。

撰写商业计划书的基本技巧如下：一是精简清晰，重点阐述经营计划和预算等。二是公司介绍优先，描述公司业务和基本情况。三是描绘公司目标，给投资人决策依据。四是介绍实现目标的策略与手段，给投资人信心。五是介绍需要的资金、时间和用途，便于投资人测算和评估。六是制定清晰、可行、有助于投资人退出的路径，指明投资人实现资金回笼的渠道。七是重点介绍本企业的经营风险、环境保护、社会贡献等。八是展示翔实的资料、数据和分析逻辑。九是专业的包装与装订等。十是电子版的存储与简洁的报表资料。

点评：

风险投资基金是重要的投资模式，撰写商业计划书是吸引风险投资的基础工作，应该高度重视，研究撰写技巧。风险投资基金商业计划书应体现特定项目的实施主体、项目概况、管理团队、发展前景、财务状况、还款来源、退出机制以及风险控制等。

第三十四章 REITs 融资（模式 33）

房地产投资信托是以发行收益凭证的方式汇集特定多数投资者的资金，由专门投资机构进行房地产投资经营管理，投资收益按比例分配给投资者的一种信托基金。REITs 可以封闭运行，也可以上市交易流通，类似于开放式基金与封闭式基金，该类融资业务有避税的功能。

一、概述

（一）基本概念

REITs（Real Estate Investment Trust）即房地产信托投资基金，是一种以发行收益凭证的方式汇集特定多数投资者的资金，由专门投资机构进行房地产投资经营管理，并将投资综合收益按比例分配给投资者的一种信托基金。房地产信托投资基金通常集中投资于可带来收入的房地产项目。

RETIs 诞生于 20 世纪 60 年代的美国，在 20 世纪 60 年代后期，美国、日本等发达国家形成了初步成熟的房地产证券化模式，在 20 世纪 80 年代后期，房地产证券化迅猛发展，英国、加拿大等国家和地区逐步推动该业务。

2002 年，我国开展信托业务后逐步涉及房地产信托业务。2005 年，银监会颁布《加强信托公司部分风险业务提示的通知》，对房地产信托发行的门槛进行了严格规定。2006 年，证监会于深交所启动推出国内交易所 REITs 产品的工作。房地产限制外资政策发布。2008 年，央行发布《2007 年中国金融市场发展报告》。2009 年，央行联合银监会、证监会等 11 个部委成立 "REITs 试点管理协调小组"，制定了试点实施方案。2010 年，住建部等七部门联合发布《关于加快发展公共租赁住房的指导意见》。2017 年，中国证券投资基金业协会研究推动 "公募基金+资产证券化" 的房地产投资信托基金（REITs）模式。截至2022 年 6 月，存续企业资产证券化产品共计 2138 只，存续规模 20388.14 亿元。

从基础资产二级分类来看，应收账款、商业不动产抵押贷款（CMBS）、小额贷款债权、融资租赁债权、类 REITs 以及基础设施类收费存续规模合计 16879.56 亿元，占总存续规模的 82.79%。其中，类 REITs 存续数量为 76 只，存续规模为 1440.17 亿元。购房尾款、保障房、基础设施公募 REITs 等其他类别基础资产存续规模合计 3508.6 亿元，占总存续规模的 17.21%。

（二）主要分类

根据投资形式不同，REITs 分为契约型、公司制、有限合伙制，其中契约型 REITs 载体为基金或信托；根据收入来源不同，REITs 划分为权益型和抵押型，权益型 REITs 持有物业所有权，而抵押型 REITs 是投资房地产抵押贷款，本身并不持有物业；依据资金的期限长短，将 REITs 划分为封闭式和开放式；根据发行方式不同，可将 REITs 分为私募 REITs 和公募 REITs。

类 REITs 产品指在上海证券交易所、深圳证券交易所等交易场所发行的类 REITs 资产证券化产品，通过多层 SPV（Special Purpose Vehicle，特殊目的载体）的架构设计，使投资者可间接持有标的物业资产，享有固定收益以及资产增值。2022 年公募市场共成立了 13 只 REITs 产品，发行份额共计 74 亿份，整体发行规模约 419.48 亿元，总市值约 420.46 亿元。国内类 REITs 产品主要以资产支持证券或公募基金为发行载体，具体可分为交易所 REITs、公募基金 REITs 和银行间 REITs 三大类。

二、条件与流程

（一）申请条件

我国的房地产投资信托属于契约型，信托投资公司推出信托计划，由投资者与信托公司签订信托合同，每份合同有最低的认购金额。

（二）主要特征

（1）混合的组织。REITs 的组织形式灵活，可以是信托组织、公司、未注册团体，它享有类似合伙组织的税收优惠，股东享有公司制的有限责任和股份高度流通性。

（2）消极的投资行为。房地产公司不直接进行房地产管理和运作，只是对房地产管理业务进行决策，信托资产管理聘请独立的房地产投资顾问或承包商实施。

（3）严格的资产结构。

（4）优惠的税收。REITs 可以获得税收待遇，避免了双重纳税。

（5）证券化的模式。采取股票或受益凭证等证券化的模式，吸收投资者资金，允许上市交易，流通性好。

（三）基本流程

（1）签订合同并报批：房地产投资信托公司在募集基金前，先与基金保管银行签订房地产投资信托合同并报证券交易委员会批准。

（2）编制公开募集说明书：依规定编制公开募集说明书，其受益凭证委托证券承销商负责办理。

（3）签订投资委托合同：房地产投资信托公司与建筑管理公司或特定专业公司签订房地产投资委托合同。

（4）委托保管银行：经发行受益凭证所募集的信托基金，委托基金保管银行并由其设立房地产投资信托基金专户代为保管。

（5）投资评估：建筑管理公司按合同规定对各种房地产证券的投资安全性、营利性、证券组合及其价值进行评估。

（6）产权登记：将所取得的房地产投资标的产权登记在房地产投资信托基金专户名下。

（7）专业建议：公司方面提供专业建议并指示保管银行执行信托基金运用的有关事宜。

（8）收益专户保管：房地产投资信托基金标的所获得的投资信托收益，也并入基金资金纳入专户保管。

（9）支付费用：由保管银行根据委托合同从基金专户支付建筑管理公司的委托费用，保管银行依据房地产投资信托合同收取基金保管费。

（10）收益分配：保管银行按照房地产投资信托合同将基金收益按时分配给凭证持有人。

三、案例：普洛斯物流园区 REITs 项目

普洛斯物流园区 REITs 项目是国家发展改革委公布 24 个盘活存量资产扩大有效投资典型案例之一，荣获上海证券交易所债券市场 2021 年度"优秀基础设施公募 REITs 参与人"奖项。

普洛斯物流园区 REITs 项目盘活的基础设施资产为 7 个仓储物流园，分布于京津冀、长三角、粤港澳大湾区的核心集散地，建筑面积合计约 70.5 万平方

米，资产估值合计 53.46 亿元，主要收入为租金及管理费。截至 2021 年底有效市场化租户合计为 53 个，出租率为 98.78%。收入来源较为分散，租户质量较高。

普洛斯主要以仓储物流、数据中心、新能源为主营业务，需要盘活现有资产，释放沉淀资金投资新项目，实现资金更加高效的配置。7 个仓储物流园地理位置优越。项目所在地周边高速公路较为密集，交通网络较成熟，园区出入口邻次干道，通达性较好。7 个园区基本位于城区周边，为物流终端配送提供便利。周边配套公共服务设施较为完善，自然环境及人文环境良好。项目选址初期，考虑区域整体产业规划和成长，故 7 个物流园周边产业集聚度高，产业氛围浓厚。

2021 年 4 月，普洛斯开始提交基础设施公募 REITs 项目申报材料。2021 年 5 月 17 日，普洛斯申报的基础设施公募 REITs 项目经上交所审核通过后，获得中国证监会准予注册的批复，该 REITs 正式进入公开募集发售阶段。2021 年 6 月，普洛斯物流园区 REITs 项目通过在上海证券交易所发行基础设施 REITs，首次发行实际募集金额 58.35 亿元，成功盘活存量资产。2022 年 9 月 27 日，普洛斯 REITs 率先开启扩募，致力于在"盘活存量资产，扩大有效投资"方面参与更多试点与创新。

普洛斯 REITs 是中国首批基础设施公募 REITs 之一。项下资产一直保持高效稳定的运营，有力地承载和支持了所在地区的民生和经济发展，是高标准现代化园区的行业标杆。作为普洛斯 REITs 的原始权益人及外部管理机构，普洛斯将 ESG 融入资产运营管理的各个环节，助力实体经济以更高效率、更绿色环保的方式进入下一轮增长。普洛斯 REITs 项下资产管理从园区屋顶光伏、新能源充电桩等细节入手，促进空间、能源、车辆等园区内关键要素更加高效、低碳，并结合客户的需求制定节能降耗方案，真正实现"双碳"目标。

2022 年 9 月 27 日，普洛斯 REITs 率先开启扩募，致力于在"盘活存量资产、扩大有效投资"方面参与更多试点与创新。此轮扩募拟购入的基础设施项目，是对普洛斯 REITs 已有资产覆盖区域的有益补充，分散地域风险的同时拓展园区服务辐射范围，形成全国网络化布局，兼顾稳定性与成长性。同时，普洛斯将不断提升普洛斯 REITs 项下园区智慧化、零碳化运营水准，为客户和投资人持续创造更大价值。

点评：

根据国家发展改革委发布的典型案例经验材料，普洛斯 REITs 具有如下特点：一是市场化程度高。仓储类型的项目采取 REITs 盘活资产，选择基础资产多、运营市场化程度高的仓储中心。二是盘活规模大。本项目的发行规模为58.35 亿元，是首批产权类基础设施 REITs 中规模最大的一单。三是资产区位好。7 个仓储物流园分布于京津冀、长三角、粤港澳大湾区的核心集散地，地理位置优越，项目区位因素是物流园区盘活资产的最重要的因素。四是轻资产模式。成立私募基金，将项目建设完成后卖给基金公司，再进行轻资产运营。普洛斯通过这样的 REITs 模式将资金回笼的时间由十年缩短到一年，提高了项目周转率，解决了长期持有物业产生的资金沉淀问题，实现了高周转、高回报和高杠杆的轻资产模式。五是原始权益人是首批基础设施 REITs 试点项目中的唯一一家外资企业。项目公司大部分为外商独资企业持有，涉及跨境重组安排，交易过程相对复杂且专业，为国际企业在国内发行基础设施 REITs、盘活存量资产提供了良好借鉴。

第三十五章　资产支持票据（模式 34）

资产支持票据是一种债务融资工具，该票据由特定资产产生的可预测现金流作为还款支持，约定在一定期限内还本付息。企业发行资产支持票据在交易商协会注册，可选择公开发行或非公开定向发行方式在银行间市场发行资产支持票据。

一、概述

（一）基本概念

资产支持票据指非金融企业在银行间债券市场发行的，由基础资产所产生的现金流作为还款支持的，约定在一定期限内还本付息的债务融资工具。

资产支持票据通常由大型企业、金融机构或多个中小企业把自身拥有的、将来能生成稳定现金流的资产出售给受托机构，由受托机构将这些资产作为支持基础发行商业票据，并向投资者出售换取所需资金。

债券与资产支持票据的区别：债券是按约定还本付息；资产支持票据以资产证券化的操作手段，通过账户和现金流控制措施，对偿还现金流进行监控更有效，实现风险隔离甚至可以实现资产隔离。

（二）基础资产

基础资产指符合法律行政法规的规定、企业合法拥有或控制的、权属明确，并能产生可预测现金流的财产、财产权利或财产、财产权利的组合。

目前资产证券化产品的基础资产是收益权和应收账款两大类资产。两类产品的基础资产有高度的重合性，因而存在极强的竞争性。

ABS 产品的基础资产有污水处理费收益权、高速公路收费收益权、租金、水电销售收入、租赁合同、BT 合同、应收款等。

二、条件与流程

（一）申请条件

资产要求：融资方已建成的、有稳定现金流的项目，或者项目收益权，其现金流能够覆盖资产支持票据的本息支付要求；基础资产的价值取决于其产生稳定现金流的能力，而非根据建造成本估算的资产价值；基础资产既可由资产支持票据的融资方直接拥有，也可由发行人间接控制（即基础资产在其下属子公司名下）。

（二）发行流程

资产支持票据在国外发展较成熟，其发行过程是：发起人成立一家特殊目的公司（Special Purpose Vehicles，SPV），通过真实销售将应收账款、银行贷款、信用卡应收款等资产出售给SPV，再由SPV以这些资产作为支持发行票据在市场上公开出售。

自20世纪80年代以来，资产支持票据成为私募重要的组成部分。目前我国还处在前期试点阶段，是银行间债券市场创新产品重要内容，资产支持票据的发行，有利于拓宽我国中小企业融资渠道。

（三）交易流程

（1）发行人以基础资产未来产生的现金流为基础，与投资者签订《非公开定向发行协议》，向投资者发行资产支持票据。

（2）主承销商受发行人委托，在银行间债券市场向特定投资者发行资产支持票据。

（3）发行人负责管理基础资产，保障正常运营，产生预期的现金流。

（4）发行人与资金监管银行签订《资金监管协议》，发行人在资金监管银行处开立专户，并将该专户指定为资金监管账户，归集基础资产产生的现金流。

（5）资金监管银行按照《非公开定向发行协议》及《资金监管协议》的约定，划转相应的现金流以用于资产支持票据的本息兑付。

（6）债券登记结算机构将收到的资金用于向投资者支付本息。

（7）债权代理人受投资者委托，代理投资者享有基础资产的抵/质押权。

（四）还款来源

基础资产产生的现金流作为资产支持票据偿债资金第一还款来源；在基础资产现金流不足的情况下，由融资方以自身经营收入作为第二还款来源。

（五）增信措施

主要采用内部信用增级方式，不强制要求外部担保。设立基础资产资金监管专户，通过签署协议的方式实现对基础资产保护性隔离，明确进场资产未来的现金流直接进入资金监管专户，优先用于偿还资产支持票据。

三、案例："双绿"资产支持票据

由中国银行主承销的"中电投融和融资租赁有限公司 2017 年度第一期绿色资产支持票据（ABN）"在银行间市场成功发行设立，发行总额为 24.84 亿元，其中，优先 A1 至 A3 档信用评级为 AAA 级，发行规模 17.39 亿元；优先 B 档信用评级为 AA 级，发行规模 1.37 亿元；其余为次级档证券。

该票据为市场首单"双绿"资产支持票据。"双绿"即资产支持票据的基础资产和募集资金投向均为绿色项目，入池租赁资产均为清洁能源基础设施项目，资金投向也同属清洁能源。经第三方认证机构独立测算评估，项目投放合计每年将节约标准煤约 21.4 万吨、减少二氧化碳排放约 57.2 万吨，并给予本期绿色资产支持票据 G-1 最高等级。

点评：

资产支持票据是中国银行承销的用于清洁能源项目建设的融资模式，它通过清洁能源项目获得可用资金，支持重点为绿色生态发展。中国银行通过发展绿色金融、助力供给侧结构性改革，协助企业在境内外市场发行绿色债券，以资产证券化业务为支点，帮助企业盘活存量资产，优化资产负债结构，降低融资成本。

第三十六章　项目包装融资（模式35）

项目包装是企业进行项目融资成功的关键。项目包装是对项目要件的充分准备和优化提升。项目包装最核心部分是可行性报告的指标测算和内容确定。通过规范、专业的项目包装，将项目收益与前景进行专业预测与清晰阐述，可以吸引投资者对特定项目进行投资，为项目开发与运营提供必要的资金。

一、概述

（一）基本概念

项目包装融资指对项目资产、项目团队、项目可行性、预期收益性等进行实事求是地梳理和包装的一种融资模式。其基本特征、运作程序、操作思路等与项目融资相类似，主要特征是对项目进行实事求是、专业严谨、针对性强的包装与策划。

项目包装融资可以与对空壳企业、零散资产的兼并重组和整体包装等并购行为结合，然后结合上市公司兼并，或者包装后整体或部分资产出售，联动策划并实施。

（二）研究重点

项目包装是对项目各种要件的充分准备和尽可能完善。项目的名称、外观、环境、材料、营利性等需要研究、整理、策划与规范。任何项目的投资者必须按市场经济规律办事，评估该项目是否有市场效益和发展前景，达到投资标准，才可能获得项目资金。

项目包装中最核心的部分是可行性研究，包括但不限于：

（1）项目名称：包括项目规模、产品、合作方式、初步提议投资方的出资比例等。

（2）合作伙伴：包括合作伙伴的现状、战略、未来预测及主要经理人履历等。

（3）项目基础：包括项目是否立项及批准部门，支持项目的法律、法规和经济政策。特别应注意提供：与项目有关的法律、法规；国家和本地区产业政策；上级机构关于特定项目的指示性文件；国民经济中长期规划；行业规划、专业规划等。

（4）市场分析：包括现有产品市场、未来五年市场占有率预测、收入预测、营销网络说明和营销战略。重点分析企业优势、产品竞争力、市场需求等。

（5）项目前景：包括产业环境、国家政策、未来趋势、相关因素对项目盈利、营销的影响等。

（6）投资概算：包括各方出资及比例，编制资金筹措表、总投资费用支出预算表和建设投资估算表等。

（7）财务预测：包括项目计算期、折旧费、经营收入、经营成本、经营税金及附加、利息等财务预测前提，投资回收期、净现值、投资回报率、年内部收益率等分析结论。

（8）基础设施及其他条件：包括项目所在地支柱行业、产值、贸易及交通运输、水电、技术研发等。

（9）融资需求及项目合作方式：包括融资方式、合作方式、合作或管理方式、投融资流程表等。

（10）风险控制：包括各类风险及拟采取的防范措施等。

二、条件与流程

（一）申请条件

（1）符合国家法律法规，有工商总局年检执照等；

（2）有必要的专业人员、工作场所和资金等；

（3）项目真实可靠，有一定投资价值；

（4）项目能够满足国家或地方产业政策，有发展潜力；

（5）投资机构认可的其他条件和资料。

（二）主要特征

（1）科学性。项目包装应该实事求是，数据资料真实可靠，据理论证，公正客观，具有良好的沟通效果。

（2）可行性。做好市场需求预测，充分考察市场供求，销售前景，做好技术可行性分析，提出投资结论及选择方案。重点分析经济指标、盈亏平衡、敏感性等，减少主观描述，保证数据合理、可靠，结论清晰、简洁。

（3）规范性。项目包装的程序、内容、语言、格式等与国际惯例、行业规范接轨，定量与定性分析结合，格式符合要求。

（4）效益性。研究并体现项目的可行性、效益性。进行项目包装策划，结合市场需求和产业政策，阐述投资者关心的重点问题，层次分明，重点突出。研究当地和企业资源优势，体现项目独特性，包装形式避免简陋，包装格式、计算方法、标准等与国际惯例接轨。

（5）创意性。对融资项目进行适当包装，体现创意、产业价值和投资回报。

（三）基本流程

（1）投资决策分析；

（2）融资决策分析；

（3）融资结构分析；

（4）融资谈判；

（5）项目融资执行。

（四）融资框架

项目融资由四个基本模块组成：

（1）投资结构：指项目投资者对项目资产权益的法律拥有形式和与其他项目投资者之间（如果项目有超过一个以上的投资者）的法律合作关系。

（2）融资模式：项目融资通常采用的融资模式包括投资者直接融资、通过单一项目公司融资、利用"设施使用协议"型公司融资、生产贷款、杠杆租赁、BOT 模式等。

（3）资金结构：资金结构设计用于决定项目股本资金、准股本资金和债务资金的形式、相互之间比例关系及相应的来源。

（4）信用保证结构：各种直接或间接的担保。

（五）融资模式

（1）投资者直接安排融资模式。投资者对项目独立承担责任。投资者根据投资需求安排融资。该融资模式的投资者根据不同需要在多种融资方式、资金来源方案之间选择与合并，债务比例安排灵活，灵活运用投资者的商业信誉，降低融资成本。

（2）项目公司安排融资模式。该模式下的项目公司负责项目建设、生产、销售，整体运用项目资金和现金流为融资抵押和信用保证，易被贷款人接受；项目公司投资者不直接安排融资，通过间接的信用保证形式支持项目公司的融资，投资者债务责任清晰。

（3）以"设施使用协议"为基础的融资模式。项目投资者与项目使用者达成合作协议，由项目使用者提供付款承诺，该承诺为贷款人接受。投资结构可以采用公司型合资结构、非公司型合资结构、合伙制或信托基金，利用项目实施使用者的信用安排融资。

（4）以"生产支付"为基础的融资模式。该模式的贷款人从项目中购买特定份额的产品或物品，以购买产品的收益偿还借款。

三、案例："世纪花园"的项目包装融资

"世纪花园"是以某城市国有控股的元宇宙技术应用为特色的企业。该企业属于国有投资且处于初创期，公司有较好的创意和发展空间，并且具备了一定的市场研究和客户积累，但是，整体思路相对粗放，财务计划与发展前景不系统、不清晰，自有资金规模不大。企业要建设"元宇宙会客厅"等城市名片，至少需要融资 2000 万元。

在征得国资委与主管部门意见的基础上，该公司组织了专家论证会，初步确定了以项目包装实现融资的发展策略。为此，聘请了从事项目分析、市场研究、行业策划的专业机构进行商业模式设计与总体包装，重点研究了国内外高科技企业、AI、元宇宙等细分市场，分析了国家部委政策与申请资金的可能，优化了公司治理和品牌定位，撰写了公司与项目策划书，对未来市场进行了测算，极大地提高了项目吸引力与发展展望，筛选了有意向的投资机构，进行洽谈和多次对接，成功引入外部 1000 万元资金，部委专项资金 1000 万元，实现了较好的融资目标，企业提速发展获得了资金保障。

点评：

项目包装是对项目各要件的充分准备和完善。通过包装与策划，优化企业战略及项目运作体系，对项目预测和潜力等进行展望，有计划地设计投资项目和资金使用比例，制定规避风险的策略，促使外部投资人对项目投资，推动国家扶持资金的获得，尽快解决项目融资的困惑，帮助特定企业项目投产和高质量发展。

第三十七章　城市经营融资（模式36）

城市经营是运用市场机制和经营谋略，优化配置城市资源，创新城市发展、建设、运营和管理的观念与行为方式，包括对城市自然资本、人力资本、延伸资本（无形资产）进行集聚、重组和市场运营，提升城市自身价值和竞争力，解决人民群众对美好生活需求与城市基础设施建设不平衡、不充分的矛盾，实现城市可持续发展。

一、概述

（一）基本概念

城市经营指地方政府或政府部门、国有企业对城市的土地、山丘、河湖、森林等资产，或者城市（国有企业）的品牌、商标、专利、技术等无形资产（资本）进行资本化，或者出售，或者转让、授权经营，从而获得资金、资产、收入等的一种融资模式。

城市资产指城市在规划范围内各种资产的总和，按其形态分为有形资产与无形资产。有形资产系指城市中一切有形的实物，包括自然生成资源和人力作用资产。无形资产指依附于有形资产的无实物形态的资产，如开发权、使用权、经营权、冠名权、广告权等。

以市场交换为目的的住宅、写字楼、森林等资产，既有使用价值，也有商品的交换价值。城市道路、桥梁、河流等，可以采取某种方式，进入交易市场，当作商品进行经营。城市资产的增值，一般是指由于资产数量的外延扩张而增加了价值量。

城市经营的作用在于推进城市资产的保值、升值和增值；壮大城市的经济实力，完善城市的多种功能，优化城市的生态环境，增强城市的竞争能力和知名度。

城市经营融资指通过城市资产如道路、广场、树林、桥梁、论坛举办等的广告权、冠名权、特许权、领养权等，实现特定融资的一种模式。城市经营是政府运用市场经济手段，对城市的各种资产进行集聚或重组、运作，直至获取经济效益的行为。这是地方政府新的融资模式。城市经营的核心内容是土地资本和城市空间。

城市经营的一个相关概念是城市资产。广义的城市资产指城市规划区中各类资产的总和，包括国有资产和非国有资产。狭义的城市资产指城市建设过程中形成的各类有形资产和无形资产、资源性资产和非资源性资产的总称。其中：有形资产包括城市土地、基础设施、公用设施、环境设施、旅游设施及其附属物等，无形资产包括各类开发权、使用权、经营权、冠名权、广告权等权益，这些资产中既有城市国有资产，也有非国有资产。城市经营的主体是城市政府，客体是城市资产，城市经营既有政府行为，又有市场行为。

（二）主要特征

一是城市经营的对象是河流、矿产、道路、桥梁、水利供应等有一定价值的固定资产、有形资产，或者无形资产、无形资本（技术、人才、专用权等）有较高的市场价值的标的物；

二是出让方对土地、森林、河流、道路等有形资产、无形资产或资本有完全或部分所有权、使用权、处置权等；

三是城市资产融资基本没有还款压力，也没有破产风险。出让方通常不会失去对无形资产的所有权和控制权，不会受到太多的限制条件（土地、矿山等有形资产需要符合国家有关法律与法定手续）；

四是出让方可以获得自身发展或重大项目建设等必要的低成本资金、资产补偿或者出让收益。

（三）主要分类

按照我国城市经营的主体分类，主要有：政府集中运营模式、企业化模式和混合模式。

按照城市经营的内容分类，主要有：环境品牌经营模式、工业品牌经营模式、基础设施经营模式、重大项目经营模式和混合品牌经营模式等。

（四）内在本质

城市经营主要有两种观点：

（1）城市经营本质像经营企业一样，把城市的资源、资产进行统筹配置和高效经营；

（2）城市经营本质是以市场化代替原有的单纯财政安排的方式，向公众提供公共物品和公共服务的城市管理模式，有利于维护社会公众利益，实现与"人"全面发展的城市运作模式。

（五）主要价值

城市经营是筹集城市建设资金的操作方式。通过城市土地的有偿使用、土地批租，收取土地出让金等，根据城市自身条件和法律许可，通过重组、租赁、转让、抵押、拍卖、冠名等经营运作方式，盘活城市存量资产，筹集城市建设资金，解决城市建设与资金短缺的矛盾。

城市经营是城市建设的创新理念和发展模式。城市经营利用城市土地、设施等资产，多元化筹集建设资金，促进和完善城市基础和公共服务设施建设，改善城市发展环境，增强城市服务功能，美化城市良好形象，提升城市发展质量和竞争力。它是整合、盘活土地、路权等城市资产，优化结构、合理利用，发挥最大效率，协调城市内外部空间关系的一种新的理念，既是市场经济条件下，城市发展观念与运作的重大转变，也是进行城市经营，使城市运行更有效率，增强聚集与扩散功能，协调城乡关系的一种发展模式。

城市经营是管理制度改革和机制创新。城市经营是城市现代化条件下，对城市发展规划、城市建设与管理的机制创新。通过对城市土地、基础和服务设施的市场化运作，以经营方式核算管理成本，体现"以城养城，以城管城"的理念，推进城市社会化管理的机制创新，实现城市资源的合理配置、良性运营和高效使用，实现城市建设和城市经济协同发展的城市经营目标。

城市经营是城市政府职能转换的重要体现。城市经营需要政府职能转换，需要推动政府改革和制度创新，实施有关政策与法规修订、完善和配套，政府服务观念转变，城市规划、项目建设、城市管理与服务一体化等。

二、条件与流程

（一）申请条件

（1）土地、森林、专利、品牌、经营权、收费权等可支配资产或者法定权利等必须有价值，且出让方有转让权、处置权、授权等；

（2）出让或者授权经营的资产（资本）必须符合法律规定的程序；

（3）必须有交易双方且该交易对出让方、受让方的发展有利。

城市可转让资产的基本申请条件：

（1）具有独立经营资格的地方政府职能部门、政府控股机构以及具有独立法人资格、有关专业技能或运营实力等；

（2）有可获得的、政府依法授权的广告、路权收费等城市有形资源或无形资源；

（3）能够通过城市经营获得盈利，并维护自身的可持续发展，或能够获得政府特定的补贴，从事公益活动，开展商业性经营等。

（二）基本流程

出让方提出资产等的出让、销售或授权使用的申请→受让方按照法律规范进行资产接收→办理转让、销售等手续及签订相关合同→出让或授权使用→交割资金或约定资产、对价物等→到期收回或者出让。国家有法定要求的，执行其法定要求。

城市无形资产的主要流程和步骤：

（1）树立城市经营理念；

（2）确立城市经营客体；

（3）确立城市经营目标；

（4）调整城市经济结构；

（5）进行城市可转换资产置换；

（6）进行城市项目实施；

（7）资产经营效果评估。

其中，城市品牌融资模式：产品品牌→产业发展→相关产业发展→第三产业发展→城市规划、建设与管理→环境改善与优化。

三、案例：土地经营或城市资产增收

案例1：杭州市实施土地经营增收

杭州市政府开展了城市土地管理制度的创新。建立杭州市土地储备中心——由市政府授权成立经营土地的公司。市政府对全市的土地实行统一收购、统一规划使用功能、统一招投标与拍卖，完全垄断城市土地的一级市场。通过城市土地使用制度的创新，市政府实现了以地生财。该市收回土地溢价收入，支持了基础设施与公共服务项目建设；同时，为实现城市规划确定的用地功能

提供了基本保证。

由于杭州市政府手中有了地，也就有了按规划配置土地的实权，可以根据旧城改造、生产、生活用地的各种需求，做到对城市用地的规划、开发、建设、配套、经营、销售的六统一，使城市土地的管理由无序转化为有序经营，促进了城市土地资源的优化配置。通过垄断土地的一级市场，控制城市土地周转的总量，并提供每年可出售的各类土地的数量。根据供需的均衡调控土地价格，防止城市土地价格偏低或过高而造成的不良后果；同时，因城市资产升值而产生的级差地租，被市政府及时收回，增加了大量的财政收入等。

点评：

地方政府或国有企业经营土地、煤矿、河流、道路、技术、广告权、特许权等，可以调剂市场供求，增加财政收入，降低筹资成本，筹措可用资金用于重大项目开发，同时，提高城市基础设施或公共服务投入，提高城市品位，塑造社会影响力。

案例2：龙城"城市经营"谋略

龙城市地处我国中部欠发达地区，交通条件落后，地方政府财政收入有限，每年各类财政开支缺口不小，城市建设和产业园开发需要大量资金，传统的银行贷款无法满足经济发展需要。面对国家产业调整和中西部大开发的产业激励，需要超常规融资，推动地方大开发、大提速。

该市积极调研和科学论证，制定了五年规划，提出一系列产业调整和产业园开发思路与重大项目方案，得到了各界广泛支持和参与。

由于该市经济欠发达，重大项目建设资金不足，制约了城市建设和产业发展。如何破题呢？

该市主要领导高度重视招商引资和项目融资，为此，成立了专门机构，该市主要领导亲自抓融资，各部门"一把手"分工负责，协同推进，成立了全市分管金融副市长和各县区主管县长组成的工作小组，定期开展融资策略研究、主动推动项目开发策略成型与创新。

经过一段时间调研和实践，该市结合资源优势，提出了"经营城市"的融资策略，希望通过整合优势资源，聚集融资思路和创新模式，开展城市经营，合理开发城市资源，更好地聚集资金，推动地方经济发展。

通过实施经营城市策略，解决了城市建设的急需资金，具体做法是：

一是整合存量，注入资金，打造城市开发公司的实力。在市政府国有资产授权经营的前提下，该市城发公司持有热力公司、煤气公司的国有股股权，享有公交总公司的国有资产产权，拥有市内资产价值数亿元的土地及地上建筑物的经营权、市政设施冠名权拍卖、户外广告经营及经营权拍卖等职权。同时，该市人大同意市财政向市城发公司注资，按照财政收入比例，逐年增加投入；市区土地资产收益的大部分经过市财政以补贴和资本金形式投入城发公司。该市在运作过程中，资金除了增加现金流量外，主要用于支付贷款利息，形成放大资金的作用。

二是依托项目，运作资本，做强做大城发公司。通过合资合作、参股控股，实现城发公司快速扩张。该公司初步建立了企业集团框架，增强了信贷融资能力，优化了负债率。其主要做法是利用政府背景优势，依托资源性公益性项目，进行资本运作。如：与社会公司合资进行城市地下弱电沟道及管网建设，与央企合资建设天然气长输管道工程。该市城发公司通过市政设施冠名权拍卖和户外广告经营及经营权拍卖，获得开发资金。

点评：

城市经营是地方政府进行重大基础设施建设和项目融资的一种模式。通过城市经营和城市冠名权等重点资源的有效聚集，使得城市获得了可持续发展所需要的资金，有效整合、开发了城市有形和无形资源，提升了城市形象。

第三十八章 无形资源融资（模式37）

企业拥有无形资产的多少，代表经济实力和竞争力，也是综合实力的重要标志。国家拥有无形资产的多少，代表该国综合实力。无形资产存在潜在的财富，无形资产可以转化为有形资产。运用地方政府或城市无形资源进行融资，是各地政府积极探索的一种融资模式。

一、概述

（一）基本概念

无形资源融资指地方政府通过掌握的规划权、经营权、管理权、开发权、许可权、冠名权等公开挂牌交易的一种新型融资模式。

无形资源指特定主体所控制的不具有独立实体，对生产经营与服务能持续发挥作用并能带来经济利益的一切经济资源。

无形资源指在传递客户价值中，没有发生损耗的、隐性的产品因素；它是根植于企业历史中，对企业经营发生长期作用的资源。企业无形资源包括专利、技巧、知识、关系、文化、声誉以及能力，它是稀缺的，代表了企业为创造一定的经济价值而必须付出的投入。

资产满足下列条件之一的，符合无形资产定义中的可辨认性标准：

（1）能够从政府会计主体中分离或者划分出来，并能单独或者与相关合同、资产或负债一起，用于出售、转移、授予许可、租赁或者交换。

（2）源自合同性权利或其他法定权利，无论这些权利是否可以从政府会计主体或其他权利和义务中转移或者分离。

《企业财务通则》和《企业会计通则》规定无形资产是指企业长期使用但是没有实物形态的资产，包括专利权、商标权、著作权、土地使用权、非专利技术和商誉等。

（二）主要内容

（1）商标权，指专门在某类指定的商品或产品上使用特定的名称或图案的权利，一般包括独占使用权和禁止权。

（2）专利权，指国家专利主管机关依法授予发明创造专利申请人对其发明创造在一定期限内所享有的专有权利。专利权一般包括发明专利权、实用新型专利权、外观设计专利权三个方面。发明专利有效期为 20 年，实用新型和外观设计专利有效期为 10 年，超过法定有效期，任何人均可以自由使用该专利。专利权有专用性、期限性、收益性的特征。

（3）专有技术，指不为外界所知，在生产经营活动中已采用的、不享有法律保护的各种技术和经验。一般包括工业专有技术、商业贸易专有技术、管理专有技术等。

（4）企业形象，指社会公众对企业及其产品的评价、信念和态度。主要包括知名度和美誉度，是企业价值观念、管理和技术等因素的综合，是隐含在企业生产经营活动背后的潜力。

（5）客户关系，指购买企业产品的顾客与销售、服务、制造企业在长期交往和共事中形成的相互关系，这种关系是无形存在的，对于企业销量提高影响较大。

（6）企业文化，指以企业价值观为核心的企业意识形态，包括企业价值观、企业经营理念、企业精神、企业经营方针、企业宗旨、企业规章制度、员工行为准则等。

二、条件与流程

（一）申请条件

（1）公司法人或独立机构等，符合无形资源融资的基本要求；

（2）拥有无形资源的所有权和处置权等；

（3）有一定的产业基础或发展能力；

（4）该无形资源能够获得投资机构的认可，无法律障碍或限制，可评估其价值。

（二）主要特征

（1）无形资产、无形资源本身没有物质实体，其内容通过一定的物质载体表现；

（2）存在价值依赖于一定的物质与社会条件；

（3）拥有者在专有状况下通过使用无形资源可以获得持续的经济效益；

（4）有明显排他的专有性；

（5）无形资源带来的未来效益有不确定性。

（三）基本流程

（1）填写融资/项目申请书；

（2）缴纳立项费；

（3）受理审批；

（4）签订《融资协议》；

（5）信息发布；

（6）信息配对；

（7）拟定交易方案；

（8）项目对接；

（9）办理相关法律手续；

（10）资金划转；

（11）融资完成。

（四）无形资产确认

按照《政府会计准则第 4 号——无形资产》，无形资产同时满足下列条件的，应当予以确认：

（1）与该无形资产相关的服务潜力很可能实现或者经济利益很可能流入政府会计主体。

（2）该无形资产的成本或者价值能够可靠地计量。政府会计主体在判断无形资产的服务潜力或经济利益是否很可能实现或流入时，应当对无形资产在预计使用年限内可能存在的各种社会、经济、科技因素作出合理估计，并且应当有确凿的证据支持。

（五）无形资产的初始计量

按照《政府会计准则第 4 号——无形资产》无形资产在取得时应当按照成本进行初始计量。

政府会计主体外购的无形资产，其成本包括购买价款、相关税费以及可归属于该项资产达到预定用途前所发生的其他支出。政府会计主体委托软件公司开发的软件，视同外购无形资产确定其成本。

政府会计主体自行开发的无形资产，其成本包括自该项目进入开发阶段后至达到预定用途前所发生的支出总额。

政府会计主体通过置换取得的无形资产，其成本按照换出资产的评估价值加上支付的补价或减去收到的补价，加上换入无形资产发生的其他相关支出确定。

政府会计主体接受捐赠的无形资产，其成本按照有关凭据注明的金额加上相关税费确定；没有相关凭据可供取得，但按规定经过资产评估的，其成本按照评估价值加上相关税费确定；没有相关凭据可供取得，也未经资产评估的，其成本比照同类或类似资产的市场价格加上相关税费确定；没有相关凭据且未经资产评估、同类或类似资产的市场价格也无法可靠取得的，按照名义金额入账，相关税费计入当期费用。确定接受捐赠无形资产的初始入账成本时，应当考虑该项资产尚可为政府会计主体带来服务潜力或经济利益的能力。

政府会计主体无偿调入的无形资产，其成本按照调出方账面价值加上相关税费确定。

三、案例：北京市科委与银行推出知识产权融资

知识产权质押贷款目前存在法律、估值和处置等风险，涉及知识产权认定、侵权风险、替代技术风险、价值稳定性、变现能力等法律和技术问题，导致无形资产评估价值往往与实际价值偏离较大。

北京市科委与交通银行共同创新了业务模式，由知识产权评估机构进行价值评估，律师事务所进行法律评估，担保公司在必要时过渡性转让不良债权，银行与合作机构四方共同打造业务操作与风险控制平台，向中小企业发放知识产权质押贷款。银行指定专业评估机构对无形资产进行价值评估，重点考虑知识产权的市场获利能力、价值稳定性、变现能力等因素。担保公司提供必要的担保。

北京市科委设立专项资金，对已偿还贷款的企业推行贷款贴息政策，从而降低企业融资成本，使更多的企业通过知识产权质押贷款解决资金短缺。

北京市科委与北京银行签署知识产权质押贷款协议，北京银行向北京市中小科技企业发放知识产权质押贷款。

点评：

北京市科委与银行签署知识产权质押贷款协议，引进担保中介和资产评估中介机构，由银行向北京市中小科技企业发放知识产权质押贷款。

无形资产质押贷款为科技企业融资开辟了新渠道，为鼓励企业自主创新、实施品牌战略及促进金融流通、防范金融风险、优化资金资源的配置提供了新的思路。

开展知识产权质押贷款，最大的突破是知识产权可以作为质押物。专利权可以用于质押，实现了无形资产的融资功能。

第三十九章 EOD 融资（模式 38）

EOD 模式是通过生态网络建设、环境修复、基础设施配套以及产业配套建设促使该区域及周边的土地升值，并为产业引入和人口流入提供良好的生态基底，以产业发展增加居民收入、企业利润和政府税收，依靠人口流入增加政府税收及区域经济发展。实现生态建设、经济发展、社会生活三者协调发展。

一、概述

（一）基本概念

生态环境导向的开发模式（Eco - environment - oriented Development，简称 EOD 模式），是以生态保护和环境治理为基础，以特色产业运营为支撑，以区域综合开发为载体，采取产业链延伸、联合经营、组合开发等方式，推动公益性较强、收益性较差的生态环境治理项目与收益较好的关联产业有效融合，统筹推进，一体化实施，将生态环境治理带来的经济价值内部化，是一种创新性的项目组织实施方式。

2018 年 8 月，生态环境部发布《关于生态环境领域进一步深化"放管服"改革，推动经济高质量发展的指导意见》，探索开展生态环境导向的城市开发（EOD）模式。2019 年 1 月，生态环境部全国工商联《关于支持服务民营企业绿色发展的意见》探索生态环境导向的城市开发（EOD）模式。2020 年 3 月，中共中央办公厅、国务院办公厅《关于构建现代环境治理体系的指导意见》创新环境治理模式，对工业污染地块，鼓励采用"环境修复 + 开发建设"方式。2020 年 5 月，国家发展改革委发布《关于营造更好发展环境支持民营节能环保企业健康发展的实施意见》，推进商业模式创新，积极支持民营企业开展环境综合治理托管服务，参与生态环境导向开发模式创新。2020 年 9 月，生态环境部《关于推荐生态环境导向的开发模式试点项目的通知》向各地征集生态环境导向的开发模式备选项目。2021 年 4 月，生态环境部《关于同意开展生态环境导向的开发（EOD）模式试点的通知》确定 36 个项目开展 EOD 模式试点。2021 年 9 月，中共中央办公厅、国务院办公厅《关于深化生态保护补偿制度改革的意见》探索多样化补偿方式，推进生态环境导向的开发模式项目试点。2021 年 10 月，生态环境部《关于推荐第二批生态环境导向的开发模式试点项目的通知》向各地征集第二批生态环境导向的开发模式备选项目；国务院办公厅印发《关于鼓励和支持社会资本参与生态保护修复的意见》，社会资本可采取"生态保护修复 + 产业导入"方式，利用获得的自然资源资产使用权或特许经营权发展适宜产业。2021 年 11 月，财政部发布《重点生态保护修复治理资金管理办法》，提出"用于山水林田湖草沙冰一体化保护和修复工程的奖补采取项目法分配，工程总投资 10 亿～20 亿元补 5 亿元，20 亿～50 亿元补 10 亿元，50 亿元以上补 20 亿元"，最高项目奖补资金比例达 60%、金额达 20 亿元。国开行对首批试点项目累计授信额度约 520 亿元。2022 年 3 月，《生态环保金融支持项目储备库入库指南（试行）》：成熟一个，申报一个，不再统一评选。2022 年 4 月，生态环境部《生态环保金融支持项目储备库入库指南（试行）》要求推进适宜金融支持的重大生态环保项目谋划，建设生态环保金融支持项目储备库，并明确将生态环境导向的开发（EOD）模式项目列为支持对象。2022 年 5 月，中办国办《关于推进以县城为重要载体的城镇化建设的意见》提出有序发展重点生态功能区县城。

　　EOD 模式的三大特征：国家主推、地方积极、银行配合。在 EOD 项目中，资金不足部分可以通过向国开行申请贷款获取。《关于同意开展第二批生态环境导向的开发（EOD）模式试点的通知》中提到，"国家开发银行有关分行对符合条件的试点项目，按照精准施策、市场化运作和风险可控原则，发挥开发性金融大额中长期资金优势，统筹考虑经济效益和环境效益，在资源配置上予以倾斜，加大支持力度"。

　　（二）收益来源

　　1. 土地溢价。通过 EOD 项目的实施，提升周边土地价值，增加土地出让收益。

　　2. 产业反哺分成收益。EOD 投资的主要回报是找到项目自身的价值，如林权、水权、碳权、绿证的价值开发，针对光伏发电、风力发电、抽水蓄能电站等有显著碳减排效益的行业，可开发绿色金融专属产品，延伸太阳能建筑一体化、农光互补、渔光互补、其他分布式能源多能互补等，提高综合收益。

3. 资源补偿及对价。主要为建材资源（砂石料等）及矿场资源。

4. 经营性收入（供排水、物业等）及其他收入（如文旅、康养收入等）。

5. 政府购买服务。

6. 股权转让所得。

（三）EOD 项目落地方式

1. PPP。在政府财政支出额度较大，但支出额度未超过财政部规定的上限，且项目实施不紧迫的区域，EOD 模式可采用 PPP 方式实施项目。

2. ABO。在政府财政支出额度较大，且支出额度未超过财政部规定的上限、但项目实施紧迫的区域，EOD 模式可采用 ABO 方式实施项目。ABO 模式一般指授权（Authorize）—建设（Build）—运营（Operate）模式，由政府授权单位履行业主职责，依约提供所需公共产品及服务，政府履行规则制定、绩效考核等职责，同时支付授权运营费用。

3. 流域治理 + 片区开发。在政府财政支出额度超过财政部规定的上限、项目实施紧迫，但土地市场较活跃的区域，EOD 模式可采用"流域治理 + 片区开发"方式实施项目。

（四）EOD 适宜的项目应用

1. 废弃矿山修复

对于废弃矿山修复，通过 EOD 设计实现投入与产出的自求平衡。以修复过程中开采的石料销售收入弥补修复成本；运用城乡建设用地增减挂钩、土地复垦等政策，通过耕地"占补平衡"延伸土地价值；矿山修复后的土地用于建设农业基地、主题公园、特色产业园等，增加经济效益；部分矿山通过煤矸石粉碎形成的低成本混凝土替代原矿产支撑柱，替换矿产资源，产生新的收入。

2. 农业农村综合开发

生态果蔬采摘、美丽乡村旅游等是将农业生产与环境治理相结合的代表模式。此外，土地出让收入中用于农业农村的资金，可重点用于与农业农村直接相关的山水林田湖草生态保护修复。

3. 城乡供排水一体化

城市水务基础设施、农村供排水项目供排一体化、城乡一体化等模式实现项目开发，供水支持排水，城市支持农村，策划大项目包，确保整体盈利。

4. 重点流域治理

流域内生态产品资源、周边土地资源均有丰富的潜在价值，可优先关注砂石的开采和利用，推进河砂开采与河道治理相结合，逐步有序推进海砂开采利用，鼓励以砂石收益补充流域治理的支出。在重点流域治理的项目开发中，搭配砂石开采收入作为项目融资的还款来源也可将砂石开采权、海域使用权等作为融资的补充担保措施。

（五）EOD 的基本特征

1. 项目总体打包

EOD 模式最大特点是项目总体打包开发，打包范围广，包括已建、在建、未建项目；公益、准公益性、经营性项目；一、二、三产项目，都可以总体打包，拼盘开发。

2. 多元资金拼盘

从资金渠道看，PPP、社会资本、中央预算内补助等均可用于 EOD 项目开发，不足部分可以由政策性银行解决。

3. 项目融资优势

贷款利率低，可享受政策性银行贷款和行业贴息；贷款周期长达 30 年；融资金额大，可高达几十亿元。

4. 落地高效快速

EOD 模式试点项目前期申报时间短，落地快，从项目包装到入库审批，再到融资落地，平均周期约 6 个月。

5. 助力片区开发

由传统的"平台融资＋土地财政"模式转向"EOD＋片区开发"模式，筹划得当可形成内循环，规避政府信用背书和还款承诺。

（六）主要优势

1. 国家开发银行等按照独立审贷、精准施策、市场化运作和风险可控原则，选择符合信贷条件的试点项目，在资源配置上倾斜（非绝对）。

2. 根据项目所属行业，市场化主体资信评级、还款资金来源、信用结构等因素，给予优惠利率、延长贷款期限等信贷支持。

3. 优先开展尽职调查、优先进行审查审批、优先安排贷款投放等。

4. 项目可通过 PPP、ABO、"投资人＋"等多种模式实施。

（七）申报领域

2022 年发布的《生态环保金融支持项目储备库入库指南（试行）》（环办

科财〔2022〕6 号）文件中，EOD 入库项目应属于以下 8 大领域。

（1）大气污染防治。包括北方地区冬季清洁取暖、挥发性有机物综合治理、工业企业深度治理、工业企业燃煤设施清洁能源替代、重点行业超低排放改造、重点行业清洁生产改造、锅炉综合治理、涉气产业园区和集群大气环境综合整治、高排放机动车淘汰换新、船及非道路移动源排放治理、典型行业恶臭治理、重污染天气应对能力建设等。

（2）水生态环境保护。包括黑臭水体治理、污水处理设施与配套管网建设改造、污水处理厂污泥处理处置、污水再生及资源化利用、工矿企业和医疗机构水污染治理、工业园区水污染治理、船舶港口水污染治理、水体内源污染治理、流域水生态保护修复、流域水环境综合治理、河湖生态流量保障、重点湖库富营养化控制、河湖生态缓冲带修复、天然（人工）湿地生态系统保护与建设、水源涵养区保护、饮用水水源地保护、入河排污口整治及规范化建设等。

（3）重点海域综合治理。以渤海、长江口—杭州湾、珠江口邻近海域为重点，包括海水养殖环境整治、入海排污口及直排海污染源整治、船舶港口污染防治、亲海岸滩环境整治、海洋生态系统保护修复、美丽海湾示范建设等。

（4）土壤污染防治。包括建设用地土壤污染风险管控、建设用地土壤污染修复、农用地工矿污染源整治、工矿企业重金属治理、历史遗留重金属污染区域治理、化学品生产企业及工业集聚区地下水污染风险管控、矿山开采区及尾矿库地下水污染综合治理、危险废物处置场及垃圾填埋场地下水污染防治、依赖地下水的生态系统保护、地下水型饮用水水源地保护、重点污染源防渗改造、废弃井封井回填等。

（5）农业农村污染治理。包括农村污水处理和资源化利用、农村垃圾治理、农村黑臭水体整治、废弃农膜回收利用、秸秆综合利用、畜禽与水产养殖污染治理和粪污资源化利用、种植业面源污染治理、农村生态环境综合整治等。

（6）固废处理处置及资源综合利用。以"无废城市"建设项目为重点，包括城乡生活垃圾收集与处理处置、餐厨垃圾收集与资源化利用、危险废物及医疗废物收集与处理处置、矿产资源（含尾矿）综合利用、废旧资源再生利用、农业固体废物资源化利用、工业固体废物环境风险管控、工业固体废物无害化处理处置及综合利用、建筑垃圾和道路沥青资源化利用、包装废弃物回收处理等。

（7）生态保护修复。重要生态系统保护和修复、山水林田湖草沙冰一体化保护和修复、矿区生态保护修复、采煤沉陷区综合治理、生物多样性保护及荒漠化、石漠化、水土流失综合治理等。

（8）其他环境治理。生态环境风险防控、放射性污染防治、噪声与振动污染控制、生态环境监测与信息能力建设等。

二、条件与流程

（一）申请条件

根据《生态环保金融支持项目储备库入库指南（试行）》：

（1）入库项目申报主体应为已建立现代企业制度、经营状况和信用状况良好的市场化企业，或县级（含）以上政府及其有关部门等。

（2）项目融资主体应为市场化企业，且其环保信用评价不是最低等级。

（3）治理责任主体为企业的生态环境治理项目，单个项目融资需求原则上应超过5000万元；其他项目单个项目融资需求原则上应超过1亿元。

（4）应明确项目实施模式。PPP项目需满足国家有关管理要求，应适时纳入财政部、国家发展改革委PPP项目库。鼓励推广生态环境整体解决方案、托管服务和第三方治理。EOD项目要确保生态环境治理与产业开发项目有效融合、收益反哺、一体化实施。

为稳步开展生态环境治理模式创新，规范推进EOD模式探索，EOD项目还需满足以下条件：

（1）地市级及以上政府作为申报主体和实施主体的EOD项目，原则上投资总额不高于50亿元；区县级政府作为申报和实施主体的项目，原则上投资总额不高于30亿元。

（2）项目边界清晰，生态环境治理与产业开发之间密切关联、充分融合，避免无关项目捆绑，组合实施的单体子项目数量不超过5个。

（3）除规范的PPP项目外，不涉及运营期间政府付费，不以土地出让收益、税收、预期新增财政收入等返还补助作为项目收益。加强重大项目谋划，优化项目建设内容，力争在不依靠政府投入的情况下实现项目整体收益与成本平衡。

（4）EOD项目中生态环境治理内容需符合入库范围要求，且要有明确的生态环境改善目标。产业开发要符合国家和地方产业政策、空间管控等各项要求，项目实施中严格落实招投标、政府采购、投融资、土地、资源开发、政府债务风险管控、资产处置等各项法规政策要求，依法依规推进项目规范实施，不以任何形式增加地方政府隐性债务。

（5）各省（自治区、直辖市）每年入库 EOD 项目原则上不超过 5 个。

具体来说，EOD 申报工作基本概括为以下内容：

（1）项目包装和谋划：按照文件"确保生态环境治理与产业开发项目有效融合、收益反哺、一体化实施"的要求，科学确立环境治理内容，合理谋划关联产业项目。

（2）申报资料准备：项目可行性研究报告、EOD 项目入库实施方案。

（3）相关审批手续准备：确定实施主体，完成项目备案申请及立项手续等。

（4）申报流程：实施主体将拟入库 EOD 项目实施方案及可研报告、立项手续、承诺函等报至县级及以上生态环境部门，由其通过该系统线上申报至省级生态环境部门，省级生态环境部门经组织专家论证评估，并出具项目论证评估意见后，由线上提交生态环境部，生态环境部组织专家论证同意后准予进入"生态环保金融支持项目储备库"。

（二）基本流程

1. 项目策划、包装与申报

各地以实施方案的形式申报入库，市县层面组织申报、项目策划和遴选等工作。在这个阶段，核心是要开展实施方案编制工作。

2. 评审批复或项目入库

通过项目初选，由省生态环境厅等审核报送，国家审批。经过形式校核、专家指导、现场调查三个环节，按照特定标准进行项目遴选，获得批复入库。在这个阶段，核心是要组织专家评审会。

3. 授信与贷款

在这个阶段，银行侧重从资金贷款回收等角度开展评估，重点考虑现金流和资产，借款人资质，建设项目内容，市场财务表现等。在这个阶段，核心是与银行对接，考虑银行诉求编制有针对性的实施方案。

（三）EOD 融资模式

1. 政府债券模式

政府债券模式是最容易实施，且落地性最强的投融资模式。其核心优势在于：项目收入可以作为专项债券的还款来源；成本低和期限长，这是政府债券最核心的优势；筹集资金成功率高。政府债券的缺点是，发行金额有限，受本省整体债务水平调控影响，难以覆盖某地区生态环境项目（或是其他项目）的总投资额。

2. 政府投资基金与投资运用公司模式

设立基金、直接股权出资成立公司的模式都是针对投资主体的合作形式和项目资本金的投入而言的。实践中，两种模式下都可能出现两种情形：一是当社会资本方不参与的情况下，所在地政府及本地国有控股企业自行出资设立基金或者直接组建公司；二是社会资本方参与的情况下，共同进行投资。在实践中，若有社会资本方参与，则投资回报机制必须健全，即要明确满足投资人的投资收益；如果仅有本地政府和本地国有企业参与，则通常作长远考虑，并且可以以超出本项目的综合收益作为投资收益不足的补充。

3. 开发性金融、环保贷款

开发性金融与环保贷款通常以创新型贷款的形式得以应用，要遵循贷款的风控审批原则。

（1）资本金角度。项目具有相应的资本金，因此，创新型贷款模式实际上在很大程度上是和前述的政府投资基金与投资运营公司模式共同合作使用的。

（2）贷款收益测算角度。项目贷款的收益能够覆盖本息。此时需要分两种情况考虑，一是贷款主体为本地国有企业时，项目收益通常可以超出本项目而考虑企业的综合收益；二是若贷款主体为本地国有企业与社会投资人的合资公司，则贷款的收益测算通常仅考虑本项目收益（除非是各方成立的合资公司还有其他项目，否则不可能合并测算）。

（3）担保措施角度。一是贷款主体为本地国有企业，本地国有企业自行担保；二是贷款主体为本地国有企业与大型社会资本（通常为央企、上市公司）组建的合资公司，此时社会资本方可能存在一定的不提供担保的风险；三是贷款主体为本地国有企业和一般类型的社会资本，社会资本方的担保能力可能得不到贷款银行的认可。

（四）审批要点及注意事项

1. 在审批环节，生态环境部和银行有其各自关注的重点

（1）生态环境部核心理念：确保审批的项目符合 EOD 理念要求；项目要求：区域性生态环境问题的严峻性和针对性；产业的关联性和创新性；格式审

查：一体化的实施主体、项目可研立项批复；实施主体：信用等级不是最低等级即可。

对 EOD 申请企业的财务要求：资金总体平衡性；收入来源的合规性；创新性，如自然资源资产使用权或特许经营权，碳汇碳排放权等。

（2）政策性银行核心理念：风险防范和规避不良贷款；项目要求：优先支持列入国家或省级环保规划项目；格式审查：要求整体编制统一的可行性研究报告；实施主体：信用等级越高越好；从申报要求看，民企、国企均可，但在实际操作中，国开行只接受国有企业。

财务要求：资金总体平衡性；收入来源的合规性；现金流的稳定性、多元化和真实性；资产保值增值性。

2. 注意事项及建议

（1）减少政府资金投入，力争实现政府资金"零投入"，也即资金平衡。

（2）可能的创新点（政策突破点）：符合项目招投标方式、政府采购方式、投融资方式、土地一二级联动或补偿、资源开发及补偿方式、空间管控及调整、资产处置方式等有关法规政策。

（3）在谋划 EOD 项目平衡资金来源时，考虑的重点方面：定向支持农业农村可生态保护的土地出让收益；本地政府根据项目区域财政收入增长情况给予授权实施企业专项支持；国家关于生态环保项目的专项补贴资金；本地政府设立生态环保基金用于支持 EOD 项目；考虑土地指标、碳排放指标等交易收入；项目自身的经营性收益。在实际操作中需结合项目特点和区域资源禀赋，合理设计平衡资金来源。

三、案例：地方 EOD 融资策划

1. 汉江流域汉中市中心城区生态环境导向的开发项目

汉江流域汉中市中心城区生态环境导向的开发项目基于生态环境导向的开发理念，统筹以"水"为整体脉络，以改善中心城区水环境治理为目标，以现状问题为导向，采取"蓄（供水）、滞（排水）、净（尾水净化）、养（产业反哺）"全过程系统治水思路，不断夯实汉江流域汉中市中心城区良好生态环境基底和持续保障滨江城区可持续发展能力。项目总投资 61.07 亿元，涉及生态环境治理项目 5 个，投资 12.44 亿元，生态产品价值转换项目 4 个，投资 48.63 亿元。

2. 嘉陵江略阳县城段生态环境导向的开发项目

嘉陵江略阳县城段生态环境导向的开发项目坚持"生态治理"和"生态产品价值转化"双轮联动，紧紧抓住国家乡村振兴重点帮扶县政策机遇，围绕"一立四振兴"战略和"活力开放、绿色转型、康养乐居"三个略阳建设目标，紧扣"绿色循环转型发展示范县"的目标定位，充分挖掘略阳县中药材资源优势和绿色食药首位产业基础，高质量打造略阳县"绿色健康产业融合发展示范区"，统筹实施生态环境治理项目和绿色健康产业发展项目，构建生态环境治理与产业发展的反哺机制，加快绿色循环发展步伐。项目总投资 21.88 亿元，生态治理项目 5 个，投资 7.76 亿元；产业发展项目 5 个，投资 14.12 亿元。

3. 陕西秦创原创新驱动平台总窗口生态环境导向的开发项目

秦创原以西咸新区和位于沣西新城的西部科技创新港为总窗口。试点区域位于新河沿线，是秦创原创新驱动平台总窗口核心发展区域，依托水生态环境综合整治、农村环境综合治理、现代环境治理体系、清洁低碳能源、城市气候韧性优化和创新驱动平台建设 6 大领域、9 个子项目，涉及资金约 150.27 亿元，通过绿色债券、REITs、PPP、商业贷款、引进社会资本等方式筹集建设资金，并通过内部平衡的方式实现收益性项目和准收益性项目反哺公益性项目，高水平、高质量打造陕西省最大孵化器和科技成果转化特区的同时，促进片区生态环境持续向好。

点评：

地方政府通过 EOD 融资方式，对本地区的乡村振兴、市政工程、生态环境、公共设施等进行开发建设，丰富了金融服务方式，降低了融资成本，完成了重点项目开发，促进了地方经济转型。

第四十章　碳汇贷（模式 39）

碳汇将成为我国企业融资的重要工具，对碳汇资产进行贷款也是未来国有企业对外融资，获得银行放款的重要模式。

一、概述

（一）基本概念

碳汇贷指的是国有企业、其他机构以碳汇为资产，向商业银行申请融资的重要方式。

（二）操作模式

由银行贷款给国有企业、其他机构进行碳汇质押抵押贷款的融资模式。

二、条件与流程

（一）申请条件

政府控股企业或国有企业融资的申请条件：

（1）符合国家产业政策和信贷、融资政策；

（2）有独立法人资格或营业执照；

（3）有独立的办公地点、财务实力和专业人员；

（4）政府参股或控股；

（5）有可测量、可交易的碳汇指标以及可预期的碳交易收入等；

（6）满足资金提供机构要求的其他条件。

（二）主要特征

（1）贷款利率较低。

（2）贷款对象集中在占有碳汇资源的国有企业等领域。

（3）期限相对较长。

（4）市场潜力很大。

（三）基本流程

（1）准备贷款方案，提出贷款申请。

（2）银行进行贷前调研，根据碳汇指标与权益等，出具银行内部贷款尽职调查报告。

（3）银行内部逐级审核、签批，进行内部风险评估，并同意贷款。

（4）发放贷款。信贷员办理放款手续，会计记账，资金划给贷款企业。

（5）贷后管理。银行定期调研企业，跟踪与监督该笔贷款使用。

（6）企业归还贷款和资料归档。

三、案例：碳汇贷

案例1：烟台市发放海洋碳汇贷

2022年10月21日，人民银行烟台市中心支行指导农业银行烟台分行成功为长岛海洋生态文明综合试验区海带养殖户办理了烟台首笔、省内第二笔"海洋碳汇贷"、金额30万元。该笔贷款将海水养殖藻类的碳汇功能进行量化，按照每亩海区海带养殖每年固碳量远期收益进行贷款额度测算，并通过人民银行征信中心动产融资统一登记公示系统进行质押登记和公示。该笔贷款的成功发放，充分推动海洋生态价值向金融价值转变，为有效解决海水养殖抵押担保不足、丰富绿色金融发展内涵作了积极、有益的尝试。

"海洋碳汇贷"的推出是烟台探索高质量发展绿色金融工作的一个缩影。人民银行烟台市中心支行深入贯彻落实烟台市"双碳"战略和人民银行总行关于绿色金融相关工作部署，开展绿色金融全面推进年专项行动，发布绿色金融政策清单，强化碳减排支持工具和支持煤炭清洁高效利用专项再贷款的支持传导作用，支持5家金融机构获得激励资金36.74亿元，办理再贴现减碳引导业务4223万元，积极引导全市银行业金融机构积极以产品创新推动绿色金融"自下而上"的基层探索，在实现碳达峰碳中和目标中贡献金融智慧和金融力量。

点评：

碳汇贷款是烟台金融机构的一项贷款创新，下一步，人民银行烟台市中心支行将继续发挥碳减排支持工具和再贷款再贴现等结构性货币政策工具的撬动作用，充分挖掘企业绿色项目资源，推动银行业机构加大"碳汇贷"等特色绿色金融产品和服务创新力度，持续推进绿色债券增量扩面，实现绿色间接融资和直接融资双轮驱动，引导金融资源向低碳发展、节能环保、减污降耗、清洁能源等绿色领域倾斜，全力支持烟台市绿色低碳高质量发展。

案例 2：江苏首笔海洋蓝色碳汇贷

2023 年 1 月 11 日，江苏省首笔"海洋蓝色碳汇贷——紫菜贷"在盐城市大丰区成功落地。南京银行大丰支行向盐城市大丰区交通控股集团"大丰滩涂紫菜种植"项目授信 2 亿元，贷款期限 8 年。该笔紫菜贷，以紫菜养殖产生的减碳量、固碳量远期收益权为切入点，成功打通了海洋生态产品价值实现的绿色金融通道。藻类是海洋生态系统中最重要的初级生产力，在光合作用中能大量吸收海水中的氮、磷、有机物和二氧化碳，同时排出氧气。在消除近海水域富营养化、调节海洋生态平衡、净化海洋环境方面起着极为重要的作用。近海大量养殖紫菜、海带等经济海藻的案例，已证实大型海藻养殖在提高综合养殖效益、缓解海水富营养化、减少并降低赤潮危害等方面有着重要的综合生态效益。紫菜养殖是海洋碳汇的重要组成部分，盐城市大丰区交通控股集团实施的滩涂紫菜种植项目，项目海域面积 5.33 万亩，其中紫菜种植面积 2.13 万亩。项目建设需要大量资金，但由于抵押物不足，融资陷入瓶颈。人民银行大丰支行主动靠前服务，在江苏省先行先试，充分挖掘紫菜养殖的碳汇"聚宝盆"，突破性地将"金融"主体与"海洋生态产品价值实现"主题、"碳汇"要素融合，全程指导南京银行大丰支行制定个性化融资方案，经黄海湿地研究院综合评定滩涂紫菜养殖项目实施后产生的碳汇量。

据测算，在贷款期限内，该项目累计减碳、固碳 36.13 万吨。根据中国碳交易市场价格计算碳汇价值，将紫菜每年产生的减碳量、固碳量远期收益权作为质押物，借助人民银行动产融资统一登记公示系统进行质押登记，成功地将碳汇价值转化为抵押品，解决了项目建设急需的资金困难。

点评：

海洋碳汇贷款是金融机构的创新工具，海洋碳汇贷是人民银行大丰支行继 2022 年 8 月推出全国首笔基于自然保护的"湿地修复碳汇贷"后，指导金融机构再次推出的又一款"碳"路金融创新产品，即江苏省首笔"海洋蓝色碳汇贷——紫菜贷"。"海洋蓝色碳汇贷"的推出，在江苏省首创"金融＋海洋生态

产品价值实现 + 碳汇"的"1 + 2"模式。既解决了海水养殖抵押担保不足和碳汇资产长期搁置等融资难问题，又为丰富绿色金融发展内涵作出了积极有益的尝试。

第四十一章　绿色金融融资（模式40）

绿色金融可以促进环境保护及治理，引导资源从高污染、高能耗产业流向理念、技术先进的部门。近年来，我国绿色金融政策稳步推进，在信贷、债券、基金等领域都有迅猛发展。2022年末，我国绿色贷款余额22.03万亿元，绿色债券存量1.5万亿元，两者规模均居全球前列。

一、概述

（一）基本概念

绿色金融指为支持环境改善、应对气候变化和资源节约高效利用的经济活动，即对环保、节能、清洁能源、绿色交通、绿色建筑等领域的项目投融资、项目运营、风险管理等所提供的金融服务。

绿色金融体系指通过绿色信贷、绿色债券、绿色股票指数和相关产品、绿色发展基金、绿色保险、碳金融等金融工具和相关政策支持经济向绿色化转型的制度安排。

绿色信贷是绿色金融的重要组成部分。绿色信贷指金融机构在贷款融资过程中充分考虑环境因素和社会影响，通过金融手段达到降低能耗、减少污染、支持环保产业和新能源产业发展的目的，促使社会和自然的和谐发展。

（二）主要内涵

绿色金融包括以下基本内涵：一是绿色金融目的是支持有环境效益的项目，而环境效益包括支持环境改善、应对气候变化和资源高效利用；二是给出了绿色项目的主要类别，对各种绿色金融产品（包括绿色信贷、绿色债券、绿色股票指数等）的界定和分类有重要的价值；三是明确了绿色金融包括支持绿色项目投融资、项目运营和风险管理的金融服务，说明绿色金融包括贷款、证券发行等融资活动，以及绿色保险等风险管理活动，还包括有多种功能的碳金融业务。

（三）绿色金融与传统金融比较

与传统金融相比，绿色金融最突出的特点是，更强调人类社会的生存环境利益，将对环境保护和对资源的有效利用程度作为计量其活动成效的标准之一，通过自身活动引导各经济主体注重自然生态平衡。讲求金融活动与环境保护、生态平衡的协调发展，最终实现经济社会的可持续发展。

绿色金融与传统金融中的政策性金融有共同点，即它的实施需要由政府政策做推动。传统金融业以经济效益为目标，或者以完成政策任务为职责，后者就是政策推动型金融。环境资源是公共品，除非有政策规定，金融机构不可能主动考虑贷款方的生产或服务是否具有生态效率。

绿色金融产品包括绿色信贷、绿色债券、绿色保险、绿色信托、绿色 PPP、绿色租赁等。我国商业银行积极开展绿色金融业务，其中，中国农业银行绿色金融业务重点投向聚焦清洁能源、基础设施绿色升级、节能环保、清洁生产、生态环境、绿色服务六大绿色产业。中国工商银行将发展绿色金融作为服务实体经济和实现自身转型发展的重要举措，将绿色金融理念融入金融服务全流程。构建境内多层次绿色金融服务体系，产品覆盖绿色信贷、绿色债券、绿色基金、绿色租赁、绿色理财、绿色资产证券化等业务。

（四）政策规定

中国人民银行、财政部等七部门联合印发了《关于构建绿色金融体系的指导意见》强调，构建绿色金融体系的主要目的是动员和激励更多社会资本投入绿色产业，同时更有效地抑制污染性投资。构建绿色金融体系，不仅有助于加快我国经济向绿色化转型，也有利于促进环保、新能源、节能等领域的技术进步，加快培育新的经济增长点，提升经济增长潜力。

《指导意见》提出了支持和鼓励绿色投融资的一系列激励措施，包括通过再贷款、专业化担保机制、绿色信贷支持项目财政贴息、设立国家绿色发展基金等措施支持绿色金融发展。

《指导意见》明确了证券市场支持绿色投资的重要作用，要求统一绿色债券界定标准，积极支持符合条件的绿色企业上市融资和再融资，支持开发绿色债券指数、绿色股票指数以及相关产品，逐步建立和完善上市公司和发债企业强制性环境信息披露制度。

《指导意见》还提出发展绿色保险和环境权益交易市场，按程序推动制订和修订环境污染强制责任保险相关法律或行政法规，支持发展各类碳金融产品，推动建立环境权益交易市场，发展各类环境权益的融资工具。

《指导意见》支持地方发展绿色金融，鼓励有条件的地方通过专业化绿色担保机制、设立绿色发展基金等手段撬动更多的社会资本投资绿色产业。同时，还要求广泛开展绿色金融领域国际合作，继续在二十国集团（G20）框架下推动全球形成共同发展绿色金融的理念。

二、条件与流程

（一）办理条件

绿色金融包括绿色信贷、绿色债券、绿色基金、绿色租赁、绿色理财、绿色资产证券化等业务。不同业务有不同的申请和办理条件。

鼓励银行业金融机构发行绿色金融债券。鼓励金融机构承销绿色公司债券、绿色企业债券、绿色债务融资工具、绿色资产支持证券、绿色担保支持证券等。

支持信托金融机构采用资金信托、慈善信托或者服务信托的方式，通过资产证券化、产业基金、股权投资、可转债投资等形式，为绿色企业提供金融服务。

鼓励金融租赁机构开展绿色资产、大型成套设备等固定资产融资租赁业务，支持企业绿色运营。

（二）基本流程

以绿色信贷为例。

1. 加强绿色贷款授信尽职调查。

2. 对拟授信客户进行严格的合规审查。

3. 加强绿色贷款授信审批管理。

4. 加强绿色贷款客户经营环境和社会风险管理。

5. 加强绿色贷款资金拨付管理。

6. 加强绿色贷款贷后管理，制定并实行有针对性的贷后管理措施。

7. 加强贷款台账、利息催收与档案管理等。

三、案例：我国绿色贷款与碳中和债

案例 1：我国绿色贷款重点领域

绿色金融包括绿色贷款、绿色基金、绿色担保、绿色融资等，其中，我国金融机构绿色贷款主要投向了与政府相关的各类平台及类平台，如基础设施、水电气、交通运输等领域。截至2021年9月末，我国主要金融机构绿色贷款余额占比中，基础设施绿色升级产业占比最高，约37%；电力、热力、燃气及水生产和供应业、交通运输、仓储和邮政业、清洁能源产业占比约为20%；其余行业占比低。影响我国商业银行绿色贷款投放的难点是收益偏低。

点评：

从绿色信贷投资的角度分析，我国绿色金融构成中，绿色贷款的比重较高，并且多是基础设施、电力、热力、交通、仓储等基础性产业。

案例2：三峡集团发行碳中和债

中国长江三峡集团有限公司（以下简称"三峡集团"）2022年度第八期绿色中期票据（碳中和债）终于发行完毕，11月21日，三峡集团公布了"22三峡GN008（碳中和债）"的发行情况。根据公告，本期债券计划发行总额为20亿元，实际发行总额20亿元，起息日为2022年11月4日，兑付日为2027年11月4日，期限为5年，发行利率为2.59%。申购方面，"22三峡GR008"合规申购共5家，有效申购5家，合规申购金额22亿元，实际有效申购金额22亿元，最低申购价位为2.58%，最高申购价位为2.59%。据"22三峡GR008"募集书披露，本期绿色中期票据拟募集资金不超过20亿元，其中10亿元用于偿还"22三峡GN001"，10亿元用于偿还"22三峡GN005"。其中，"22三峡GN001"于2022年1月14日发行，于2023年1月17日到期。"22三峡GN005"于2022年3月31日发行，于2022年12月27日到期。募集资金穿透后，实际用于偿还三峡集团旗下乌东德水电站和白鹤滩水电站项目建设的银团贷款。

点评：

碳中和债是地方政府和国有企业积极推动减碳节能等领域的低碳债券。三峡集团发行碳中和债券，筹措可用资金，进行水电站与项目建设，有效降低石化及煤炭能源的使用比例，降低碳排放水平。

第四十二章　企业兼并重组（模式41）

企业兼并重组指企业通过对资产、股权等转让或购买，实现资产整合、资金融通的融资模式。从产权角度看，企业兼并重组主要是以产权或资产为纽带，对企业各种生产要素和资产进行配置和组合，以提高资源要素的利用效率，实现资产最大限度增值的行为。

一、概述

（一）基本概念

企业兼并重组包括兼并和收购两层含义、两种方式。国际上习惯将兼并和收购合在一起使用，统称为 M&A，或称为并购。企业之间的兼并与收购行为，是企业法人在平等自愿、等价有偿基础上，以一定的经济方式取得其他法人产权的行为，是企业进行资本运作和经营的一种主要形式。

企业并购主要包括公司合并、资产收购、股权收购三种形式。

资产重组指企业改组时将原企业的资产和负债进行合理划分和结构调整，经过合并、分立等方式，将企业资产和组织重新组合和设置。

狭义的资产重组仅仅指对企业资产和负债的划分和重组，广义的资产重组还包括对企业机构和人员的设置与重组、业务机构和管理体制的调整。资产重组一般是指广义的资产重组。

上市公司重大资产重组指上市公司及其控股或者控制的公司在日常经营活动之外购买、出售资产或者通过其他方式进行资产交易达到规定的比例，导致上市公司的主营业务、资产、收入发生重大变化的资产交易行为。

2022 年国资委发布《提高央企控股上市公司质量工作方案》要求通过资产重组、股权置换等方式，加大专业化整合力度，推动优质资源向央企上市公司汇聚；支持通过吸收合并、资产重组、跨市场运作等方式盘活，或通过无偿划转、股权转让等方式退出，进一步聚焦主责主业和优势领域。

（二）主要分类

1. 按照重组内容分类

产权重组。产权重组指以企业财产所有权为基础的一切权利的变动与重组。它既可以是所有权（出资者所有权）的转让，也可以是经营使用权的让渡；产权转让的对象既可以是整体产权，也可以是部分产权。

产业重组。宏观层面的产业重组是对现有资产存量在不同产业部门之间的流动、重组或相同部门间集中、重组，优化产业结构，提高资本增值能力。微观层面的产业重组主要是调整生产经营目标及战略。

组织结构重组。组织结构重组指在公司产权重组、资本重组后如何设置组织结构和组织形式的重组方式。旨在解决设立哪些组织机构，具备哪些职能，机构间的相互关系如何处理、协调，管理层人选如何调整等问题。

管理重组。管理重组指企业重组活动相应涉及企业管理组织、管理责任及管理目标的变化，由此而产生的重新确立企业管理架构的一种重组形式。其目的是创造一个能长远发展的管理模式或方式，帮助企业在激烈的市场环境中更好地生存与发展。

债务重组。债务重组是指对企业的债权债务进行处理，并且涉及债权债务关系调整的重组方式。债务重组是一个为了提高企业运行效率，解决企业财务困境，对企业债务进行整合优化的过程。

2. 按照重组方式分类

（1）资本扩张

资本扩张主要分为合并、收购、上市扩股、合资等。

合并是兼并和联合的统称。兼并（Merger），也称吸收合并，指企业以现金、证券或其他形式（如承担债务、利润返还等）投资购买取得其他企业的产权，使其他企业丧失法人资格或改变法人实体，并取得对这些企业决策控制权的投资行为；联合（Consolidation），也称新设合并，指两个或两个以上公司合并设立一个新的公司，合并各方的法人实体地位消失。

收购指企业用现款、债券或股票购买另一家企业的部分或全部资产或股权，以获得该企业的控制权的投资行为。根据《公司法》的规定，企业收购可以分为协议收购和要约收购。

上市扩股指通过股份制改组的企业，在符合一定条件，并履行一定程序后成为上市公司的行为。

合资指两个或两个以上独立的企业或实体合并成新的独立决策实体的过程。除此之外，还有许多企业合作的形式，如技术的许可证，对某一合同的联合投标，特许权经营或其他短期或长期的合同等。

（2）资本收缩

资本收缩的方式有资产剥离或资产出售、公司分立、分拆上市、股票回购。

资产剥离或资产出售。资产剥离（Divestiture）指公司将其现有的某些子公司、部门、产品生产线、固定资产等出售给其他公司，并取得现金或有价证券的回报。

公司分立。公司分立指一个母公司将其在某子公司中所拥有的股份，按母公司股东在母公司中的持股比例分配给现有母公司的股东，从而在法律上和组织上将子公司的经营从母公司的经营中分离出去。这会形成一个与母公司有着相同股东和持股结构的新公司。

分拆上市。分拆上市指母公司把一家子公司的部分股权拿出来向社会出售。随着子公司部分股权的出售，母公司在产生现金收益的同时，重新建立起控股子公司的资产管理运作系统。

股票回购。股票回购指股份有限公司通过一定的途径买回本公司发行在外的股份的行为。股票回购有两种基本方式：一是公司将可用的现金分配给股东，这种分配是购回股票；二是公司发售债券，所得款项用于购回本公司的股票。

（3）资本重整

资本重整方式包括改组改制、股权置换或资产置换、国有股减持、管理层收购（MBO）、职工持股基金（ESOP）。

改组改制。改组改制指企业进行股份制改造的过程。按公司设立时发起人出资方式不同，分为新设设立和改建设立。新设设立方式中按其设立的方式不同，又可分为发起设立和募集设立两种。

股权置换或资产置换。股权置换指控股公司将其持有的股份的一部分与另一公司的部分股份按一定比例对换，使本来没有任何联系的两个公司成为一个以资本为纽带的紧密联系的企业集团。

国有股减持。国有股减持指依据国有经济有进有退的战略调整方针，根据各上市公司在国民经济中的地位有选择、有计划地减少国有股的份额，逐步完成国有股的上市流通。

管理层收购（MBO）。管理层收购指目标公司的管理层利用借贷所融资本购买本公司的股份，从而改变本公司所有者结构、控制权结构和资产结构，达到重组本公司目的并获得预期收益的一种收购行为。管理层收购属于杠杆收购的一种。

职工持股基金（ESOP）。职工持股基金是一种股票投资信托，投资的是雇主公司的股票。投资方式可以是现金或其他公司的股票，公司的职工通过获得的股息分享公司增长的成果。

（4）表外资本经营

表外资本经营指不在报表上反映的，但将导致控制权变化的行为。其具体形式包括：

托管。托管指企业的所有者通过契约形式，将企业法人的财产交由具有较强经营管理能力，并能够承担相应经营风险的法人去有偿经营。明晰企业所有者、经营者、生产者责权利关系，保证企业财产保值增值并创造可观的社会效益和经济效益的一种经营活动。

战略联盟（合作）。战略联盟指两个或两个以上的企业为了达到共同的战略目标、实现相似的策略方针而采取的相互合作、共担风险、共享利益的联合行动。战略联盟的形式多种多样，包括股权安排、合资企业、研究开发伙伴关系、许可证转让等。

（三）基本规定

国有企业、上市公司及其控股或者控制的公司购买、出售资产，达到下列标准之一的，构成重大资产重组：

（1）购买、出售的资产总额占上市公司最近一个会计年度经审计的合并财务会计报告期末资产总额的比例达到50%以上；

（2）购买、出售的资产在最近一个会计年度所产生的营业收入占上市公司同期经审计的合并财务会计报告营业收入的比例达到50%以上；

（3）购买、出售的资产净额占上市公司最近一个会计年度经审计的合并财务会计报告期末净资产额的比例达到50%以上，且超过5000万元人民币。

二、条件与流程

（一）申请条件

国有企业或上市公司为促进行业或者产业整合，增强与现有主营业务的协同效应，在其控制权不发生变更的情况下，可以向控股股东、实际控制人或者其控制的关联人之外的特定对象发行股份购买资产，发行股份数量不低于发行后上市公司总股本 5%；发行股份数量低于发行后上市公司总股本 5% 的，主板、中小板上市公司拟购买资产的交易金额不低于 1 亿元人民币，创业板上市公司拟购买资产的交易金额不低于 5000 万元人民币。

（二）重大资产重组原则

（1）符合国家产业政策和有关环境保护、土地管理、反垄断等法律和行政法规的规定；

（2）不会导致上市公司不符合股票上市条件；

（3）重大资产重组所涉及的资产定价公允，不存在损害上市公司和股东合法权益的情形；

（4）重大资产重组所涉及的资产权属清晰，资产过户或者转移不存在法律障碍，相关债权债务处理合法；

（5）有利于上市公司增强持续经营能力，不存在可能导致上市公司重组后主要资产为现金或者无具体经营业务的情形；

（6）有利于上市公司在业务、资产、财务、人员、机构等方面与实际控制人及其关联人保持独立，符合中国证监会关于上市公司独立性的相关规定；

（7）有利于上市公司形成或者保持健全有效的法人治理结构。

（三）重大资产重组标准

上市公司及其控股或者控制的公司购买、出售资产，达到下列标准之一的，构成重大资产重组：

（1）购买的资产总额占上市公司控制权发生变更的前一个会计年度经审计的合并财务会计报告期末资产总额的比例达到 100% 以上；

（2）购买的资产在最近一个会计年度所产生的营业收入占上市公司控制权发生变更的前一个会计年度经审计的合并财务会计报告营业收入的比例达到 100% 以上；

（3）购买的资产净额占上市公司控制权发生变更的前一个会计年度经审计

的合并财务会计报告期末净资产额的比例达到 100% 以上；

（4）为购买资产发行的股份占上市公司首次向收购人及其关联人购买资产的董事会决议前一个交易日的股份的比例达到 100% 以上；

（5）上市公司向收购人及其关联人购买资产虽未达到本款第（1）至第（4）项标准，但可能导致上市公司主营业务发生根本变化；

（6）中国证监会认定的可能导致上市公司发生根本变化的其他情形。

（四）基本流程

（1）上市公司与交易双方就重大重组事宜进行初步磋商；

（2）与聘请的证券服务机构签署保密协议；

（3）向证券交易所申请停牌；

（4）停牌期间，上市公司至少每周发布一次事件进展情况报告；

（5）聘请独立财务顾问、律师事务所、具有证券业务资格的会计师事务所出具意见：重大资产重组是否涉及关联交易，就重组对非关联股东的影响发表明确意见；

（6）资产交易定价：聘请有证券业务资格的资产评估机构出具资产评估报告；

（7）聘请会计师事务所出具重组资产盈利分析报告；

（8）董事会决议和方案通过；

（9）向证监会提交发行申请文件；

（10）证监会并购重组委审核；

（11）收到结果并公告；

（12）独立财务顾问持续督导等。

三、案例：航空央企大规模重组

2022 年，经国务院国资委批准，中航电子（600372）、中航机电（002013）披露，中航电子拟向中航机电全体股东发行 A 股股票，从而换股吸收合并中航机电，并发行 A 股股票募集配套资金。中航系两家公司联合重组，将有利于集中资源做大做强航空主业。

公告显示，5 月 26 日中航电子与中航机电签署了《吸收合并意向协议》，后续双方将就本次合并的具体交易方案、换股价格、债权债务处理、员工安置、异议股东保护机制等安排进行协商。双方应积极给予另一方以必要的配合，全力推进本次合并，并完成正式交易协议的签署。

中航电子、中航机电两家公司均属于航空工业集团旗下公司，其中中航电子主要整合了航空工业集团旗下的航电资产，中航机电以机电资产为主。从营收与资产规模来看，中航电子 2021 年实现营业收入 98.39 亿元，同比增长 12.5%，总资产达 262.63 亿元；中航机电 2021 年实现营业收入 149.92 亿元，同比增长 22.64%，总资产达 348.94 亿元。

此前 2018 年，航空工业集团将中航机电系统有限公司与中航航空电子系统有限责任公司进行整合，成立中航机载系统有限公司。整合后，中航电子与航空工业机载签署《托管协议》，约定航空工业机载将重点科研院所在内的 14 家下属企事业单位委托给中航电子管理。此次中航电子与中航机电的资产重组是航空工业对机载系统产业的进一步整合。

点评：

国有企业通过对各种生产要素和资产进行组合，提高资源要素的利用效率，实现资产最大限度的增值，实现了资产优化与重组，提高了竞争力和盈利能力。

第四十三章　杠杆收购融资（模式42）

杠杆收购（Leveraged Buy – outs，LBO），一般缩写为LBOs。杠杆收购于20世纪60年代首先出现于美国，并在北美和西欧等国家流行。它指公司或个体利用收购目标的资产作为债务抵押，收购另一家公司的策略。

杠杆收购的主体一般是金融投资公司，投资公司收购目标企业的目的是以较低的价格买下目标公司，通过经营使该公司增值，通过财务杠杆增加投资收益。

一、概述

（一）基本概念

杠杆收购指主要通过负债融资增加公司财务杠杆力度的办法筹集收购资金，获得对目标企业的控制权，从目标公司的现金流量中偿还债务的一种企业并购方式。

企业采用杠杆收购方式收购其他企业时，以被并购企业的资产作为抵押，筹集部分资金用于收购。杠杆收购投资的巨额收益吸引了众多参与者，包括银行、保险公司、证券公司、养老基金和财力雄厚的个人。

（二）主要分类

典型的杠杆收购融资模式。筹资企业通过借款筹集资金，达到收购目标企业的目的。在这种模式下，筹资企业一般期望通过几年的投资，获得较高的年投资报酬率。

杠杆收购资本结构调整模式。由筹资企业评价自己的资本价值，分析负债能力，采用典型的杠杆收购融资模式，以购回部分本公司股份的一种财务模式。

杠杆收购控股模式。企业不是把自己当作杠杆收购的对象，而是以拥有多种资本构成的杠杆收购公司的身份出现。先对公司及子公司等资产价值及其负债能力评价，然后以杠杆收购方式筹资，所筹资金由母公司用于购回股份，收购企业和投资等，母公司仍对子公司有控制权。

（三）适用范围

（1）资本规模相当的两个企业之间的收购；

（2）实力较强的大公司收购小公司；

（3）小公司收购大公司；

（4）个人收购所在企业或熟悉的企业；

（5）分散的多个股东持股公司转为单个股东持股或公司在外股份的集中回购。

二、条件与流程

（一）申请条件

实施杠杆收购融资企业具备的条件：

（1）企业经营稳定，收益水平较高；

（2）企业经营管理水平较高；

（3）企业有明显的竞争优势，产品市场占有率高，销售市场好；

（4）企业财务状况良好，负债率低，有充足的流动资金，有良好的流动性；

（5）企业现金流量稳健，预期有稳定的现金流偿还到期的债务；

（6）有合理健全的长期发展计划等。

（二）主要特征

杠杆收购的资金来源主要是不代表企业控制权的借贷资金。杠杆收购的杠杆指企业的融资杠杆，反映企业股本与负债的比率，发生杠杆作用的支点是企业融资时预付给贷款方的利息。

杠杆收购的融资结构。优先债券约占收购资产的 60%，是由银行提供的以企业资产为抵押的贷款；约占收购资金 30% 的居次债券，包括次级债券、可转换债券和优先股股票；体现所有者权益的普通股股票，是购并者以自有资金对目标企业的投入。融资结构产生的结果：企业负债率大幅度上升；如果企业盈利增加，每股收益大幅上升。

杠杆收购的负债是以目标企业资产为抵押或其收入偿还，有相当大的风险性。杠杆收购中购并企业不是以本企业资产或收入为担保对外负债，而是以目标企业做担保。

杠杆收购融资中投资银行等中介组织的作用十分重要。以投资银行为主的市场中介组织在杠杆收购的融资中作用突出，由于杠杆融资的资金绝大部分依赖外部融资，风险较高，只有获得金融支持才能完成，只有投行愿意承担较高的风险，获取丰厚回报，垃圾债券的发行也只由投资银行操作，才能发行成功。

银行等提供居次债券中的次级债券、可转换债券及优先股股票是直接融资形式。资本市场允许企业以杠杆收购金融工具筹资，有相应市场环境和制度安排，投资者通过资本市场分散风险，杠杆收购融资才会进行。

（三）主要优势

并购项目的资产或现金要求较低。产生协同效应。通过杠杆收购将生产经营延伸到企业之外。运营效率得到一定促进和提高。降低过度多元化造成的价值破坏影响。改进企业领导力与经营管理。

（四）主要流程

杠杆收购的四大步骤：

设计准备阶段。主要是由发起人制定收购方案，与被收购方进行谈判，进行并购的融资安排，必要时以自有资金参股目标企业，发起人通常就是企业的收购者。

集资阶段。并购方通过企业管理层组成的集团筹集用于收购一定比例的资金。以准备收购的公司资产为抵押，向银行借款，相当于收购价格的 50%～70% 的资金，向投资者推销约为收购价 20%～40% 的债券。

购买阶段。收购者以筹集到的资金购入被收购公司期望份额的股份。

整改阶段。对并购的目标企业进行整改，以获得并购时所形成负债的现金流量，降低债务风险。

三、案例：杠杆收购策略与程序

国有企业可以探索杠杆收购的方式，进行资金或资产整合。杠杆收购的选择策略主要有以下几种：

背债控股。国有企业或收购方与银行商定独家偿还被收购企业的长期债务，作为实际投资，其中一部分银行贷款作为收购方的资本划到被收购方的股本之中并足以达到控股地位。

连续抵押。购并交易时不用收购方的经营资本，而是以收购方的资产作抵押,向银行申请相当数量的贷款,等购并成功后,再以目标企业的资产作抵押向银行申请收购新的企业贷款,如此连续抵押下去。

合资加兼并。如果收购企业实力较弱,可依靠经营优势和信誉,先与其他机构合资形成较大资本,再兼并比自己大的企业。

与目标企业股东互利共生。被兼并企业若是股份公司,其大股东往往成为收购企业争取的对象,取得其大力支持,购并交易往往起到事半功倍的效果。

采购方式。在向金融机构借款收购企业时,可在利率等方面给金融机构更大的让步,但交换条件是在较长时间内还款。

以被并购企业作抵押发行垃圾债券。收购方以被并购方的重要资产作抵押,发行垃圾债券,所筹资金用于支付被并购企业的产权所有者。

将被并购企业的资产重置后到海外上市。先自行筹集资金收购兼并 51% 以上的股权或成为第一大股东,然后对被并购企业的资产进行重整,以此为基础在海外注册公司,并编制新的财务报告,这样就可利用海外上市公司审批方面的灵活性来回笼资金。

我国国有企业等实施杠杆收购的一般运作程序,主要包括:

目标公司选择阶段。企业进行杠杆收购的理想对象一般都具有以下特征:组织结构比较完善、长期负债不多、具有较高的市场占有率等。

基础调查阶段。该阶段是杠杆收购各个环节的重要衔接点,其主要工作是对对象企业的基本情况进行评估。

并购谈判阶段。对收购对象进行调查研究后,并购双方开始就本次交易的实质性问题进行谈判,进而确定后续相关的收购事宜。

融资的可行性研究阶段。并购方应在比较不同融资方式的资金成本率后,选择最优融资方式,同时应考虑实施并购后,是否有能力管理目标企业,是否会给企业整体带来持续性收益等问题。

筹集所需资金阶段。由杠杆收购的概念可知,并购方只需投入很少资金,其余大部分均需通过外部融资。外部筹资方式主要有以下两种:一是发行债券(主要是次级债券和垃圾债券);二是向投行等金融机构进行借贷融资。

整合阶段。杠杆收购成功后,并购企业会进行合理有效的重组整改,以此提高目标企业的经营效率和盈利能力,在缓解前期融资负债压力的同时,实现协同效果。

重组上市阶段。本阶段是在公司逐步发展与壮大,投资目标实现后出现的逆向杠杆收购；如果公司经营不善，债务问题未得到有效解决，预期目标也没有实现的情况下则不会涉及这一阶段。

点评：

杠杆收购的策略与运行程序是实现杠杆并购的重要保障，杠杆收购选择的对象一般是较为成熟企业，通过获得目标企业的控制权，拥有施行改造企业使其增值措施的绝对权力，以被并购企业资产和现金流等做抵押，向银行获得过渡性贷款，以此贷款完成杠杆收购。在获得被并购企业控股权后，通过对被并购公司经营及包装上市等，获得投资回报和逐步退出。

第四十四章　商业承兑汇票贴现（模式43）

商业承兑汇票贴现是一种融通资金的行为，按照《票据法》的规定，企业持有的商业汇票到期前，如果急需资金，到商业银行办理贴现，获得可用资金。商业承兑汇票贴现是国有企业实现短期融资的一种重要模式。

一、概述

（一）基本概念

商业承兑汇票贴现指国有企业等持票人在商业承兑汇票到期日前，需要运营资金，向开户行背书转让，开户行扣除贴现利息后向其提前支付票款的行为。国有企业等由此获得了一定的可用资金。

商业承兑汇票的期限最长不超过 6 个月。商业承兑汇票必须以真实的商品交易为背景，不得办理融资性质的商业承兑汇票贴现业务。办理商业承兑汇票贴现业务的分支机构必须经上级机构授权，未经授权不得办理该项业务。

商业承兑汇票是由出票人签发的，由银行以外的付款人承兑，委托付款人在指定日期无条件支付确定的金额给收款人或者持票人的票据。

商业承兑汇票的出票人为在银行开立存款账户的国有企业等法人以及其他组织，与付款人具有真实的委托付款关系，具有支付汇票金额的可靠资金来源。出票人不得签发无对价的商业汇票用于骗取银行或者其他票据当事人的资金。

（二）申请对象

申请办理的客户是资信状况良好，有较强的支付能力，与银行有良好的业务合作关系或具备良好的合作前景，在银行取得授信额度的企业法人或其他经济组织。

二、条件与流程

（一）基本条件

商业汇票贴现是国有企业的上下游供应商、购买商等开具给国有企业、承诺到期付款的承诺与商业信用。国有企业可持此票据进行资金贴现，并获得可用资金。

被贴现票据的开票企业必须是在银行开立结算账户，为企业法人和其他经济组织。开票企业的信用必须获得贴现银行的认可。

与出票人或其前手之间有真实的商品交易关系，能够提供与商业汇票相符的、真实的商品交易合同和增值税发票。

贴现申请人或承兑人须有一方在银行有商业承兑贴现授信额度。

（二）期限

贴现期限自贴现之日起至汇票到期日止，最长期限不超过 6 个月。贴现期限从其贴现之日起至汇票到期日止，同城算头不算尾，承兑人在异地的，贴现期限和贴现利息的计算应按有关规定另加三天的划款日期。

（三）主要特征

商业承兑汇票的付款期限，最长不超过 6 个月；

商业承兑汇票的提示付款期限，自汇票到期日起 10 天；

商业承兑汇票可以背书转让；

商业承兑汇票的持票人需要资金时，可持未到期的商业承兑汇票向银行申请贴现；

适用于同城或异地结算。

（四）基本流程

1. 商业承兑汇票贴现的申请

（1）商业承兑汇票的持票人向银行申请办理贴现，应当具备以下条件：具备企业法人或其他经济组织资格，并依法从事经营活动；与出票人或其前手之间具有真实的商品交易关系；在银行开立存款账户。

（2）持票人申请办理贴现时，应向开户行提供以下资料：贴现申请书；经持票人背书的未到期商业承兑汇票；营业执照和法人代码证书；持票人或其前手之间的增值税发票和商品交易合同复印件；银行要求提供的其他资料。

2. 审查审批程序

信贷部门或票据贴现部门根据信贷原则和有关票据管理的规定，对客户申请进行严格审查：贴现申请人的合法资格；承兑人是否与银行建立商业承兑汇票业务合作关系；贴现申请人与出票人或其前手之间是否具有商品交易关系，汇票、交易合同和增值税发票的日期、金额等要素是否相互对应；申请贴现金额与贴现申请人现有融资余额之和是否超过最高综合授信额度；对记载"不得转让"或"质押"及其他影响票据权利转让事项的商业承兑汇票不得办理贴现。

会计部门审查票面要素是否齐全、有效，背书是否连续，签章是否规范，并按规定向承兑人开户行办理查询，对查询情况进行逐笔登记。

承兑人开户行接到贴现申请人开户行查询后，应按照有查必复、复必详尽的要求，认真核对查询内容和传真（或当面提示）的汇票，以相应的方式和内容查复贴现行。对已由他行办理查询、贴现或已办理挂失止付的汇票，应明确提示贴现申请人开户行。对核对无误的汇票，承兑人开户行应暂时冻结相应的贴现额度。

对审查和查询无误的商业承兑汇票，由信贷部门或贴现部门提出审查意见，送计划财务部门。计划财务部门审查是否有足够的贴现规模并签署意见，送有权审批人审批。

3. 贴现的办理

经审查、审批同意办理贴现的，信贷部门应与贴现申请人签订《商业承兑汇票贴现协议》，并通知会计结算部门办理有关贴现手续。

商业承兑汇票的贴现期限从贴现之日起至汇票到期日止。实付贴现金额按票面金额扣除贴现日至汇票到期日前一日的贴现利息计算。承兑人在异地的，贴现期限以及贴现利息的计算应另加3天的划款日期。

贴现行应在查复后2个工作日内将有关情况通过资金汇划清算系统及时通知承兑人开户行。通知应注明汇票要素和该汇票已（未）办理贴现等。如予以办理，贴现行向承兑人开户行支付相当于贴现利息金额10%的费用，以补偿承兑人开户行在监控承兑人、办理查复付出的成本。

承兑人开户行收到贴现行通知后，相应调整承兑人的贴现额度。

4. 转贴现及再贴现

对已贴现的商业承兑汇票，各分支机构之间可办理转贴现，也可以向人民银行办理再贴现。转贴现和再贴现的有关手续按人民银行有关规定执行。

三、案例：大明供热公司的商业承兑汇票贴现

大明供热公司是国有企业，主要提供企业和个人等供热服务，该企业获得了一张用热机构开具的商业承兑汇票2000万元，因资金使用需求，该企业到开户行申请票据贴现，贴现手续如下：

1. 申请贴现大明供热公司（汇票持有人）向银行申请贴现，填制"贴现凭证"，交有关单位处理。

汇票持有单位（贴现单位）出纳员根据汇票的内容逐项填写贴现凭证的有关内容，在第一联贴现凭证"申请人盖章"处和商业汇票第二联、第三联背后加盖预留银行印鉴，一并送交开户银行信贷部门。开户银行信贷部门按照规定对汇票及贴现凭证进行审查，审查无误后在贴现凭证"银行审批"栏签注"同意"，并加盖有关人员印章后送银行会计部门。

2. 办理贴现

银行会计部门对银行信贷部门审查的内容进行复核，并审查汇票盖印及压印金额是否真实有效。审查无误后即按规定计算并在贴现凭证上填写贴现率、贴现利息和实付贴现金额。按照规定，贴现利息应根据贴现金额、贴现天数（自银行向贴现单位支付贴现票款日起至汇票到期日前一天止的天数）和贴现率计算求得。用公式表示为

$$贴现利息 = 贴现金额 \times 贴现天数 \times 日贴现率$$
$$日贴现率 = 月贴现率 \div 30$$

贴现单位实得贴现金额等于贴现金额减去应付贴现利息，用公式表示为

$$实付贴现金额 = 贴现金额 - 应付贴现利息$$

3. 票据到期

汇票到期，由贴现银行通过付款单位开户银行向付款单位办理清算，收回票款。对于商业承兑汇票，贴现的汇票到期，如果付款单位有款足额支付票款，收款单位应于贴现银行收到票款后将应收票据在备查簿中注销。当付款单位存款不足无力支付到期商业承兑汇票时，按照《支付结算办法》的规定，贴现银行将商业承兑汇票退还给贴现单位，并开出特种转账传票，从贴现单位银行账户直接划转已贴现票款。同时向付款单位追索票款。当贴现单位账户存款也不足时，按照《支付结算办法》，贴现银行将贴现票款转作逾期贷款，退回商业

承兑汇票,并开出特种转账传票,在其中"转账原因"栏注明"贴现已转逾期贷款"字样,贴现单位据此编制转账凭证。

点评:

商业承兑汇票存在逾期无法支付的潜在风险,收款企业和贴现银行在审核时要验证,商业承兑汇票的期限是否超过规定期限。商业承兑汇票是否以真实的商品交易为背景。办理商业承兑汇票贴现业务的分支机构是否取得上级机构授权。商业承兑汇票贴现是一种成本较低的结算模式,商业承兑汇票贴现融资模式对于商业信用较好的企业可以重点使用。

第四十五章　使用者付费融资（模式44）

地方产业园开发和城镇化发展过程将产生对基础设施及其他公共服务的大量需求，相应的建设资金保障是重要的工作环节。使用者付费是对公益性基础建设项目，如水处理、网管线路，以及居民消费性重大公共服务项目进行融资的一种重要模式。

一、概述

（一）基本概念

使用者付费模式（User Reimbursement Model，URM）指政府通过招标的方式选定合适的基础设施项目民间投资主体。政府制定合理的受益人收费制度并通过一定的技术手段将上述费用转移支付给项目的民间投资者，作为购买项目服务的资金。

政府付费（Government Payment）指政府直接付费购买公共产品和服务。其与使用者付费的最大区别在于付费主体是政府，而非项目的最终使用者。适用条件为不具有向公众或终端用户收费的功能，如市政道路、综合流域治理、海绵城市等。

与使用者付费相似的一种融资模式是ABO模式，一般指授权（Authorize）—建设（Build）—运营（Operate）模式。是指在当地政府的授权下，由开发建设主管部门将区域土地整理、基础建设、投资促进和经济发展等社会公共服务职能，授权和委托至成功转型平台公司或社会资本方企业，并以特许经营形式加以实施，政府履行规则制定、绩效考核等职责，同时支付授权运营费用的合作开发模式。简单说就是由政府授权公司履行业主职责，公司依约提供所需公共产品及服务，政府履行规则制定、绩效考核等职责，同时支付授权运营费用。

根据已有 ABO 模式项目情况，ABO 模式的运行有如下特点：

（1）通过直接授权或招标程序确定项目业主。政府将项目以授权的方式交由相关企业建设、运营，相关企业依授权履行业主职责，政府依据协议给予补贴，合作期满项目无偿移交给政府。

（2）签订特许经营协议。政府通过采购程序选择被授权业主后，再通过协议或相关授权书确认其业主的角色、责任和权利。

（3）项目需具备一定的收益性。ABO 项目需具备一定的收益性，社会资本承担合理的投资风险，项目业主通过项目收益分配取得回报。也就是说，项目本身需要符合投融资逻辑，投资主体能够通过项目运营取得回报。

（4）项目无明确的合作年限限制。ABO 模式并无明确的合作年限限制，系根据政府方的具体授权内容和授权期限等因素确定。

（5）项目收益主要来自两个方面。一是政府支付的授权经营服务费，二是项目自身所具备的经营性收益。

（6）设置绩效考核指标。根据 ABO 模式实操案例，政府通过对企业设置绩效考核指标等方式作为支付授权经营服务费的参考依据。

（二）适用对象

使用者付费模式要求消费者在使用公共服务时向政府支付部分成本费用。通过使用者付费，把价格机制引入公共服务中。

适用条件：（1）项目使用需求可预测。项目需求量是否可预测以及预测需求量的多少是决定社会资本是否愿意承担需求风险的关键因素。（2）向使用者收费具有实际可操作性。在采取使用者付费机制的公路项目中，如果公路有过多的出入口，使得车流量难以有效控制时，将会使采取使用者付费机制变得不具有成本效益，而丧失实际可操作性。

使用者收费包括：为提供的服务收费，如自来水供应和垃圾收集、城市煤气供应、电力供应、公交等；允许享受某种机会或以某种活动进行的收费，如许可证费、特许经营费等；通过使用地方政府财产而取得的收入，如市场和土地租用费、使用城市政府出资建设的公路等。该模式下，公共服务的提供者一般是政府，享受服务的消费者直接向政府购买。"谁享用，谁付费"的模式可以避免免费供给公共服务导致的资源不合理配置与浪费。

二、条件与流程

（一）申请条件

通过价格机制回收部分成本的半公共物品领域，或者使用者和公众可以选择服务项目的服务领域，如社区服务、娱乐设施，可以采取该类模式。

（二）主要特征

申请对象主要是公共用品或公共服务。

这种模式资金的平衡主要来自收费。该融资模式适用于有收费权的项目建设。

服务提供者一般是地方政府，政府设定标准并设立机构。

（三）基本流程

（1）确定拟建设的重点项目与融资模式；

（2）政府委托中介机构，制定项目实施方案，设计合作的基本条件和有关要求等；

（3）进行招标和谈判，确定项目建设与实施单位，签订授权合同等；

（4）项目建设、使用者预交部分资金，以及项目融资等；

（5）项目完工后的实际使用，以及使用收费；

（6）项目移交、后续委托管理与项目后续收费等。

（四）使用量付费

使用量付费指政府依据项目公司所提供的项目设施或服务的实际使用量来付费，付费多少与实际使用量大小直接挂钩。在使用量付费模式中通常由社会资本根据项目的建设成本、运营成本及合理利润投报服务单价，根据服务单价和使用量计算付费额。为防止实际运营中使用量过高带来的超额收益或过低导致难以收回成本的现象，一般在按使用量付费的PPP项目中，双方通常会在项目合同中根据项目的性质、预期使用量、项目融资结构及还款计划等设置分层级的使用量付费机制，包括最高使用量和最低使用量。

最低使用量：政府与项目公司约定一个项目的最低使用量，在项目实际使用量低于最低使用量时，无论实际使用量多少，政府均按约定的最低使用量付费。最低使用量的付费安排可以在一定程度上降低项目公司承担实际需求风险的程度，提高项目的可融资性。

最高使用量：政府与项目公司约定一个项目的最高使用量，在实际使用量高于最高使用量时，政府对于超过最高使用量的部分不承担付款义务。最高使用量的付费安排为政府的支付义务设置了一个上限，可以有效防止政府因项目使用量持续增加而承担过度的财政风险。

（五）使用者付费类型

1. 主要定价方式

大部分使用者付费项目根据使用量以及约定的服务单价计算付费额。使用者付费单价的定价方式主要包括政府参与定价、根据市场价格定价。

政府参与定价通常可以采取以下两种方式：一是由政府设定一定区域内某一行业的统一价。高速公路收费实行统一定价，居民自来水费在一定行政区域内实行统一定价。政府统一定价需要经过一定的法定程序。二是约定定价原则和计价标准。综合管廊项目等由政府出台入廊费和日常维护费的定价原则和依据，作为最终双方协商定价或政府指导定价的依据。

根据市场价格定价。由项目公司根据投资、运营成本以及合理利润自行确定服务价格，如工业园区供水、污水处理价格。

2. 可行性缺口补助

可行性缺口补助主要有：

投资补助。在项目建设投资较大，无法通过使用者付费完全覆盖时，政府可无偿提供部分项目建设资金，以缓解项目公司的前期资金压力，降低整体融资成本。通常政府的投资额在制定项目融资计划时或签订 PPP 项目合同前确定，并作为政府的一项义务在合同中予以明确。投资补助的拨付通常不会与项目公司的绩效挂钩。

政府付费补贴主要有以下三类。

（1）价格补贴

在涉及民生的公共产品或服务领域，为平抑公共产品或服务的价格水平，保障民众的基本社会福利，政府通常会对特定产品或服务实行政府定价或政府指导价。如果因该定价或指导价较低导致使用者付费无法覆盖项目的成本和合理收益，政府通常会给予项目公司一定的价格补贴。例如地铁票价补贴。

（2）按量补贴

在特定产品或服务实行政府定价或政府指导价的项目中，除了给予一定价格补贴外，也可以根据使用量进行补贴。

（3）总额补贴

对可行性缺口补助模式的项目，在项目运营期内，由于使用者付费的明显不足，政府承担部分直接付费责任。政府每年直接付费数额包括：建设总投资、运营成本和合理利润根据可用性付费方式计算出的每个运营年的付费额，减去每个运营年使用者付费的数额。即当年可行性缺口补助 = 当年可用性付费 + 当年运维服务付费 − 当年使用者付费。

政府通过无偿划拨土地，提供优惠贷款、贷款贴息，投资入股，放弃项目公司中政府股东的分红权，以及授予项目周边的土地、商业等开发收益权等方式，降低项目的建设、运营成本，提高项目公司的整体收益水平，确保项目的商业可行性。

3. 唯一性条款

由于在使用量付费和使用者付费项目中，项目公司的成本回收和收益取得与项目的使用者实际需求量（市场风险）直接挂钩，为确保项目获得融资支持和合理回报，双方通常会在项目合同中增加唯一性条款，即要求政府承诺在一定期限内和一定区域范围内不再批准新建与本项目有竞争的项目。

4. 超额利润分享机制

在使用量付费和使用者付费项目中在设计付费机制时考虑设定一些限制超额利润的机制，包括约定投资回报率上限、使用量上限等，超出上限的部分归政府所有，或者就超额利润部分与项目公司进行分成等。

三、案例：花都工业园的使用者付费模式

花都市是我国东部沿海城市，为提升工业园区内企业的运营管理和营销能力，该市研究并拟建立产业园公共服务平台，主要服务园区的企业采购和营销，但由于缺少建设资金，迟迟没有动工。

该市城投公司作为项目的主要建设者，根据投资专家的指导，分析确立了园区内使用该网络的企业名单，召开了企业座谈会，听取了意见。对拟使用服务网络平台的企业实行了付费管理，签订了服务合同，预交了部分建设资金，建设资金由使用企业分别分担一定比例。

由于筹集到了项目建设资金，产业园的服务共享项目顺利实施，园区企业的采购网络和营销网络逐步规范和拓展，企业业务得到了推动。

点评：

使用者付费是地方政府进行公共服务项目和公共产品投资的重要模式。政府通过使用者付费模式，聚集了闲散的资金，推动了重大项目建设。这种模式具有针对性、政策性、公益性等特征。本案例中花都工业园公共服务平台建设，以预先收费方式解决建设资金。

第四十六章　项目搭桥融资（模式45）

项目搭桥融资是一种过渡性的融资，其中银行贷款是重要的渠道。国外搭桥贷款通常指公司在安排复杂的长期融资前，为业务正常运转提供所需资金的短期融资。我国主要指券商担保项下拟上市公司或上市公司的流动资金贷款，也有非上市企业或地方政府的重点项目临时性、过渡性融通资金。

一、概述

（一）基本概念

项目搭桥贷款指银行为满足政府或基础设施项目前期建设过程中产生的资金需求，在各类风险可控、预计项目资本金按期、按比例到位的前提下，对项目发起人或股东发放的过渡性贷款。

搭桥贷款是一种短期贷款，也是一种过渡性贷款。搭桥贷款是使购买时机直接资本化的一种有效工具。搭桥贷款的期限较短，最长不超过一年，利率相对较高，以房地产或存货等为抵押。因此，搭桥贷款也称为"过桥融资""过渡期融资""缺口融资""回转贷款"。

（二）业务范围

搭桥贷款属于短期融资，期限通常为半年，最长不超过一年。搭桥贷款是一种过渡性的贷款，是为解决上市公司或预上市公司临时性的正常资金需要，主要用于满足募集资金尚未到位情况下前期所需的资金支出。搭桥贷款的类型包括产权转让类、固定资产贷款类、融资租赁类、境外筹资转贷类等，应用范围较广。

二、条件与流程

（一）适用对象

适用于已落实的计划内资金暂时无法到位，因正常业务活动需要先行垫付资金的借款人：

（1）最终还贷资金来源于政府财政或政府主管部门拨款（含投资、返还、补贴等，下同），且已列入政府年度财政预算或政府主管部门预算的学校、医院等事业法人或城市建设投资公司等企业法人；

（2）有借款需求并需要临时用款过渡的有关情形。

（二）申请条件

办理项目搭桥贷款业务必须同时符合以下条件：

（1）借款人符合银行行业信贷政策准入标准，生产经营正常，公司治理状况良好；

（2）借款人及项目业主资信状况良好；

（3）拟投资项目符合国家宏观经济政策导向和银行行业政策；

（4）项目已列入国家发展改革委规划或相关政府部门已同意开展项目前期工作，或已按国家规定办理完成审批、核准手续；

（5）拟投资项目资金计划合理、可行，资金来源落实，预计资本金按期、按比例到位。

（三）基本特征

（1）一般期限较短；

（2）由商业银行等金融机构提供；

（3）资金成本一般较高；

（4）解决企业或项目的临时性资金需求，发放资金的保障等。

（四）风险控制

搭桥贷款主要风险：一是银行愿意放款，二是控制第三方账户。

（五）基本流程

（1）业主申请，并准备有关资料；

（2）商业银行或其他投资机构组织进行项目资料审核，开展尽职调查；

（3）商业银行或其他投资机构的内部审批与风险评估；

（4）银行与政府或控股企业等签订项目搭桥放款协议，并安排放款；

（5）贷后管理与日常检查；

（6）搭桥贷款本息偿还。

三、案例：北京城投的搭桥贷款

搭桥贷款又称过桥贷款，是银行等金融机构推出的贷款品种。该贷款是为满足借款人日常业务活动阶段性的资金需求，以未来政府拨款等非经营性现金流作为还款来源而发放的过渡性贷款，主要适用于学校、医院等事业法人或城市建设投资公司等企业法人。

北京城投公司是国有企业，主要负责政府项目融资与开发建设。为了实施重点城市污水处理项目，北京城投公司向光大银行申请6亿元搭桥贷款，并提交了有关贷款资料与手续。光大银行根据搭桥贷款的业务规范与审核程序，开始了内部调研与贷款审查，审批同意了该笔贷款，并发放给北京城投公司。它一方面满足了地方政府和国有企业建设污水处理工程的资金需求，另一方面也实现了光大银行的业务收入，为拓展城市基础设施建设项目融资探索了新的途径。

点评：

搭桥贷款是银行或其他金融机构为满足企业或个人等短期的资金拆借的过渡性需求，通过发放临时性信贷资金，帮助借款人实现特定融资的时间和业务过渡。搭桥资金机构应该审核和评估可能的特定业务或其他资金来源和潜在风险等，避免搭桥资金偿还能力不足导致的经营风险。

第四十七章　固定资产支持融资（模式46）

固定资产支持融资是企业通过固定资产使用收入等予以融资的一种重要模式，它适用于在项目开发或生产经营中存在合理资金需求，并拥有能产生一定收益的经营资产的政府或企业等客户。

一、概述

固定资产支持融资业务，是指以借款人自有的、已建成并投入运营的优质经营性资产（以下简称特定资产）未来经营所产生的持续稳定现金流（如收费收入、租金收入、运营收入等）作为第一还款来源，为满足借款人在生产经营中多样化用途的融资需求而发放的贷款。

固定资产支持融资业务适用于公司客户在生产经营中合理的资金需求，其中包括置换借款人建设该特定资产而形成的银行贷款。固定资产支持融资用途必须符合国家有关政策规定。

对房地产开发企业办理固定资产支持融资业务，仅限于借款人置换建设该特定资产形成的银行贷款。

贷款期限一般不超过5年。贷款到期后，借款人及其特定资产仍符合业务办理条件和再融资相关规定的，贷款行可根据实际情况为其办理再融资。

产品特点是：针对性强，主要以借款人拥有的标的资产（已建成）进行抵（质）押来获取融资支持；用途较广，可用于满足借款人相关产业生产经营中合理的资金需求；贷款期限较长等。

二、条件与流程

（一）申请条件

借款人需具备如下基本条件：

（1）在贷款行开立基本存款账户或一般存款账户；

（2）信用等级在 A＋级（含）及以上；

（3）所有者权益在一定金额以上；

（4）借款人经营状况良好，在银行融资无不良记录，发展前景好；

（5）经营特定资产符合国家有关规定；

（6）有合法、完整、独立的特定资产所有权、经营权、收益权和处置权；

（7）贷款行要求的其他条件。

（二）资产条件

可以用于申请该类贷款的特定资产，包括：

（1）能获得合法收费收入的高速公路或一级公路；

（2）能获得合法收费收入的供水、供电、有线电视、通信网络等城市及公用基础设施等；

（3）能获得合法租金或运营收入的营利性资产，如写字楼、酒店、标准厂房等；

（4）贷款行认可的其他资产。

特定资产需要符合国家产业政策及有关规定；所有权、经营权、收益权和处置权清晰；已投入运营并有合法持续和稳定的收入；能办理合法有效的抵押质押登记，容易处置等。

特定资产需满足的特殊条件：

以公路或公用基础设施作为特定资产的，必须符合国家及当地政府关于公路或公用基础设施收费的规定。

以营利性不动产作为特定资产的，必须符合当地城市规划要求，经竣工验收合格并办妥房屋所有权证；资产所处地理位置优越，资产市场价值、租金收入（或运营收入）稳定或有上涨趋势。

（三）提交资料

申请固定资产支持融资贷款须提交的资料清单：

企业法人营业执照；企业法人组织机构代码证；税务登记证；有关经营许可证书；验资报告；章程及股东或董事签字样本；企业法人代表任职资格证明文件；企业法人代表、财务负责人身份证；企业法人代表、财务负责人签字样本；连续三年经审计的年度财务报表和近期财务报表；开户许可证；竣工验收报告等相关合规运营手续；经营性物业资产经营合作合同书；根据合同书列表测算未来收入；贷款申请（注明贷款的具体用途和证明资料）；拟为贷款提供的担保方式及明细；申请贷款及抵押的董事会决议等。

（四）基本流程

（1）企业提交有关资料和申请书；

（2）银行尽职调查和出具审批报告；

（3）银行内部审理和风险审核；

（4）银行放款；

（5）贷后管理；

（6）贷款清偿和结项。

（五）利息约定

办理固定资产支持融资业务，应根据特定资产的经营现金流特点制定分期还款计划，一般应按季还款；确因收费收入、租金收入（或运营收入）周期等原因不能满足按季还款的，可按半年或按年还款。

贷款利率根据业务风险状况在人民银行规定的利率基础上合理确定。

三、案例：江北物业公司申请固定资产支持融资

江北物业公司是负责经营地产物业的国有大中型企业，管理全市国有楼宇物业、供水厂等收入性固定资产，该企业立项投资建设商业大楼与水厂，由于资金不足需要银行融资 5000 万元，公司提交贷款申请资料之后，银行策划设计了固定资产支持贷款模式，开展了基础调研，按照江北物业公司物业费总收入、水厂总收入等的一定比例，测算审批了 5000 万元贷款额度，办理了有关手续，发放了银行贷款。

江北物业公司拿到银行贷款后，开展了办公楼宇建设、进行了水厂开发，项目投产后增加了物业收入与水厂收入，及时归还了约定的贷款，构建了物业公司项目投产并创收、贷款银行增加业务收入的"双赢"局面。

点评：

固定资产支持融资主要是对企业厂房、路权、大型设备等进行银行融资，多用于规模较大的企业开展对外融资。银行对江北物业公司开展该类贷款，需要审核资产真实性、还款来源的稳定性以及贷款企业信用，相应办理各类手续，进行贷后管理和企业考察，确保贷款风险可控。

第四十八章 社会保障基金（模式47）

社会保障基金是国家为实施社会保险事业而筹集的，用于支付劳动者因暂时或永久丧失劳动能力或劳动机会时所享受的保险和津贴的资金。社会保障基金筹集是社会保障制度正常运行的前提和基础。社会保障基金的筹集贯彻收支平衡（包括横向平衡和纵向平衡）的原则。2022 年 9 月 27 日，全国社保基金会又发布《实业投资指引》，其中提出探索开展可持续投资实践，加大对 ESG 主题基金和项目投资，将环境、社会、治理等因素纳入实业投资尽职调查及评估体系。

一、概述

（一）基本概念

社会保障基金是根据国家有关法律、法规和政策的规定，为实施社会保障制度而建立起来、专款专用的资金。社会保障基金一般按照不同的项目分别建立，如社会保险基金、社会救济基金、社会福利基金等。其优点是盈余额大、流动性好、投资相对可靠，其缺点是利率较低、盈余能力弱等。

全国社会保障基金指全国社会保障基金理事会负责管理的由国有股减持划入资金及股权资产、中央财政拨入资金、经国务院批准以其他方式筹集的资金及其投资收益形成的由中央政府集中的社会保障基金。

社会保障基金财政专户，是指财政部门在国有商业银行开设的，用于存储和管理社会保障资金的专用计息账户。

我国社会保障基金主要包括：社会保险基金、全国社会保障基金、企业年金三类。我国社会保险基金筹集方式实施部分积累制，即现收现付制和完全积累制的综合。

社会保障基金投资指社会保障基金投资机构用社会保障基金购买法律许可

的金融资产或实际资产，以在一定时期内获取适当预期收益的基金运营行为。一般情况下，国家对社会保障基金投资方向、投资结构、投资区域、投资额等限制。对社会保障基金投资收益免征所得税。

社保基金对信托贷款项目投资指社保基金基于安全性、收益性、合规性的原则，按照监管部门批准的政策，通过信托公司向符合条件的借款人发放信托贷款的投资行为。

（二）基金来源

全国社保基金的来源包括中央财政预算拨款、国有股减持划入资金、经国务院批准的以其他方式筹集的资金、投资收益、股权资产。其中，中央财政预算拨款和国有股减持划入资金是全国社保基金主要的资金来源。截至 2022 年 6 月末，我国累计投资规模近 3000 亿元，取得投资收益超过 2400 亿元。其中，直接股权累计投资超过 2000 亿元，投资收益超过 1800 亿元，年化投资收益率约 12%；股权基金累计投资超过 800 亿元，投资收益超过 500 亿元，年化投资收益率约 14%。

（三）投资领域

从我国来看，按照《全国社会保障基金理事会实业投资指引》确定的投资重点，我国社保基金对实业投资重点支持国家重大战略实施，助力推动关键核心技术攻坚、产业链供应链稳定、粮食能源安全、战略性新兴产业发展、绿色低碳转型和数字经济发展。在股权基金投资中，社保基金主要投向先进制造、新能源、新一代信息技术、节能环保、生物技术等为代表的战略性新兴产业，投向民生领域、基础设施领域等重点项目。

（四）社保基金投资种类

2022 年 9 月 27 日，全国社保基金出台了《实业投资指引》，在总结实业投资管理经验基础上，明确了全国社保基金实业投资中长期发展规划，阐明了实业投资的总体要求、基本原则、重点工作和保障措施，完善了实业投资管理运营体系。重点工作包括聚焦国家战略助推经济高质量发展，强化实业投资资产配置功能，加大直接股权投资力度，扩大市场化股权基金投资规模，稳妥开展结构化基金、政策性基金、信托贷款投资，探索开展可持续投资实践，深化与中央企业、地方国有企业合作，扩大合作范围优化合作机制，探索开展独立账户、跟投基金投资，夯实投前调研，持续强化投后管理，压实退出管理责任，抓好董监事履职管理，改进绩效评价机制，加强投资管理能力建设，严密防范化解风险，构建生态扩大影响力。

优化基金权益资产配置结构，加大实业投资力度，提升实业投资在基金资产配置中的占比，进一步发挥实业投资资产收益稳定、波动较小的重要作用。加大关系国家安全、国民经济命脉和国计民生的战略性、基础性领域的长期股权投资，持续优化股权资产结构。挖掘体量大、周期长、分红稳定的新型基础设施投资机会。拓宽直接股权投资的范围和领域。扩大市场化股权基金投资规模。结合基金中长期配置需要，构建股权基金二级资产配置体系。我国社保基金投资领域主要是银行存款、买卖国债和其他具有良好流动性的金融工具，包括上市流通的证券投资基金、股票、信用等级在投资级以上的企业债、金融债等有价证券等。

2018 年，国家调整了全国社会保障基金理事会隶属关系。将全国社会保障基金理事会由国务院管理调整为由财政部管理，承担基金安全和保值增值的主体责任，作为基金投资运营机构，不再明确行政级别。

二、条件与流程

（一）申请条件

社保基金信托贷款项目借款人应符合以下条件：

（1）原则上为资产规模较大、实力较强、发展前景较好的大中型企业；

（2）主体资格合法有效，具有符合法律规定的法人治理结构，内部管理规范；

（3）主体资产清晰，财务状况稳健，不存在重大债务纠纷；

（4）依法获得信托贷款项目的主体经营或建设资格；

（5）借款人合法合规经营，公司在近三年内未发生因违法违规行为而受到监管机构行政处罚的情形。

受托管理社保基金信托资产的信托公司应符合以下条件：

（1）实收资本不低于 12 亿元，上年末经审计的净资产不低于 30 亿元；

（2）具有比较完善的公司治理结构、良好的市场信誉和稳定的投资业绩，并具有良好的内部控制制度和风险管理能力；

（3）主要股东实力较强，资信状况良好；

（4）公司在近三年内未发生因违法违规行为而受到监管机构行政处罚的情形。

（二）主要特征

（1）法定性：依据国家法律、法规设立，严格按照法律规定筹集、运营、管理和使用；

（2）目的性：专款专用，根据特定的用途筹集、运用和管理；

（3）基础性：是社会保障制度顺利推行的物质基础；

（4）互济性：在国民收入分配与再分配中，社会保障费用由国家、用人单位和个人三方共同负担，基金来源于社会统筹，用于社会成员，体现互助互济性；

（5）政府干预性：社会保障基金筹集、精算、测定等体现政府的社会保障责任。

（三）基本流程

（1）选择适合的合作机构并且签订合作协议；

（2）进行优质项目或对放款企业进行选择与考察；

（3）委托其他金融机构发放委托贷款，或直接投资银行等金融中介机构；

（4）日常管理与跟踪检查；

（5）回收资金。

三、案例：社保基金的投资管理

我国社保基金的投资理念：社保基金会坚持长期投资、价值投资和责任投资的理念，按照审慎投资、安全至上、控制风险、提高收益的方针进行投资运营管理，确保基金安全，实现保值增值。

我国社保基金的投资方式：社保基金会采取直接投资与委托投资相结合的方式开展投资运作。直接投资由社保基金会直接管理运作，主要包括银行存款、信托贷款、股权投资、股权投资基金、转持国有股和指数化股票投资等。委托投资由社保基金会委托投资管理人管理运作，主要包括境内外股票、债券、证券投资基金，以及境外用于风险管理的掉期、远期等衍生金融工具等，委托投资资产由社保基金会选择的托管人托管。

我国社保基金的投资范围：经批准的境内投资范围包括银行存款、债券、信托贷款、资产证券化产品、股票、证券投资基金、股权投资、股权投资基金等；经批准的境外投资范围包括银行存款、银行票据、大额可转让存单等货币市场产品、债券、股票、证券投资基金，以及用于风险管理的掉期、远期等衍生金融工具等。

　　我国社保基金的资产独立性：社保基金资产独立于基本养老保险基金、划转的部分国有资本和社保基金会、社保基金投资管理人、托管人的固有财产以及社保基金投资管理人管理和托管人托管的其他资产。社保基金与基本养老保险基金、划转的部分国有资本、社保基金会单位财务分别建账，分别核算。

　　我国社保基金的投资重点：优化股票存量资产结构，适时开展新增策略产品投资，稳妥赎回部分境外资产，努力防范化解投资风险。围绕服务国家重大战略和实现"双碳"目标开展股权投资，积极布局新能源产业，推动科技创新和战略性新兴产业发展。及时把握市场利率阶段性机会开展固定收益系列产品投资，持续抓好银行存款投资。

　　点评：

　　社保基金具有特殊性，需要规避投资风险。随着我国金融产品的持续创新，社保基金的投资领域和融资模式不断变化。存款、国债、理财、信托产品等成为重要的投资模式，地方政府与企业应主动研究和善于利用该类专项资金。

第四十九章　国有企业混改融资（模式48）

国有资本重组和混合所有制改革是国有企业改革的重要内容，也是国有企业获得融资，改善经营管理，适应市场竞争的重要举措。国有资本投资公司通过股权投资、并购重组，改善国有资本的质量效益，实现国有资本的保值增值。

一、概述

（一）基本概念

国有资本混改融资指根据国家有关政策或发展策略，为了实现国有资本的有效聚集和最大效益，推动地方经济或重点产业发展，政府通过整合国有企业、无形或有形资产、各类产权、核心资源等，进行国有资本所有制改制，实现国有资本的相对集中，提升国有资本的融资和运营能力，间接获得项目发展需要的资金。或者通过国有资本重组后的融资能力和信用等级提升，获得外部融资的一种模式。

国有资本投资公司是国家授权经营国有资本的公司制企业。公司经营模式是以投资融资和项目建设为主，通过投资实业拥有股权，通过资产经营和管理实现国有资本保值增值，履行出资人监管职责。

混合所有制是股份制的一种形式，既包括公有制经济，又包括非公有制经济，是不同所有制经济按照一定原则实行联合生产或经营的经济行为，是适应我国现阶段所有制结构、在改革开放中形成的特殊形态的股份制，是被证明了的行之有效的公有制的实现形式。

混合所有制融资指根据国家产业政策和改革需要，对国有资本出售或股权稀释，引进民营企业等社会化闲散资金，通过出售股权、出让资产等得到对应资金的一种融资模式。

（二）产业政策

"十四五"规划和2035年远景目标纲要指出，加快国有经济布局优化和结构调整，做大做强做优国有资本。国有资本是党和国家事业发展的重要物质基础和政治基础，要从推进国家现代化、维护国家安全的高度来理解其重要性。在国有资本的布局中，金融资本与非金融资本要协调发展，坚决防止出现"脱实向虚"。

《国务院国资委关于以管资本为主加快国有资产监管职能转变的实施意见》指出，提高国有资本运营效率。建立完善国有资本运作制度，加强国有资本运作统筹谋划，加快打造市场化专业平台。发挥国有资本投资公司功能作用，通过开展投资融资、产业培育和资本运作等，推动产业集聚、化解过剩产能和转型升级，培育核心竞争力和创新能力。优化国有资本运营，通过股权运作、基金投资、培育孵化、价值管理、有序进退等方式，实现国有资本合理流动和保值增值。加强产权登记、国有资产交易流转、资产评估、资产统计、清产核资等基础管理工作，确保资本运作依法合规、规范有序。

二、条件与流程

（一）申请条件

（1）确立国有资本整合方案；

（2）提报政府管理部门审批；

（3）审批并下达执行；

（4）组成整合团队，或聘请外部机构实施有关手续和程序；

（5）组建新的国有资本组织体制，或进行股权调整；

（6）国有资本运营或再融资。

（二）主要特征

（1）以政策性重组整合为主导；

（2）设立法人企业或重组为法人企业，以政府控股或实际派人管理为重要特征；

（3）以国有资产整合为重点；

（4）以整合后的国有资本推动项目开发，或者进行平台再融资；

（5）混合所有制融资还兼有获得资金与优化股东的作用，能够提升市场化经营能力，规范决策机制。

（三）基本流程

（1）确定工作计划或实施框架；

（2）向主管部门提出申请，并获得框架方案的批准；

（3）进行市场调查或目标企业调查，形成具体实施方案，必要时聘请中介机构实施；

（4）提交董事会、股东大会等审议方案，并提交政府主管部门审批；

（5）根据审批核准的方案，组织有关资产出让或混合所有制改革；

（6）选择和商谈目标企业，或者采取公开招标的模式推进股权转让、混合所有制改革等操作方案；

（7）对确定的购买股权、购买国有资产等企业、个人进行法律手续办理或资金等交割；

（8）改革重组后的资产管理与业务运营。

三、案例：上海国资委的混合所有制改革

上海国资委《关于推进本市国有企业积极发展混合所有制经济的若干意见（试行）》公布。上海推行混合所有制将以发展公众公司为实现形式，主要包括公司股份制改革、开放性市场化双向联合重组、股权激励和员工持股三个途径。国有企业集团整体上市，打造公开透明的公众公司，是上海发展混合所有制经济的基本实现方式。

上海调整优化国资布局结构。聚焦产业链、价值链，深化开放性市场化双向重组联合，加快调整不符合上海城市功能定位和发展要求的产业和行业。重点发展新能源汽车、高端装备、新一代信息技术、新能源等有一定基础和比较优势的战略性新兴产业。推进制造业企业创新发展和转型升级，促进服务业企业模式创新和业态转型，完善基础设施与民生保障领域企业持续发展的经营模式。

在市场化联合重组方面，上海支持国有企业通过证券市场、产权市场等引入投资主体参与改制重组，投资主体可以货币或实物、知识产权、土地使用权等方式出资，支持国有资本投资的基础设施建设和公用事业运营项目，通过特许经营等方式，引入风险投资、私募股权投资等非国有资本参股。

在资本选择层面，上海国有企业引入战略投资者时将更加注重资源的优势，将重点并择优选择能够在技术、管理和资源上形成互补、协同和放大效应的战略投资者。确定合作对象时要求意向合作方有多个，必要时对参与竞价的投资者数量设定下限。企业改制重组涉及国有股权、产权或资产转让、增资扩股等，

应在证券市场、产权市场等场所公开进行。

　　负责国有资本运营的国有资本管理公司，保持国有独资；负责基础设施和功能区域开发建设、提供公共服务和保障改善民生类的功能类和公共服务类国有企业，可以保持国有全资或国有控股；战略性新兴产业，先进制造业和现代服务业中的国有重点骨干企业，可保持国有控股或相对控股；而在一般竞争性领域的国有企业，根据改革实际，按照市场规则有序进退，合理流动。

　　点评：

　　国有资本聚集或混合所有制融资是我国政府积极推动的重要融资和管理模式变革，它解决了一部分的资金需求，又在特定的条件下，通过出让部分股权或自有资产，引进优势股东，优化企业经营管理层，促进企业管理机制提升，获得可用的外部融资，促进企业的健康发展。

第五十章　财政贴息资金（模式49）

财政贴息资金是财政部、中国人民银行或商业银行推动的优惠信贷资金的重要措施，主要是面向国家重点扶持的特定产业、公益领域和目标企业等，进行央行信贷政策调控与财政利息补贴、财政资金发放等，使得扶持产业或公益性企业等更容易获得财政或信贷融资，促进相关产业与重大战略的顺利推进。

一、概述

（一）基本概念

财政贴息指为了鼓励企业开发名优产品、采用先进技术，国家财政对使用某些特定用途的银行贷款的企业，为其支付全部的或部分的贷款利息。

财政贴息贷款指企业等申请的商业银行提供的特定用途的低息贷款或者无息贷款，而国家财政或央行给予放款的商业银行贷款贴息。

（二）财政贴息类型

国家实施乡村振兴、产业扶贫、绿色金融等重大战略，需要贷款贴息或财政补贴，促进企业或个人积极参与相关业务与项目。

财政贴息主要有两种方式：（1）财政将贴息资金直接拨付给受益企业；（2）财政将贴息资金拨付给贷款银行，由贷款银行以政策性优惠利率向企业提供贷款，受益企业按照实际发生的利率计算和确认利息费用。

二、条件与流程

（一）申请条件

（1）符合央行规定的投资方向与要求；

（2）以银行等金融机构为实施对象；

（3）定向降准融资企业需要通过金融机构才能获得资金。

（二）基本特征

（1）由央行主导和出台办法；

（2）由金融机构实施，具体项目由金融机构组织与申报；

（3）企业是否获得贷款，取决于央行政策执行的力度和商业银行的操作能力等；

（4）货币定向宽松，有助于加大实体经济投资，引导产业调整。

（三）主要流程

（1）央行制定有关政策和实施细则；

（2）金融机构提出申请；

（3）央行审核、批准；

（4）执行有关信贷政策；

（5）金融机构对特定产业或目标企业放款，并提交央行审核、备案；

（6）央行监督与政策执行检查。

三、案例：财政贴息资金报告的撰写

财政贴息资金报告的主要内容包括：

（1）项目单位的基本情况和财务状况；

（2）项目的基本情况（建设背景、建设内容、总投资及资金来源、技术工艺、各项建设条件落实情况等）；

（3）申请财政贴息资金的主要原因和政策依据；

（4）项目招标内容（适用于申请财政贴息资金500万元及以上的投资项目）；

（5）国家发展改革委要求提供的其他内容。

已经国家发展改革委审批或核准的投资项目，其贴息资金申请报告的内容可适当简化，在申请报告中重点论述申请财政贴息资金的主要原因和政策依据。

点评：

财政贴息贷款是财政部、央行等实现货币调控，降低公益性、扶持性项目的重要引导性措施，它取决于财政部、央行等的政策推动与申请质量。地方政府、国有企业、公益性社会组织应该研究国家财政贴息贷款政策，积极申请资金，推动国内乡村振兴、康养医疗、产业扶贫、生态治理等项目或工程获得低息信贷资金或财政补贴专项贷款。

第五十一章　资产证券化融资（模式 50）

资产证券化起源于 20 世纪 60 年代末美国的住宅抵押贷款市场。研究资产证券化分类、融资流程和典型案例，有助于推动重点产业的繁荣和国民经济的可持续发展。

一、概述

（一）基本概念

证券化指将缺乏即期流动性但能够产生可预见的、稳定的未来现金流收入的资产进行组合和信用增级，并依托该现金流在金融市场发行可以流通买卖的有价证券的融资活动。

资产证券化（Asset – Backed Securitization，ABS），是把能在未来产生可预见的稳定的现金流的资产或资产组合，通过一定的结构设计和资产转移，将资产的风险与原始权益人隔离，把资产产生的现金流进行重新整合，转换成可向投资者出售或转让的证券的一种金融工具。资产证券化的基本技术是破产隔离与真实销售，通过把拟证券化资产转移给 SPV，实现证券化资产与原权益人经营风险的隔离，从而保护投资人不受到原始权益人破产的影响。

信贷资产证券化指银行业金融机构作为发起机构，将信贷资产委托给受托机构，由受托机构以资产支持证券的方式向投资机构发行受益证券，以该财产所产生的现金支付资产支持证券收益的结构性融资活动。

资产证券化最重要的特征就是它有一个资产转移的过程，目的是隔离原始权益人的债务或破产风险。

（二）产品演变

资产证券化诞生于 20 世纪 70 年代，主要是化解美国当时的系统性金融危机。在满足两个前提的条件下，它能在任何地方正常运作：（1）司法系统支持市场惯例行为；（2）风险衡量系统如实反映证券的风险和价值。

最早的证券化产品以商业银行房地产按揭贷款为支持，故称为按揭支持证券（MBS）；随着可供证券化操作的基础产品增加，出现了资产支持证券（ABS）；混合型证券（具有股权和债权性），CDOs（Collateralized Debt Obligations）概念代指证券化产品，并细分为CLOs、COMs、CBOs等。近年采用金融工程方法，利用信用衍生产品构造出合成CDOs。

2003年，中国证监会颁布《证券公司客户资产管理业务试行办法》使该业务的法律实现了系统化。我国资产证券化的运作形式分为信贷资产证券化和企业资产证券化。信贷资产证券化受央行和银保监会主管，由银行或资产管理公司发起。企业资产证券化由证监会主管，通过证券公司以专项资产管理计划的形式发行的企业资产证券化产品（资产支持受益凭证），在沪深证券交易所挂牌交易。2005年我国设立第一单专项计划业务"中国联通CDMA网络租赁费收益计划"。2017年，财政部发布《关于规范开展政府和社会资本合作项目资产证券化有关事宜的通知》（财金〔2017〕55号）提出，分类稳妥地推动PPP项目资产证券化。2021年，我国共发行资产证券化产品30999.32亿元，年末市场存量为59280.95亿元。信贷ABS全年发行8815.33亿元，占发行总量的28%；年末存量为26067.53亿元，占市场总量的44%。在信贷ABS中，个人住房抵押贷款支持证券（RMBS）是发行规模最大的品种，2021年全年发行4993亿元，占信贷ABS发行量的57%。绿色ABS发行显著提速，2021年共发行绿色ABS产品284只，规模为1180.79亿元，是2020年的4.3倍。截至2021年底，共有11只基础设施REITs上市，包括现代物流仓储、产业园等产权类REITs，以及高速公路、水务处理、垃圾发电等特许经营权类REITs，主要投向基础设施补短板项目。

（三）广义资产证券化分类

根据运营模式的不同，广义的资产证券化可以分为：

（1）实体资产证券化。实体资产向证券资产的转换，是以实物资产和无形资产为基础发行证券并上市的过程。

（2）信贷资产证券化。将一组流动性较差信贷资产，如银行贷款、企业应收账款等，经过重组形成资产池，使这组资产所产生的现金流收益比较稳定并且预计今后仍将稳定，再配以相应的信用担保，在此基础上把这组资产所产生的未来现金流的收益权转变为可以在金融市场上流动、信用等级较高的债券型证券进行发行的过程。

（3）证券资产证券化。证券资产的再证券化过程，就是将证券或证券组合作为基础资产，再以其产生的现金流或与现金流相关的变量为基础发行证券。

（4）现金资产证券化。指现金的持有者通过投资将现金转化成证券的过程。

（四）狭义资产证券化分类

狭义的资产证券化，指将流动性较差但能够产生可预见的稳定现金流的各种资产，通过一定的结构安排，对资产中风险与收益要素进行分离与重组，转换成为金融市场上可自由买卖的证券的过程，它是创新的融资技术和制度安排。与资本市场和货币市场发行商业票据、债券或股票的一级证券化不同，是将具备稳定未来现金流的现有资产进行证券化，也称为二级证券化。

按照证券化的基础资产不同，将资产证券化分为不动产证券化、应收账款证券化、信贷资产证券化、未来收益证券化、债券组合证券化等。

按照资产证券化发起人、发行人和投资者所属地域不同，将资产证券化分为境内资产证券化和离岸资产证券化。国内融资方通过在国外的特殊目的机构（Special Purpose Vehicles，SPV）或结构化投资机构（Structured Investment Vehicles，SIVs）在国际市场上以资产证券化的方式向国外投资者融资称为离岸资产证券化；融资方通过境内 SPV 在境内市场融资称为境内资产证券化。

基础资产指资产证券化中作为支持的资产，一般是贷款或债券等债权类资产，也可以是未来现金流等其他形式的资产或权益。按照基础资产的性质，资产证券化产品可以分为资产支持证券（Asset - Backed Securities，ABS）和住房抵押贷款支持证券（Mortgage - Backed Securities，MBS）。

MBS 是资产证券化发展史上最早出现的证券化类型。资产池由不动产抵押贷款构成，分为个人住房抵押贷款支持证券（Residential Mortgage - Backed Securities，RMBS）和商业不动产抵押贷款支持证券（Commercial Mortgage - Backed Securities，CMBS）。

其他 MBS 以外的证券化产品称为 ABS，其资产池一般由同质资产或者其他债务工具构成，分为基于消费贷款、应收账款和税收收入等资产的狭义 ABS 以及基于债券、贷款和各种证券化产品等债务工具的抵押债务凭证（Collateralized Debt Obligations，CDO）。

CDO 根据用来担保 CDO 价值的资产性质可以分为两种：CLO（Collateralized

Loan Obligations）和 CBO（Collateralized Bond Obligations）。CLO 背后支撑的绝大部分为银行贷款债权；CBO 的群组资产中绝大部分是债券。

商业银行或其他金融机构开展的信贷资产证券化种类包括公司贷款、商业房产抵押贷款、个人按揭住房抵押贷款、中小企业抵押贷款、汽车消费贷款、不良贷款（NPL）等。

（五）资产证券化的参与者

ABS 融资模式各参与者之间的关系，如图 51 – 1 所示。

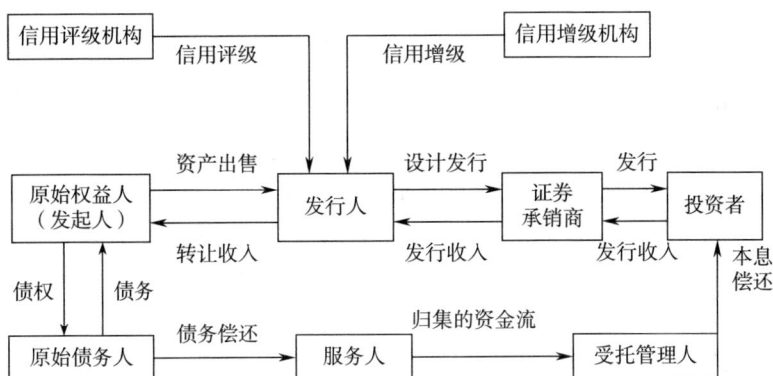

图 51 – 1 ABS 项目融资模式中参与人之间的联系

发起人。发起人也称原始权益人，是证券化基础资产的原始所有者。发起人要确定用于证券化的基础资产并将其真实出售给 SPV，从而获得融资。企业资产证券化的发起人是非金融机构性质企业，信贷资产证券化的发起人是金融机构。

原始债务人。原始债务人是基础资产未来现金流的原始提供者，按照相关合同规定，定期向服务商支付现金收入，作为对投资者还本付息的资金来源。

特定目的机构或特定目的受托人（SPV）。指接受发起人转让的资产，或受发起人委托持有资产，并以该资产为基础发行证券化产品的机构。资产证券化的交易活动围绕 SPV 展开，它是连接投资人与发起人的桥梁。选择特定目的机构或受托人时，通常要求满足所谓破产隔离条件，即发起人破产对其不产生影响。

承销人。承销人指负责证券设计和发行承销的投资银行。如果证券化交易涉及金额较大，可能会组成承销团。

托管机构。为保证资金和基础资产的安全，特定目的机构通常聘请信誉良好的金融机构进行资金和资产托管。托管机构代表投资者利益，充当投资者和服务商的中介，对服务商进行约束和激励，对基础资产实施有效监督。

服务商。服务商负责基础资产的日常管理，定期收取证券化资产产生的现金流并按照约定划转，确保投资者能够定期获得约定收益；同时服务商还负责提供基础资产的相关信息和管理报告。服务商通常由原始权益人或其附属公司担任，并定期获取管理费用。

信用增级机构。此类机构负责提升证券化产品的信用等级，为此要向特定目的机构收取相应费用，并在证券违约时承担赔偿责任。有些证券化交易中，并不需要外部增级机构，而是采用超额抵押等方法进行内部增级。

信用评级机构。如果发行的证券化产品属于债券，发行前必须经过评级机构进行信用评级。资信评级机构从基础资产的收益质量和证券化结构安排等角度出发，对资产支持证券的信用状况进行评级，揭示其风险。初始评级后，资信评级机构还跟踪评估证券存续期内的信用状况，适时调整信用等级，以确保投资者的利益。

投资者。证券化产品发行后的持有人，包括各种类型的投资者——商业银行、共同基金、保险基金、养老基金等。投资者作为证券化产品的购买者，对不同风险收益程度的证券有不同的偏好。

（六）资产证券化管理有关规定

1. 业务原则

从事信贷资产证券化活动，遵循自愿、公平、诚实信用的原则，不得损害国家利益和社会公共利益。

2. 基本规范

受托机构因承诺信托取得的信贷资产是信托财产，独立于发起机构、受托机构、贷款服务机构、资金保管机构、证券登记托管机构及其他为证券化交易提供服务的机构的固有财产。

受托机构、贷款服务机构、资金保管机构及其他为证券化交易提供服务的机构因特定目的信托财产的管理、运用或其他情形而取得的财产和收益，归入信托财产。

发起机构、受托机构、贷款服务机构、资金保管机构、证券登记托管机构及其他为证券化交易提供服务的机构因依法解散、被依法撤销或者被依法宣告破产等原因进行清算的，信托财产不属于其清算财产。

受托机构管理运用、处分信托财产所产生的债权，不得与发起机构、受托机构、贷款服务机构、资金保管机构、证券登记托管机构及其他为证券化交易提供服务机构的固有财产产生的债务相抵销；受托机构管理运用、处分不同信托财产所产生的债权债务，不得相互抵销。

受托机构、贷款服务机构、资金保管机构、证券登记托管机构及其他为证券化交易提供服务的机构，应当恪尽职守，履行诚实信用、谨慎勤勉的义务。

3. 发起机构与特定目的信托

信贷资产证券化发起机构是指通过设立特定目的信托转让信贷资产的金融机构。

发起机构在全国性媒体上发布公告，将通过设立特定目的信托转让信贷资产的事项，告知相关权利人。

在信托合同有效期内，受托机构若发现作为信托财产的信贷资产在入库起算日不符合信托合同约定的范围、种类、标准和状况，应当要求发起机构赎回或置换。

4. 特定目的信托受托机构

特定目的信托受托机构是因承诺信托而负责管理特定目的信托财产并发行资产支持证券的机构。

受托机构由依法设立的信托投资公司或中国银监会批准的其他机构担任。受托机构依照信托合同约定履行下列职责：发行资产支持证券；管理信托财产；持续披露信托财产和资产支持证券信息；依照信托合同约定分配信托利益；信托合同约定的其他职责。受托机构必须委托商业银行或其他专业机构担任信托财产资金保管机构，依照信托合同约定分别委托其他有业务资格的机构履行贷款服务、交易管理等其他受托职责。

（七）基本要素

1. 破产隔离

要求发起人破产清算时，证券化资产权益不作为清算财产，所产生的现金流仍按证券化交易契约规定支付投资者，达到保护投资者利益的目的。证券化资产由与发起人分离的独立信托机构（SPV）持有，并由该实体发行证券。如发生发起人破产清算，证券化资产将不列为破产清算范围，以确保证券化资产和由其产生的现金流免受原始权益人任何不测事件所造成的不利影响，从而达到破产隔离的目的。为此，出售给特设机构的资产以及由这些资产产生的现金流必须是有效的，特设机构对于资产的权益必须是完全的，并享有超越其他权益的优先地位，使特设机构对证券化资产拥有完全的控制权。

2. 真实交易

资产证券化基本运作程序的第一步是原始权益人向发行人出售资产。作为向发行人过户资产的交换，资产出售者将获得证券化的发行收入。在其交易过程中资产的转移必须是一种"真实交易"行为，即出售后的资产在原始权益人破产时不作为法定财产参与清算。

3. 信用增级

信用增级指运用各种有效手段和金融工具，确保发行人按时支付投资利息，是提高 ABS 交易质量和安全性的重要手段。

一是构造 ABS 结构，将资产出售过户给 SPV。使得 SPV 进行 ABS 融资时，其融资风险仅涉及项目未来现金收入的风险，降低了 SPV 的融资风险，提高其信用级别。

二是划分优先和次级票据。即根据投资者对风险和回报的不同偏好划分不同评级的投资交易。优先票据本息回报的支付责任先于次级票据，期限也较次级票据短。一般来说，付清优先票据本息之前次级票据仅付息，待付清优先票据本息之后才支付次级票据本金。由此可见，优先票据信用因风险较低而获增级，但回报也相应较低，次级票据回报则相应较高。

三是金融担保。金融担保是由信用级别高的专业金融担保公司提供保证 ABS 交易履行按期按量支付本息的义务。在这种条件下，较低的信用级别可提升到金融担保公司的保险级别。

二、条件与流程

（一）申请条件

资产支持证券的承销可采用协议承销和招标承销等方式。承销机构应为金融机构，并须具备下列条件：

（1）注册资本不低于 2 亿元人民币；

（2）具有较强的债券分销能力；

（3）具有合格的从事债券市场业务的专业人员和债券分销渠道；

（4）最近两年内没有重大违法、违规行为；

（5）监管机构要求的其他条件。

（二）基本流程

（1）发起机构选择适于证券化的基础资产并组建资产池；

（2）设立 SPV；

（3）发起机构将资产转移或出售给 SPV；

（4）SPV 聘请评级机构为证券进行信用评级和增级；

（5）SPV 在中介机构的帮助下发行证券；

（6）发行收入支付给发起机构；

（7）按期支付投资者利息和偿还本金。

（三）主要特征

（1）风险资本释放。将不同风险的资产进行证券化，用最小的成本释放资本占用、提高银行的资本充足率。

（2）资产组合管理。降低资产负债期限不匹配程度。将流动性较差的中长期资产证券化，解决资产与负债流动性、期限和利率的错配问题。

（3）收入结构调整。获取资产管理服务费、资产转让利得并通过持有次级证券获取投资收益，将利差收入模式转变为服务费收入模式。

（4）增强流动性。将流动性较差的不良贷款、不动产等资产证券化，能够获得发起人核心业务发展所需的资金。

（四）国有资产证券化

《关于创新政府配置资源方式的指导意见》提出，坚持以管资本为主，以提高国有资本流动性为目标，积极推动经营性国有资产证券化。建立健全优胜劣汰市场化退出机制，加快处置低效无效资产，支持企业依法合规通过证券交易、产权交易等市场，以市场公允价格处置国有资产，实现国有资本形态转换，用于国家长远战略、宏观调控以及保障基本民生的需要，更好服务于国家发展目标。统筹规划国有资本战略布局，建立动态调整机制。优化国有资本重点投向和领域，推动国有资本向关系国家安全、国民经济命脉和国计民生的重要行业和关键领域、重点基础设施集中，向前瞻性战略性产业集中，向具有核心竞争力的优势企业集中。要完善国有资本退出机制，研究国家持股金融机构的合理比例，对系统重要性金融机构保持控制力，对其他机构按照市场化原则优化股权结构，激发社会资本活力。

三、案例：广深高速公路收费证券化

为了筹措可用资金，进行高速公路等项目开发，广深珠高速公路的建设采取了香港和合控股有限公司与广东省交通厅联合开发模式。

香港和合控股有限公司作为高速公路建设项目的主要发展商，为了筹集广州—深圳高速公路的建设资金，通过海外注册的广深高速公路控股有限公司在国际资本市场发行 6 亿美元的专项债券，募集资金用于广州—深圳—珠海高速公路东段工程的建设。香港和合控股有限公司持有广深珠高速公路 50% 的股权，持有广深珠高速公路东段 30 年的特许经营权。在特许经营权结束时，所有资产无条件移交广东省政府。通过这种证券化融资模式，满足了高速公路项目开发和建设的资金需求，实现了资金筹措与项目开发、运营。

点评：

我国信贷资产证券化法律和实践逐步成熟。广深高速公路通过收费证券化，募集了建设需要的可用资金，解决了分散资本与大型基础设施项目需要资金的现实矛盾，实现了重点建设项目开发的总体目标。